Articulating
Design
:cisions

당당한 디자인 결정을 위한
9가지 방법

| 표지 설명 |

표지에 그려진 동물은 장미목도리앵무(학명: *Psittacula krameri*)다. 중간 크기 앵무새로 남아시아와 중앙아프리카 토종이지만 적응력이 뛰어나고 반려동물로 인기가 있어 전 세계에 야생 개체군을 형성했다. 사막부터 열대우림까지 다양한 기후대에 서식할 뿐 아니라 런던이나 도쿄 같은 대도시에도 크고 안정적인 군집을 형성했다. 대부분 탈출한 새로 이루어진 이 군집은 새로운 도시 환경에서 더 높은 주위 온도와 식량을 이용한다. 장미목도리앵무는 녹색 깃털과 붉그스름한 부리가 있으며 뾰족한 꼬리는 몸길이의 절반보다 길다. 성적 이형성 종으로, 수컷 개체만이 붉고 검은 목도리를 가진다. 이 사교적이고 시끌벅적한 새는 외적인 특징뿐 아니라 소리로도 식별된다. 무리를 지어 요란하게 이동하며 날카로운 깍깍 소리를 낸다. 장미목도리앵무는 유일한 방어 적응으로 부드럽게 그르렁거림으로써 포식자에게 공격성을 나타낸다. 사육 역사는 고대 그리스와 로마 시대까지 거슬러 올라가며, 당시에 장미목도리앵무의 특정 아종들을 사육했다고 기록되어 있다. 포획 사육을 통한 색 돌연변이가 가능하며 인간의 말을 따라 하는 흥미로운 능력이 있어 현재까지 반려동물로 인기가 높다. 표지 그림은 캐런 몽고메리Karen Montgomery가 『English Cyclopedia Natural History』흑백 판화를 바탕으로 그렸다.

당당한 디자인 결정을 위한 9가지 방법 가슴으로 낳은 내 UX 디자인 지켜내는 실전 의사소통 전략

초판 1쇄 발행 2021년 12월 10일

지은이 톰 그리버 / **옮긴이** 김민성, 곽서희 / **펴낸이** 김태헌
펴낸곳 한빛미디어(주) / **주소** 서울시 서대문구 연희로2길 62 한빛미디어(주) IT출판부
전화 02-325-5544 / **팩스** 02-336-7124
등록 1999년 6월 24일 제25100-2017-000058호 / **ISBN** 979-11-6224-498-2 13000

총괄 전정아 / **책임편집** 서현 / **기획** 서현, 최민이 / **편집** 최민이 / **교정** 이정화
디자인 표지 박정우 내지 박정화 전산편집 백지선
영업 김형진, 김진불, 조유미, 장현영 / **마케팅** 박상용, 송경석, 한종진, 이행은, 고광일, 성화정 / **제작** 박성우, 김정우

이 책에 대한 의견이나 오탈자 및 잘못된 내용에 대한 수정 정보는 한빛미디어(주)의 홈페이지나 다음 이메일로 알려주십시오. 잘못된 책은 구입하신 서점에서 교환해드립니다. 책값은 뒤표지에 표시되어 있습니다.

한빛미디어 홈페이지 www.hanbit.co.kr / **이메일** ask@hanbit.co.kr

지금 하지 않으면 할 수 없는 일이 있습니다.
책으로 펴내고 싶은 아이디어나 원고를 메일(**writer@hanbit.co.kr**)로 보내주세요.
한빛미디어(주)는 여러분의 소중한 경험과 지식을 기다리고 있습니다.

Articulating Design Decisions

당당한 디자인 결정을 위한
9가지 방법

O'REILLY® ⊪ 한빛미디어
Hanbit Media, Inc.

지은이 소개

지은이 **톰 그리버** Tom Greever

20여 년간 인터페이스를 디자인하고 디자인 팀을 이끌어왔다. UX 디자이너, 디자인 경영자 executive design leader, 컨설턴트로 일하면서 의사소통이 더 좋은 디자인을 창출하는 것과 관련해 폭넓은 관점을 갖게 됐다. 전 세계 다수의 대기업 및 스타트업에 디자인 실무와 의사소통 코칭 및 멘토링을 제공해 왔다.

대면 워크숍, 온라인 트레이닝, 부서 단위나 콘퍼런스에서 동기부여 기조연설도 제공할 수 있다. 일리노이 Illinois 주에서 배우자와 다섯 자녀와 함께 살고 있으며, 지금 집을 청소하고 있을지도 모른다.

소셜네트워크 주소는 다음과 같다.

* 링크드인: *https://www.linkedin.com/in/tomgreever*
* 트위터: *https://twitter.com/tomgreever*
* 인스타그램: *https://www.instagram.com/tomgreever*

이 책에서 다룬 주제와 관련된 기사, 팟캐스트, 영상은 저자의 개인 홈페이지(*https://tomgreever.com*)에서 확인할 수 있다.

옮긴이 소개

옮긴이 **김민성** ikonik.ux@gmail.com

인더스트리얼 디자이너로 한국과 네덜란드에서 일하며 제품의 외형 디자인뿐 아니라 UX/UI 디자인에도 관여하는 프로젝트들을 추진했다. 미래 서울시 버스 인포테인먼트 디자인에 관한 논문으로 델프트 공대에서 석사 학위를 받았다.

옮긴이 **곽서희** seohee0920@gmail.com

한국외국어대학교에서 영어학을 전공했다. 이후 국제개발·정치 분야로 전향해 석사 및 박사 과정과 여러 국내외 연구 과제를 수행했다. 한국과 네덜란드에서 본업인 연구 외에도 다양한 분야에서 통번역 일을 하고 있다.

추천의 말

제품, 소프트웨어, 브랜드 할 것 없이 디자인에 관련된 사람이라면 누구나 읽어야 할 책이다. 디자인과 어느 부분이라도 관련이 있는 사람 말이다. 디자이너뿐 아니라 엔지니어, 프로덕트 매니저product manager, 임원에게도 유익하다.

___ **크리스티안 만젤라**Christian Manzella,

포드 글로벌 디지털/UX 총괄

디자이너가 디자인을 설명하는 방식을 완전히 바꿔놓을 책.

___ **팀 오라일리**Tim O'Reilly,

오라일리 미디어 창립자이자 CEO

톰은 디자인 과정에서 어려운 부분을 탁월하게 다루었다. 그것은 바로 디자이너가 아닌 사람들과 소통하며 어떻게, 왜 이런 디자인을 결정했는지 공유하는 일이다.

___ **애론 이리재리**Aaron Irizarry,

캐피탈 원Capital One **크레딧 솔루션 디자인**Credit Solutions Design **총괄이자**

『Discussing Design』(O'Reilly Media, 2015) 저자

디자인에 관한 책 대부분이 이런 의사소통에 관한 내용을 부차적으로 다루는 데 반해, 톰은 책 전체에 걸쳐 디자이너를 의사소통 전문가로 만들어줄 방법을 제시한다. 톰이 우리에게 이런 보석과도 같은 책을 선사해줘서 매우 기쁘다.

_리처드 반필드 Richard Banfield,

인비전 InVision 디자인 혁신 Design Transformation 총괄 부사장이자

『Design Leadership』(O'Reilly Media, 2016) 저자

이해관계자와 클라이언트에게 휘둘리지 않고 상황을 통제하고자 하는 디자이너가 꼭 읽어야 할 책이다. 진정성, 자신감, 명확함을 바탕으로 디자인을 분명하게 전달하는 팁을 쉽게 설명한다.

_크리스티 에니스-클룻 Christy Ennis-Kloote,

오픈디지털 OpenDigital 디자인 총괄

이 책은 여러분이 작업한 디자인 내용을 이해관계자와 클라이언트에게 가장 잘 전달하는 방법을 배울 수 있도록 실제로 적용 가능한 프레임워크를 제공한다. 실질적인 예시와 이야기로 가득해서 매력적이다.

_신시아 사바드 소시어 Cynthia Savard Saucier,

쇼피파이 Shopify UX 디렉터

좋은 회의를 할 줄 안다는 것은 초능력과 같다. 특히 이해관계자와의 회의에서 가장 중요한 것이 회의에서 논의할 디자인이라고 생각하는 디자이너에게 말이다. 톰은 자신이 경험한 바를 공유하며 회의의 성공 여부는 사실 이해관계자가 디자인을 이해하는 데 달려 있음을 보여준다. 이 책은 프레임워크, 기획 단계, 관련 용어, (필요하다면) 자신의 디자인이 어떻게 문제를 해결하는지, 어떻게 사용자가 더 쉽게 이용하도록 하는지, 어떤 식으로 조직으로부터 지지를 받아야 마땅한지 설명해야 할 때 바로 활용 가능한 적절한 표현들을 제공한다.

_ **댄 클린**Dan Klyn,

더 언더스탠딩 그룹The Understanding Group, TUG

인포메이션 아키텍트이자 공동 창립자

이 책은 디자이너들에게 (그리고 팀원들에게도!) 지지를 받기 위한 간단명료한 접근법을 제시함으로써 디자인 소통 문제를 품위 있게 풀어낸다. 단순히 디자인을 만들어내는 것으로는 충분하지 않다. 디자인이 담고 있는 논리와 해결하고자 하는 문제점의 맥락에서 이유를 이야기해야 한다. 이 책을 읽는 모든 디자이너와 제품을 만드는 팀원들이 도움을 받으리라 믿는다.

C. 토드 롬바르도C. Todd Lombardo,

머신메트릭스MachineMetrics **제품 총괄 부사장이자**

『Design Sprint』(2015), 『Product Roadmaps Relaunched』
(이상 O'Reilly Media, 2016) 저자

디자이너, 개발자, 제품 매니저, 콘텐츠 전략가, 인포메이션 아키텍트, 마케터, 영업 전문가 등 여러분의 직업이 무엇이든 간에 여러분은 언젠가 이해관계자에게 디자인 아이디어를 보여줘야 했을 것이다. 어려운 일이다. 여러분이 보여주는 디자인에는 다 각자의 의견이 있고, 또 있어야 하기 마련이다. 개발하고 있는 제품이 브랜드를 반영하고, 고객이나 소비자에게는 기업과 상호작용하는 기본 요소이기 때문이다. 여러분과 같이 일하는 사람들은 여러분이 디자인한 제품의 성공과 이해관계가 있기 때문에 디자인에 신경 쓴다. 좀 더 잘 이야기하고, 발표하고, 지지를 얻고 싶다면 이 책이 훌륭한 출발점이 될 것이다. 저자는 조직에서 직면하는 쉽지 않은 문제들을 해결할 전략과 방안을 제시한다. 이는 단순히 일을 더 잘할 뿐 아니라 그 일을 인정받고 (여러분이 가장 바라는 대로) 시장에 진출하도록 도울 것이다.

도나 리차우 Donna Lichaw,

슈퍼파워드SuperPowered 창립자 겸 CEO이자
『The User's Journey』(Rosenfeld Media, 2016) 저자

옮긴이의 말

처음 이 책을 읽으면서 받은 인상은 생동감이었습니다. 저자는 이 책을 통해 다양한 사람들과 프로젝트를 추진하고, 회의하고, 자신의 디자인을 가지고 논의하면서 체득한 교훈과 지식을 공유합니다. 어떤 길을 이미 수없이 걸어본 사람이 오랜 시간 축적한 경험을 바탕으로 말해주는 것만큼 생생하고 실질적인 이야기가 또 있을까요?

저자도 본문에서 여러 차례 언급했지만 디자인은 매우 주관적인 영역이다 보니 다른 사람들을 한 번에 모두 만족시키기란 매우 어려운 일이라 생각합니다. 계속 토론이 오가다 보면 마치 출구를 모른 채 미로를 걷는 느낌도 들고, 본래 목표와는 벗어나는 결과물이 나오기도 합니다. 이 책을 읽다 보면 독자가 이런 불상사를 겪지 않고, 작업한 디자인을 성공적으로 설명하고 최종 목표까지 잘 도달하길 바라는 저자의 마음을 느낄 수 있을 겁니다.

이 책을 번역하면서 개인적으로 가장 와닿았던 내용을 꼽자면 '상대방도 결국 사람이다'라는 부분이었습니다. 디자이너도, 회의에서 발표를 듣고 의견을 말하는 팀원도, 의사 결정권을 가진 임원도 모두 사람이며 디자인도 결국 사람들과 소통하는 일입니다. 그렇기에 저자는 전략적인 설득 기술을 설명하면서도 공감과 배려에 기반한 소통을 강조했고, 이는 여운이 남는 울림을 주었습니다.

이 책은 디지털 UX/UI 프로젝트 내용을 주로 다루지만 산업, 서비스, 인테리어, 건축, 더 나아가 비디자이너도 공감하고 배울 부분이 있다고 생각합니다. 다른 사람들과 회의하고, 작업한 것을 발표하고, 논의하고 결정하기까지 과정은 분야를 막론하고 업무에서 누구나 겪는 과정이기 때문입니다.

자신의 경험을 누군가에게 도움이 될 만한 글로 발전시켜 한 권의 책으로 완성한 저자에게 존경을 표합니다. 그리고 이렇게 좋은 책을 번역할 기회를 주신 한빛미디어에 감사드립니다.

김민성, 곽서희

지은이의 말

2014년, 미국의 한 지역 UX 콘퍼런스 주최 측으로부터 발언할 주제 아이디어를 제출해달라는 요청을 받았다. 당시 필자는 꽤 큰 기업들의 브랜드 디자인 컨설턴트로 일하고 있었으므로 그동안 작업했던 것들을 선뜻 공유하기가 염려스러웠다. 결국 3개의 초록을 보냈다. 처음 두 개는 필자가 생각할 때 흥미로울 것 같은 주제인 디자인 테크닉과 접근법 그리고 실제로 효과적인 디자인 성과물을 내기 위해 프로젝트에서 사용한 방법을 다룬 내용이었다. 필자는 이 주제에 들떠 있었다. 나머지 초록은 디자인을 명확하게 설명하는 방법이었다. 사실 매우 흥미로운 주제 같아 보이지는 않았다. 물론 중요한 내용이지만, 디자인을 설명하는 일은 업무 중에 항상 하는 일이었다. 다른 디자이너들도 자신의 디자인을 명확하게 설명해야 한다는 문제를 맞닥뜨린다는 점은 알고 있었다. 필자가 별생각 없이 거의 기계처럼 하는 일로, 가장 명확하면서도 가장 지루한 주제

같아 보였다. 그런데 콘퍼런스 주최 측에서는 바로 이 주제를 선택했다.

다른 두 주제는 콘퍼런스 참가자들과 공유할 수 없다는 사실에 실망했지만, 필자는 이 분야 디자이너에게 도움이 될 만한 내용을 생각해내려 최선을 다했다. 사람들과 디자인에 관해 소통하는 방법, 소통할 때 활용하는 방식, 발전하는 데 도움이 될 만한 실질적인 조언을 몇 주 내내 생각했다. 이 콘퍼런스에서 다룬 내용을 계기로 필자의 커리어가 완전히 바뀌리라고는 전혀 예상하지 못했다.

콘퍼런스를 준비하면서 필자가 하는 일이 더 나은 의사소통과 더 나은 디자인을 도출해낸다는 점을 여실히 보여주는 사례로 가득하다는 사실을 깨달았다. 필자가 가장 좋아하는 디자이너들은 다들 자신의 디자인을 왜 그렇게 디자인했는지 똑똑히 설명할 수 있는 사람들이라는 사실도 깨달았다. 그리고 팀원들에게 준 피드백 중에는 디자인을 만들어내는 기술 자체보다 디자인 내용을 전달하는 기술이 상당 부분을 차지했다는 점도 깨달았다. 이때를 기점으로, 디자인을 다른 사람들과 이야기하는 방식이 좋은 사용자 경험을 성공적으로 만들어내는지의 여부에 상당한 영향을 미친다는 게 분명해졌다. 이는 많은 디자이너에게 (심지어 시니어 디자이너들도) 부족한 자질이다. 디자인의 성공은 팀원 모두에게 지지를 얻어내는 능력에 달려 있다. 지지를 얻지 못한다면 그 디자인은 세상에 절대 나오지 못할 것이다.

나의 디자인 커리어 발자취

필자는 UX 디자인 커리어를 마케팅 분야에서 시작했다. 경영을 전공했고, 당시 강력한 디자인이 어떻게 제품에 생명을 불어넣는지에 관해 배웠다. 대학생 때는 학비를 충당하기 위해 프리랜서로 지역소규모 사업체들을 위한 프로젝트를 하면서 스스로 그래픽 디자인과 웹 디자인을 공부했다.

정신 나간 소리처럼 들리겠지만 사실 취업 면접 보는 걸 정말즐겼다. 대학생 시절, 말 그대로 아무 데나 지원하고, 면접 볼 수 있는 곳이라면 전부 찾아갔다. 작업물에 관해 이야기하는 걸 연습하기에는 위험하지 않으면서도 괜찮은 기회였다. 사람들이 포트폴리오를 검토하고, 어떤 점이 마음에 들었는지 말해주고, 필자의 작업을 보고 왜 그렇게 했는지 물어봐주는 게 좋았다. 다른 사람들에게 나의 디자인에 관해 이야기하는 것에 들떴고, 지금도 그렇다. 디자인에 관해 이야기하는 게 너무 좋다!

대학을 졸업하고 스무 명 정도로 조직된 내부 마케팅 팀의 크리에이티브 매니저creative manager 면접을 볼 때였다. 마지막 면접 절차는 마케팅 부사장과의 면접이었다. 부사장이 필자의 포트폴리오에 관해 여러 질문을 했는데 모두 쉽게 대답할 수 있는 질문들이었다. 이어 그녀는 이력서를 훑어보면서 필자의 경험에 관해 질문했고, 필자는 자랑스럽게 이야기를 마구 쏟아냈다. 그런데 그때, 그녀는 필자의 커리어에서 가장 기억에 남는 질문을 던졌다. 바로 "여기 내가 당신에게 맡길 새 프로젝트가 있다고 칩시다. 나에게 가장 먼저 뭘 물어볼 건가요?"였다.

쉬운 질문 같았다. 경험이 많지는 않았지만 디자이너에게 가장 흔한 회의는 이해관계자와의 회의이라고 생각했기 때문이다. 주저 없이 그동안의 경험을 기반으로 믿을 만해 보이게끔 대답했다. 필자는 "이건 인쇄할 건가요, 아니면 웹사이트인가요? 컬러인가요, 흑백인가요? 스톡 사진stock photography을 쓰게 되나요? 아니면 직접 촬영한 걸 쓸 건가요? 웹사이트나 브로슈어brochure는 몇 쪽 정도 될 예정인가요? 그리고 일정은 어떻게 되나요?" 등이라고 말했다.

부사장은 "틀렸어요"라고 대답했다. "지금 말한 것 중 그 어느 것도 중요한 게 아니에요. 가장 중요한 질문, 항상 가장 먼저 물어야 하는 질문은 '우리가 전달하고자 하는 게 무엇입니까?'가 돼야죠"

필자는 당황했다. 정적이 흘렀다. 부사장이 한 말이 맞다는 걸 깨달았을 뿐 아니라, 그 말이 나의 디자인에 관한 얄팍한 자부심을 드러내 보였다. 나름 자신 있다고 자부했던 내 디자인 전달 능력이 얼마나 하찮은지 느끼게 됐다.

한 가지 좋은 소식은, 필자가 그 면접에 합격했다는 사실이다. 이후로도 여러 곳에서 일하면서 그때 한 실수를 절대 잊지 않았다. 그때는 회의에서 상대방인 이해관계자가 필자와는 다른 의제를 갖고 있다는 점을 깨닫지 못했다. 상대가 필요한 게 무엇인지, 문제를 어떻게 해결해야 할지 이해하지 못했다. 그저 픽셀pixel만 생각했고,

디자인 오브젝트의 디테일에만 집중할 뿐이었다. 앞서 언급한 면접에서 필자는 다른 사람과 디자인을 이야기하는 능력이 중요하다는 것을 깨달았다. 상대의 수요를 고려해야 했다. 즉, 클라이언트를 중심으로 디자인하고 문제점을 해결해야 했다. 필자가 소통을 제대로 하지 못했다면 또 무언가 잘못된 디자인을 만들어냈을 것이다. 디자이너로 성공하려면 클라이언트에게 자신의 디자인이 무엇이고, 무엇을 담는지 전달하는 방법을 터득해야 했다. 클라이언트의 질문에 필자가 아니라 그들이 납득할 수 있도록 대답해야 했다. 클라이언트에게 필요한 부분을 충족시켜주고, 만족할 만한 디자인과 그 디자인에 반영된 합당한 이유가 무엇인지 설명해야 했다.

그리고 그렇게 할 수 있는 수준에 이르면 성공하리라 생각했다.

아직 신생 분야인 UX

UX 분야에서 일하는 사람 중 대다수는 UX를 전공하지 않았다. 또 사용자 중심 접근법을 가르쳐주는 수업을 들은 적이 없다. 대부분 회사에서 마케팅, IT, 그래픽 디자인, 연구 같은 분야를 맡아 일하다가 UX 쪽으로 모여든 사람들이다. 심지어 행동주의 이론가들human behaviorist, 심리학자들도 자신의 분야와 UX 분야 사이에서 연관성을 찾기도 했다.

어떤 경력을 쌓아왔든 간에, 대다수의 UX 분야 사람들의 이야기에는 공통점이 있다. 대부분 처음부터 UX에서 커리어를 시작하지는 않았다. 일단 UX라는 분야 자체가 존재하지 않았다. 그래서 디자인 분야에는 현재 직함과는 매우 다른 배경을 가진 사람이 많다.

게다가 많은 기업에게 디자인은 항상 효용성utility의 문제였다. 단지 생산한 제품을 더 전문적으로 보이게 하기 위해, 브랜드에 일관성을 주거나 창의적인 아이디어를 내고자 디자이너를 고용했다. 지금은 시장에서 제품이 성공하려면 여러 난관을 해결해야 하기 때문에 디자이너를 고용한다. 훌륭한 디자인은 일종의 당연한 규범과도 같다. 과거에는 군이 그럴 필요 없다고 치부됐지만, 이제 디자이너들은 제품 개발 과정의 중심에 있다. 현재는 임원들도 디자인이 얼마나 중요한지 인식하고 있으며, 그 과정에서 영향력을 행사하고 싶어 한다. 과거에 비해 조직 내 많은 사람이 좋은 사용자 경험 디자인의 가치를 깨달았기 때문이다.

창의적이고 우뇌가 발달한 사람이 대다수인 업계에서, 그들에게 사용성usability 문제와 비즈니스 목표 그 가운데를 헤쳐나가게 해야 한다면 어떤 일이 벌어질까? 비즈니스 이해관계자들의 기대와 디자이너가 신중하게 만들어낸 결과물이 잘 연결되지 않는다 해도 놀랍지 않다. 회의에서 그 두 가지를 적당히 절충하게 되는데, 어떻게 디자인하는지도 모르면서 계속 디자이너에게 이래라저래라 하는 사람들과 회의를 해야 한다. 어느 디자이너이든지 이 상황에서는 충분히 돌아버릴 만하다.

이 책은 UX 디자인 분야와 디지털 제품 비즈니스의 교집합 정도에 위치한다. 디자인은 단지 심미적으로 뛰어난 결과물을 만드는 일이라는 과거의 통념과 비즈니스 문제 해결을 위한 아이디어가 충돌하는 지점이다. UX 분야의 성장과 발전은 우리 디자이너의 역할을 여러 방식으로 바꿔놓았다. 그중 주목할 만한 부분은 디자인 분야에 속하지 않은 사람에게 디자인을 설명하는 일이다.

이 책에 대하여

이 책의 목적은 디자이너가 보다 나은 의사전달자가 되도록 돕는 것이다. 좋은 의사전달자는 프로젝트에 영향을 미치는 다른 사람들에게 디자인을 전문적으로 잘 전달한다. 이 책은 클라이언트나 이해관계자에게 디자인을 발표하거나 그들과 논의해야 할 회의에 초점을 맞춘다. 책에 담긴 내용은 바로 이런 회의 이전, 중간, 이후를 중점적으로 다루며, 모든 내용은 여러분이 일련의 상황들에 더 잘 참여하고, 이끌고, 상대로부터 지지를 얻도록 돕는다.

회의 중에는 참석자가 많은 큰 회의도 있지만, 대다수는 소수가 참여하는 회의다. 어떤 회의는 회의장에서 열리는 반면, 어떤 회의는 복도에서 즉흥적으로 이뤄지며, 화상회의를 하기도 한다. 이런 세부적인 사항보다는 어느 상황이든 적용 가능한 기본적인 원칙들에 집중하자. 어떤 상황에서도 유연하고 빠르게 적응하는 게 목표다.

이 책에서 필자는 필기, 질문하기, 타인의 이야기를 경청하기 그리고 여러 디자인 성과와 관련된 내용들을 상세하게 다룬다. 여러분의 작업을 다른 이에게 설명하려면 몇 주 동안 준비해야 할 것 같을 수도 있다. 하지만 현실에서는 모든 게 빠르게 일어난다. 가끔은 준비할 시간이 충분할 수도 있지만 갑자기 대응하거나 정말 신속하게 판단해야 할 때도 있다. 따라서 이런 능력들을 배우고 자신의 습관으로 소화하는 것이 중요하다. 여러분이 디자인을 분명하게 전달하는 능력을 길러서 나중에는 굳이 의식적으로 노력하지 않아도 이 책에 담긴 모든 조언을 적용할 수 있기를 기대한다.

한 가지 분명히 해두자면, 디자이너는 항상 옳고 이해관계자들은 잘못된 판단을 내릴 것이라고 본다든지, '우리(디자이너) 대 디자이너 아닌 사람들'이라는 대결 구도를 형성하려는 의도는 아니다. 되레 이 책에서 '디자인을 명확하게 전달하는 일'은 이해관계자가 디자이너의 전문성과 사고 과정을 분명하게 인식해서 디자이너를 지지하게끔 환경을 조성하는 방법을 의미한다. 즉, 상대가 마음이 끌리고 확신을 갖게끔 신뢰를 이끌어내고 유효성을 보여주는 일이다.

사실 이 책에서 필자가 전제로 두는 부분은 바로 여러분의 디자인이 옳다는 점이다. 여러분은 충분히 연구하고, 좋은 결정을 내렸으며, 비즈니스 문제를 해결하고, 여러분이 제안하는 디자인이 옳은 선택이라고 가정한다. 이게 사실이 아니라면 이해관계자들과 아무리 잘 소통한다고 해도 소용이 있을 리가 만무하다.

　　디자인 설명이 여느 의사소통과 같아 보여도 사실 굉장히 어려운 일이다. 필자의 경험으로 비춰 볼 때 디자이너는 디자이너가 아닌 사람과 효과적으로, 적절하게 소통하기를 어려워한다. 따라서 이 책을 계속 읽어가면서 이해관계자와 어떻게 하면 더 잘 소통하고, 정신 똑바로 차리고 최상의 사용자 경험을 전달할 수 있는지 배우기를 바란다.

이 책을 읽어야 할 독자

이 책의 독자 대상은 주로 디자이너가 아닌 이해관계자와 일하는 디자이너다. 그래픽, 웹, UX, 인터페이스, 시각 디자이너를 비롯해 다양한 분야 디자이너에게 도움이 될 것이다.

디자이너

여러분은 동의할 수 없는데 수정을 고집하는 이해관계자를 만난 적이 있다면, 이 책이 바로 여러분을 위한 책이다. 디자이너는 디자인에 관해 아는 게 거의 없는 이해관계자에게 자신의 전문성과 판단을 부정당하는 듯한 상황을 자주 겪게 된다. 이 책은 여러분이 내린 디자인 결정이 최선의 선택임을 이해관계자에게 확신을 주고 여러분과 이해관계자 사이의 간극을 좁히고자 한다.

시니어 디자이너

여러분은 이런 상황을 꽤 오래 겪어왔고 이미 디자인을 분명하게 전달하는 능력을 충분히 갖췄다고 생각할 수도 있다. 물론 사실일 수도 있다. 하지만 얼마나 자주 작업을 발표하는 데 심사숙고하고 신중을 기하는가? 필자는 여러분의 연륜을 인정하면서도, 실제 현장에서 취할 수 있는 다양한 전략을 제공하고자 한다.

디자인 내용을 분명하게 전달하는 능력은 여러분이 충분히 배우고 전문가가 된다고 해서 더는 갈고닦을 필요가 없어지는 게 아니다. 의식적으로 노력하고 연습해야 한다. 태권도 유단자도 노력하고, 준비하고, 제대로 의식하지 않으면 얼마든지 경기에서 패할 수 있지 않은가?

제품 개발 팀 전체

이 책의 주요 독자층은 디자이너지만 기술적인 부분이 아니라 일반적인 문제를 많이 다루므로 조직 내 다른 직무를 맡고 있는 사람에게도 유용하리라 믿는다. 많은 연구원, 개발자, 콘텐츠 전략가content strategist, 제품 총괄product owner이 이 책에 담긴 콘셉트와 아이디어로부터 도움을 받았다.

이 책의 구성

1장은 오늘날 조직에서 추진하는 일련의 디자인 과정에서 의사소통이 '어떻게, 그리고 왜 중요한가?'라는 질문에서 출발한다. 보통 우리가 작업한 디자인이 설명이 필요 없을 정도로 완벽하게 명확한 경우는 드물다. 따라서 디자인을 하면서 어떤 점에서 명확한 의사소통이 부족한지 파악해야 한다.

2장에서 10장까지는 이해관계자들과의 회의를 중점으로 디자인을 발표하고 논의하는 과정을 하나씩 살펴본다. 각 과정에 표시한 타임라인을 통해, 본문을 읽어내려가면서 우리가 회의의 어느 단계 즈음에 서 있는지 알 수 있다. 각 과정을 거치면서 이해관계자의 관점을 이해하기, 공감하기, 회의에 앞서 필요한 준비 등을 다룬다. 회의 중 암시적·명시적 경청 기술과 대응하기에 앞서 어떤 마음가짐이 중요한지도 다룬다. 그다음 단계에서는 가장 좋은 답변 방안을 구성해서 여러분의 디자인이 지지를 얻도록 여러 전략과 공식을 제시한다. 회의 이후 단계에서도 최상의 사용자 경험을 위해 후속조치를 취하거나 디자인을 일부 수정해야 할 수도 있다. 이 책은 시작부터 끝까지 이해관계자들과 디자인을 논의하는 일련의 과정에서 알아야 할 사항을 총망라한다.

그러나 사람들과 협업할 때 모든 일이 항상 정확한 방향으로만 흘러가지는 않는다. 따라서 다각도에서 고려할 수 있는 조언을 제시하고 다양한 사례를 소개하고자 한다. 예를 들어 3장과 9장에서는 회의할 때 기록을 잘하는 기술을 상세하게 다룬다. 디자인 결정사항을 기록하는 자세는 디자인 과정의 모든 단계와 관련이 있다.

마지막 11장은 임원이 디자이너의 업무를 지원할 방법을 설명한다. 즉 디자이너가 아닌 임원급 이해관계자를 대상으로 집필했다. 디자인 관련 의사결정권자가 누구든 유용한 내용을 제공하고자 한다. 매니저, 임원, 기업 대표라면 디자이너와 보다 효과적으로 일하는 방법을 배우는 데 도움이 될 것이다. 디자이너라면 이 마지막 장 내용을 상사와 공유하기를 추천한다.

이 책을 집필한 이유

이 책을 집필한 이유는 디자이너들과 기업들이 더 나은 경험을 창출하도록 도움을 주고 싶었기 때문이다. 디자이너와 이해관계자 간의 의사소통에는 큰 간극이 있다. 이 책에는 간극을 메우기 위해서 바로 당장 업무에 적용 가능한 현실적이고 실질적인 조언들을 담았다. 또 한편으로는 디자인이 의사소통에 어떻게 영향을 받는지에 관한 필자의 생각을 정리하고 기록하기 위해 이 책을 썼다. 또 매일 하는 행동들을 의식하는 사람이 되기 위해 집필했다. 이 책은 '어떻게 디자인을 설명할까'라는 질문에 관한 개인적인 체크리스트이기도 하다. 이 경험들을 여러분과 함께 공유할 생각에 신나기도 한다. 필자에게 그러했듯이 여러분에게도 이 책이 유용한 도구가 되기를 바란다.

이 책을 집필하기 위해 훌륭한 사람들을 많이 만났다. 인간관계, 인맥, 대화, 조언 등 모두 매우 귀중했다. 아주 좋은 경험이었고, 이 업계에서 이런 중요한 주제로 대화를 이끄는 게 너무 좋았다. 그뿐만 아니라 이 책을 계기로 전 세계를 여행하면서 콘퍼런스에서 강연을 하고 전혀 몰랐던 사람들과 함께 일할 기회를 얻었다. 이 책으로 인해 커리어가 더 좋은 방향으로 바뀌었다거나 승진하는 데 도움이 됐다는 메시지도 받았다. 사람들이 책의 내용을 어떻게 적용했는지, 성공적이었는지, 아니었는지, 그들의 이야기를 함께 공유할 것이다. 여러 팀을 만나 이 책에 나온 내용을 직접 연습하고, 논의하고, 필요한 기술을 향상하는 워크숍을 이끌 수 있어 기뻤다.

지금 이 글을 읽는 여러분에게도 이런 피드백을 듣고 싶다. 언제든 필자에게 연락하거나, 필자의 트위터를 팔로우하거나, 링크드인에서 필자를 추가해서 여러분의 이야기를 공유해줘도 좋다. 이 책이 여러분에게도 도움이 되기를 바란다.

- 링크드인: *https://www.linkedin.com/in/tomgreever*

- 트위터: *https://twitter.com/tomgreever*

- 인스타그램: *https://www.instagram.com/tomgreever*

이 책의 주제와 관련된 다양한 기사, 팟캐스트, 영상은 필자의 홈페이지(*https://tomgreever.com*)에서 확인할 수 있다.

감사의 말

누군가 필자에게 쉴 때 뭘 하느냐고 물은 적이 있다. 독서? 영화 감상? 운동? 하긴 하지만, 잠시 생각해보고 이렇게 대답했다. 휴식을 취하고 긴장의 끈을 푸는 데 가장 좋은 방법은 아내 해나Hannah와 함께 시간을 보내고 이야기를 나누는 일이라고 말이다. 그녀의 지지, 이해, 격려가 없었다면 이 책을 쓸 수 없었을 것이다. 해나는 필자가 가장 좋아하는 사람이자, 솔직한 협력자이자, 헌신적인 파트너이다. 필자보다 훨씬 똑똑하며, 얻는 공보다 훨씬 더 많이 이 책에 기여했다. 아내의 희생이 없었다면 이 책을 쓸 수 없었을 것이다(두 번이나 강조하건대 말이다!). 내 반쪽, 사랑합니다.

이 책을 검토해준 분들께도 매우 감사드린다. 데니스 칼디스Dennis Kardys, 크리스티 에니스-클룻Christy Ennis-Kloote, 앤서니 알멘다리즈Anthony Armendariz, 헤더 와이데븐Heather Wydeven, 씨 토드 롬바르도C. Todd Lombardo, 브래드 너날리Brad Nunnally, 신시아 사발드 소시어^{Cynthia Savard Saucier}, 댄 클린^{Dan Kyln}, 케이트 루터^{Kate Rutter}, 그리고 신디 알바레즈^{Cindy Alvarez}, 이들 덕분에 책이 훨씬 더 정확하고 부드러운 말로 완성됐다.

마지막으로 (하지만 앞에 언급한 분들만큼이나 중요하게도), 필자의 이전 또는 현 클라이언트, 상사, 임원들께 감사드린다. 이분들이 아니었다면 책이 세상에 나오지 못했을 것이다. 사실 그간 함께 일한 모든 분들이 이 책의 일부인 셈이다. 덕분에 필자가 디자인을 논하는 능력을 길렀다. 길러야만 했다! 여러분이 필자에게 다른 선택의 여지를 주지 않았다! 여러분과 일하는 동안 그 능력을 갖추고자 필요한 기술들을 배웠고, 이제는 그 능력을 세상과 공유할 차례다.

목차

지은이 소개   004

옮긴이 소개   005

추천의 말   006

옮긴이의 말   010

지은이의 말   012

이 책에 대하여   019

감사의 말   027

1장　훌륭한 디자이너는 훌륭한 의사소통자다   031

2장　이해관계자도 사람이다   063

3장　회의를 디자인하자   103

4장　경청하고 이해하자   145

5장　적절한 마음가짐을 갖추자   181

6장　답변을 구성하자   217

7장　메시지를 선택하자   247

8장　동의를 이끌어내자   277

9장　후속조치를 취하자   297

10장　수정해야 하는 상황에 현명하게 대처하자   315

11장　임원들은 어떻게 디자이너를 도울 수 있는가   347

훌륭한 디자이너는
훌륭한 의사소통자다

여러분은 동의하지 않았는데도 여러분이 작업한 디자인을 변경해야만 했던 적이 있는가? 필자는 그런 적이 있다! 디자인을 논하기는 결코 쉽지 않다. 특히 디자이너가 아닌 사람들과는 더욱 어렵다. 디자인을 효과적이고 명확하게 설명하는 능력은 프로젝트 성공에 중요하다. 보통 가장 명확하게 설명하는 사람이 성공을 쟁취한다. 사실 괜찮은 디자이너와 훌륭한 디자이너의 차이는 디자인 문제 해결 능력뿐만이 아니다. 다른 사람이 확신을 갖고, 동의하며, 다음 절차로 나아가게끔 지지하도록, 디자인이 어떻게 문제를 해결하는지 잘 표현하는 능력도 중요하다. 이 책은 바로 그 부분을 이야기한다. 다른 사람이 여러분의 디자인을 지지해주는 일 말이다.

일련의 디자인 과정에는 많은 사람이 투입된다. 한때는 시각적으로 멋있게 보이도록 하는 일 정도로 치부되던 디자인이 이제는 모두가 주목하는 일이 됐다. 조직 내 각기 다른 부서의 사람들도 훌륭한 사용자 경험을 만들어내는 일의 가치를 깨닫고 있으며, 다들 이 일에 참여하고 싶어 한다. 회사 간부, 마케팅, 개발자, 제품 관리, 심지어 회계 부서에 있는 이들도 UX가 어때야 하는지, 자신이 생각하는 바를 여러분에게 말하고 싶어 한다. UX가 장기적으로 제품, 사업, 순이익 창출에 미치는 영향을 깨달았기 때문에 조직 내 많은 사람들은 UX에 들떠 있다. 이로 인해 좋은 소식 한 가지는 바로 여러분이 아주 인기 있는 사람이 된다는 것이다!

중요한 회의

1월 어느 날, 필자는 다음 날 있을 클라이언트와의 회의 때문에 늦은 시간 출발하는 샌프란시스코행 비행기를 타야 했다. 보통 회의가 아니었다. 회사 내 각기 다른 부서에서 십수 명이 참석해 거대한 온라인 소매 기업 CEO에게 모든 디자인 사항을 발표하는 회의였다. 단 한 명인 클라이언트 CEO의 지지를 얻기만 한다면 프로젝트 전체 추진에 초석이 될 것이므로 3시간 회의를 준비하는데 부사장들, 부장들, 제품 총괄, UX 디자이너가 모두 투입됐다.

필자는 여러 제품 매니저product manager들과의 작업과 여러 번의 회의 참석을 통해 발표할 부분을 파악한 뒤 발표 슬라이드를 준비하기 시작했다. 회의 전 금요일에도 4시간의 화상회의에서 자리를 지키고 앉아 있어야 했다. 다들 부사장에게 자신이 맡은 부분의 프레젠테이션을 선보였고, 부사장은 클라이언트 CEO에게 아이디어를 가장 적절히 전달하는 방법에 관해 피드백을 줬다.

회의는 딱 한 가지, 바로 CEO가 우리 제품을 마음에 들어 하고 받아들이도록 디자인 아이디어를 보여주는 것이었다. 그 회의를 위한 내부회의를 여러 차례 거치며 그의 예상 질문을 추측하고 토론했다. 잦은 야근과 일정 조정으로 회의를 성사시키기 위해 만전을 기했다. 필자는 이 한 번의 회의를 위해 16시간을 이동하고, 호텔에서 이틀 밤을 보내고, 회의실에 앉아 하루 종일 시간을 보내야 했다.

다행히도 그 회의는 잘 흘러갔다. 클라이언트였던 CEO는 반응이 좋았고 훌륭한 피드백을 줬다. 다들 원래 디자인했던 대로 일을 진행할 수 있었다.

하지만 지금 이 이야기에서 중요한 것은 이게 아니다.

필자가 이 전반적인 과정에서 충격을 받은 것은 바로 단 한 사람에게 디자인 아이디어를 전달하고 소통하려고 들인 노력의 양이었다. 최상의 의사소통을 하고자 들인 시간과 에너지에 비하면 다른 디자이너들이 실제로 모형을 만드는 데 들인 시간은 약소한 수준이었다. **디자인 자체보다 디자인을 논의하는 의사소통이 훨씬 중요**

했다.

여러분은 지금 필자가 소개한 이야기처럼 큰 팀의 일원으로 일하고 있지 않을 수도 있고, 타 기업 CEO와의 회의가 매우 중요한 일인 대기업이 아닐 수도 있다. 하지만 근본적으로 이해관계자에게 디자인을 설명하는 방식이 프로젝트의 성공에 중요하다는 점은 같다.

디자인은 주관적이다

디자이너를 면접할 때 필자는 항상 "어떻게 해야 좋은 디자인이라고 생각합니까?"라는 질문을 한다. 사람들은 대답으로 그들이 디자인, 실제로는 UX를 어떻게 생각하는지를 말한다. 대부분의 대답은 예상 가능한데, "공간을 잘 활용하는 것", "단순한 디자인", 또는 필자가 가장 좋아하는 대답 중 하나인, "더 이상 손대서 지울 부분이 없을 때"와 같은 대답을 자주 듣는다. 이런 대답 자체에는 전혀 문제가 없다. 하지만 비즈니스의 관점에서 볼 때, 이런 대답에 담긴 내용이 디자인을 좋은 디자인으로 만들어 주지는 않는다. 모두가 동의하지는 않을 미적 부분, 즉 주관적인 부분에 관한 이야기이므로 이는 필자가 팀 디자이너들에게 바라는 접근방식은 아니다.

조너선 아이브Jonathan Ive[1] 자서전에나 나올 법한 말들을 어떻게

---

[1] 옮긴이_ 전 애플 최고 디자인 책임자

생각해냈는지 잘 모르겠지만, 학교에서 배운 내용 같지는 않다. 그들은 UX가 '아이폰만큼 멋져 보이는 것' 정도로 여겨지는 소셜 미디어 디자인에서 이런 문구들을 따온 게 아닌가 우려스럽다. '아름다운 것 = 높은 사용성'이라고 믿는, 마치 인기 경쟁 같은 사고방식에서 비롯됐다. 이는 좋은 의도를 갖고 만든 디자인도 비즈니스상 수요가 뭔지조차 파악하지 않은 채 유명한 웹사이트나 앱을 따라 모형 만들 듯 '다시 디자인' 하는 문화와도 같다. 즉, 문제를 해결하기보다는 사람들의 마음에 드는 일에 치우쳐 있다.

사실 모든 디자인은 주관적이다. 어느 누군가는 마음에 들어 하고, 다른 누군가는 싫어하기 마련이다. 필자가 보기에는 명확한 디자인 같아도 여러분에게는 그렇지 않을 수도 있다. 어떤 맥락에서는 통하는 것이 다른 상황에서는 참담하게 망할 수도 있다. 그러므로 디자인을 논하는 것, 특히 디자이너가 아닌 사람들과 이야기한다는 건 어려운 일이다. 디자인은 무엇이다, 혹은 디자인은 어때야 한다는 데 합의된 바는 없다.

사공이 많은 배

프로젝트 일원들이 여러분의 디자인에 동의하지 않는 상황이 벌어지지만 않는다면 디자인은 쉬울지 모른다. 아니, 쉬울 것이다!

디자인에 문외한이거나 약간 아는 수준임에도 디자인 업무를 감독하고 지시할 권한을 가진 사람들이 많다. 논의에 참여할 권리가 있지만 전문 디자이너가 아니므로 여러분만큼 디자인이나 기술 관련 지식이 깊지 않다.

게다가 이런 사람들은 대개 흔쾌히 자신이 디자인 전문가가 아니라는 사실을 인정한다. 자신이 디자인을 잘 모른다는 사실은 알지만, 여전히 자신의 아이디어나 의견이 맞다고 주장한다. 이게 바로 이해관계자와의 관계에서 가장 이상한 부분이다! 사람들은 여러분이 맡은 일에 자신이 전문가가 아님을 인정하면서도, 디자이너 입장에서 보면 사용자 경험에 해로울 수 있는 수정안을 자꾸 고집한다. 여러분을 전문가라고 신뢰하면서도 한편으로는 여러분의 디자인을 좌지우지하려고 한다.

이런 이해관계자들이 디자인 과정에서 자연스러운 일부라고 하더라도, 우리가 목표에서 벗어나지 않고 도움이 되는 방향으로 그들을 포용하기란 힘든 일이다. 이것이 바로 우리가 해결해야 할 과제다.

다들 디자이너다!

다들 좋은 디자인을 보면 그게 좋은 디자인이라는 것을 안다. 그 좋은 디자인을 어떻게 만들어내는지는 모르더라도 말이다. 좀 절망적으로 들릴 텐데(심지어 터무니없을 수도 있다) 사실이다. 음악 같은 다른 예술 분야도 마찬가지라고 생각한다. 악기를 어떻게 연주하는지는 몰라도, 내가 좋아하거나 좋아하지 않는 음악이 무엇인지는 안다. 각자 선호하는 게 달라도 우리 모두 각자 듣고 싶어 하는 음악을 선택할 줄 안다. 그 음악을 직접 재현할 수 있는지 여부와는 상관없이 말이다.

만약 엔지니어가 디자이너처럼 대우받는다면

출처: 앤디 젤만, 「Skeleton Claw Comics」
(사용 허가 후 인용. *http://skeletonclaw.com*)

여러분의 인터페이스

디자인은 대개 시각적인 영역이므로 사람들은 보고, 느끼고, 교감하는 부분, 즉 인터페이스를 중요하게 생각한다. 여러분의 업무가 사용자 인터페이스를 만드는 일이라면, 모두가 여러분이 하는 일에 관심을 가질 것이다! 여러분이 작업한 내용이 전부 공개되며, 그러다 보니 조직 내 다른 분야에 비해 많은 의견과 아이디어를 불러일으키게 된다.

우리가 맡은 일은 우리 기업의 제품이 성공하는 데 중요하므로 우리 디자인이 어떻게, 왜 가치 있는지 사람들에게 보여줄 책임이 있다. 사람들이 저절로 알아봐주는 것이 아니라, 노력과 실행이 따라야 한다. 그리고 그보다도 의사소통을 잘 해야 한다.

팀워크가 UX를 망칠 때도 있다

훌륭한 디자인을 만들어내는 일에서 최고는 각기 다른 전문적인 의견들이 모여 최상의 솔루션을 도출하는 협업이다. 이는 모두가 원하는 바다. 서로 존중하는 전문가들이 모여서 열정적으로 솔루션에 관해 토론하고, 결국에는 혼자서는 미처 생각도 하지 못했을 이상적인 디자인을 도출해내는 장면을 그려본다. 팀워크가 최적의 방향으로 흐른다면 말이다! 자, 다들 만족하며, 보람을 느낀다. 또 존중받으면서 다른 디자인 과제로 넘어간다. 우리가 원하는 협업이 바로 이런 모습이다. 하지만 서로 반대하기 시작하면 그때는 상황이 훨씬 복잡해진다. 누군가 동의하지 않으면 우리는 보통 방어적으로 변하는 경향이 있다. 방어적인 자세를 취하게 되면 진짜 문제에 집중하지 못한다. 회의는 끝나고 협업은 수포로 돌아간다. 결국 불만 가득한 절충안과 제대로 기능하지도 못하는 사용자 경험이라는 결과에 이르게 된다.

이런 상황에서 여러 명이 디자인에 뛰어들어 회의에서 문제 해결 방안을 두고 한마디씩 제안할 게 있다고 해보자. 각기 다른 의견들을 듣고 나면 이 수많은 피드백 세례에서 우리가 결정한 부분을 지켜내기가 불가능하다. 하나의 제안이 또 다른 아이디어를 불러일으킨다. 그리고 그 아이디어가 또 다른 아이디어를 낳는다. 대화는 걷잡을 수 없이 소용돌이치고 뒤죽박죽이 돼버려서, 프로젝트의 전반적인 목표 자체를 망쳐버릴 수도 있다. 서로 모여서 해내고자 했던 의지가 집단 사고와 군중심리로 엉망진창이 돼버린다. 팀워크가 한편으로는 또 다른 일거리를 안기게 된다는 걸 기억해야 한다.

CEO 버튼

위와 같은 문제의 일환으로, 일명 CEO 버튼CEO button을 마주할 때도 있다. CEO 버튼이란 임원이 프로젝트 자체를 아예 망쳐버리고 디자이너가 존재하는 명분조차 깎아내릴 만한 의견을 제시하는 상황을 일컫는다.

이 사실은 흥미롭다. 자, 여러분이 몇 주 혹은 몇 달 동안 매달려서 가능한 한 최적의 앱을 디자인했을 수도 있다. 사용성 테스트도 이미 마쳤고 팀은 최선을 다했다. 하지만 단 한 명의 임원이 회의에 들어와서는 현재까지 과정을 한 방에 날려버릴 수도 있다. 부디 이런 상황이 일어나지 않기를 바란다.

홈페이지 포화

또 한 가지 흔히 일어나는 문제는 바로 홈페이지에 과도하게 많은 부분이 몰리는 현상이다.

홈페이지 신드롬이라고 부르기도 하는데, 사용성을 높이려고 링크, 버튼, 광고 배너 등을 잔뜩 만들어서 앱이나 웹사이트의 첫 배경화면에 온갖 요소들을 다 담아내는 포화 상태를 의미한다. 그렇게 하면 디자이너들은 암울해서 울다 지쳐 잠들지도 모른다.

보다시피 때로는 우리가 얼마나 노력했는지에 상관없이 홈페이지가 엉망진창이 되기도 한다. 다들 자기 사업 부서가 홈페이지에 드러나기를 바란다. 마치 홈페이지에서 안 보이면 존재하지 않기라도 하는 것처럼 말이다. "우리가 이번에 새로 출시하는 제품? 홈페이지에 보이게 배치합시다", "성과가 안 나오는 제품? 홈페이지에 올리면 좀 나아질지 모릅니다" 어디서 많이 들어본 말인가? 그렇다면 이 문제를 해결하는 방법을 배워야 한다.

의사소통은 일이다

좋은 소식을 하나 말하자면, 꼭 이와 같은 상황을 겪을 필요는 없다. 이해관계자들과 잘 소통한다면 조직 내 디자인 과정에서 자주 발생하는 분열과 타협을 피할 수도 있다. 필자는 이해관계자들이 제기하는 이슈나 걱정 대부분이 원활하지 않은 소통과 오해에서 비롯된다는 점을 발견했다. 우리가 디자인을 논하는 방식이 결국 최상의 사용자 경험이라는 결과를 만드는 열쇠다.

생각해보면 맞는 말이다. 모든 인간관계는 일련의 이해와 오해에 지나지 않는다. 다른 사람이 우리를 처음부터 이해하도록 제어할 수는 없다. 다들 매일 나누는 대화에 자신의 경험을 투영하곤 한다. 하지만 사람들이 우리를 이해할 수 있게끔 우리의 소통을 제어할 수는 있다. 우리가 다른 사람들과 이야기하는 내용과 방식이 그들의 반응에 영향을 미칠 수 있다.

여러분이 할 일은 디자인이라고 들었겠지만, 실은 의사소통이다!

좋은 의사소통이 이긴다

더 나은 의사소통을 하게 된다면 여러분에게 더 많은 기회가 생길 것이다. 필자는 기본적인 의사소통 능력도 안 되면서 지원하는 디자이너들을 보면 놀랍다. 아무 말도 없이 달랑 이력서만 보내거나, 면접이 있다는 걸 까먹거나, 지시 사항을 제대로 따르지도 못하는 지원자도 있다. 결국 잘 소통할 줄 아는 지원자를 선호하게 되고, 그렇지 않은 지원자는 탈락하게 된다.

잘 소통할 줄 아는 사람이라면 일도 한결 수월하다. 미심쩍겠지만 의사소통 능력만으로도 여러분을 다른 디자이너들과 차별화할 수 있다. 예술적인 면에서 여러분보다 훨씬 능력이 뛰어난 디자이너일지라도 말이다. 아주 단순한 말이지만, 의사소통에 능한 사람이 성공한다.

명확함이 곧 성공이다

소통은 단순히 단어를 사용하는 행위가 아니다. 단어들을 취합해서 사람들이 디자인을 지지해줄 만한 무언가로 만들어내고 왜 그렇게 디자인했는지 설명해야 한다. 소통은 그저 단어들을 쭉 발음하고 나열하는 게 아니다. 단어들을 설득력 있게 사용하는 행위다. 명확하게 말이다.

명확함을 얻는 데 중요한 열쇠는 바로 여러분이 전달하고자 하는 메시지와 상대로부터 얻고자 하는 반응을 이해하는 데 있다. 원하는 반응을 이끌도록 메시지를 공들여 다듬는 법을 배운다면 여러분이 원하는 결과를 얻는 데 훨씬 성공적이라는 점을 깨닫게 된다.

가장 좋은 아이디어가 이긴다(항상 이기는 건 아니다)

가장 좋은 아이디어가 항상 이긴다든가, 훌륭한 디자인은 딱 보면 한눈에 보이리라 생각하기 쉽다. 하지만 현실에서는 상황이 늘 그렇게 흘러가지만은 않는다. 다른 사람들이 선택한 아이디어가 가장 좋은 아이디어라고 믿는 건 너무 이타적인 생각이다. 현실에서 중요하게 고려해야 할 요소는 바로 사람이다. 애석하게도 가장 좋은 아이디어가, 서로 상충되는 주장들이 경쟁하는 회의에서 희생당하기도 한다. 다른 사람에게 자신의 선택이 옳다고 확신을 줄 줄 아는 사람이 곧 자신의 뜻을 관철시킬 수 있다. 여러분의 디자인이 혁신적이라 할지라도, 적극적이고 언변이 좋은 영업부 사람이 여러분 상사의 마음을 움직여 지지를 얻어낼 가능성이 더 크다.

자신이 왜 그렇게 디자인했는지 설명하는 능력이 부족한 디자이너는 논쟁에서 밀리게 되고, 제대로 방어해내지 못했다는 이유만으로 동의하지 않는데도 수정해야만 하는 상황을 마주하게 된다. 그렇다고 꼭 이해관계자들과 대립한다는 말은 아니다. 이러한 토론이 건전하고 괜찮은 팀워크로 느껴질 수도 있다. 하지만 명확하게 여러분의 입장을 표현하지 못하면 최상의 결과를 만들어내지 못하고 디자인을 억지로 수정해야 하는 입장에 처하게 된다.

디자인을 명확하게 전달하는 행동은 다음과 같다.

관련 지식을 표현한다

여러분은 똑똑하고, 무엇을 말하는지 알고 있으며, 해당 분야에 경력이 있으며, 여러분이 제시하는 솔루션은 믿을 만하다.

의도하는 바를 보여준다

여러분은 그 문제를 심사숙고했고, 해결하고자 노력했으며, 접근 방식이 논리적이다. 단순히 무작위로 생각해낸 아이디어가 아니고 의도와 초점이 있는 디자인이다.

자신감을 표현한다

여러분은 무엇을 원하고 그것을 어떻게 얻는지 안다. 여러분은 흐리멍덩한 사람이 아니다. 진심으로 의사를 표현할 줄 안다.

존중을 표현한다

여러분은 다른 이들의 의견과 시간을 항상 존중하는 태도를 드러낸다. 다른 이를 무시하거나 시간을 낭비하지 않는다.

디자인을 명확하게 설명한다면, 왜 그렇게 디자인했는지 이해하고 수긍하도록 만들 수 있다. 더욱이, 이해관계자의 수요와 기대에 맞춰 접근하는 방식으로 디자인 작업 내용을 발표할 수도 있다. 논리정연하게 전문성을 보여주고, 그들이 수긍할 만한 방법을 제시해 이해관계자와 신뢰를 쌓을 수도 있다. 그러므로 의사소통의 힘을 십분 활용해 명확하게 설명하고, 우리가 만든 디자인이 최적의 솔루션을 제공한다는 사실을 이해관계자들이 깨닫도록 해야 한다. 디자인을 명확하게 설명한다면 분명 좋은 결과를 얻을 것이다.

훌륭한 디자이너란

디자인을 명확하게 설명한 모범 사례들을 더욱 면밀하게 살펴보기에 앞서 어떤 디자인이 성공적인 디자인인지 알아보자. 이 부분에서 디자인을 설명하는 의사소통의 기반을 다져야 한다. 우선 UX의 핵심을 들여다보자. 모범 사례들이 보여주는 사고방식과 접근 방식을 재현해내려면 좋은 사용자 경험을 만드는 기본 원칙들을 이해해야 한다.

실현해야 할 세 가지 사항

이전에 언급한 질문으로 돌아가보자. **무엇이 좋은 디자인을 만드는가?** 이 질문에 대한 답은 여러 가지지만, 사용자 경험 창출이라는 관점에서는 문제를 해결하는 디자인이 좋은 디자인이다. 우리는 대부분 비즈니스를 위해 문제를 해결하려 한다. 즉, 비즈니스 성장이라는 목표를 달성하고자 노력한다. 하지만 사용자 중심 디자인을 한다면 그 제품의 사용자가 사용하기 편리하도록 디자인을 만들어야 한다.

하지만 종종 간과하는 부분이 있다. 바로 프로젝트에 영향을 미치는 다른 사람들이 있다는 사실이다. 단순히 훌륭한 앱 개발만으로는 충분하지 않다. 팀의 지지를 얻어야 한다. 지지를 얻지 않으면 프로젝트는 나아갈 수 없다.

좋은 디자이너와 훌륭한 디자이너의 차이는 문제를 해결하는 능력만이 아니다. 디자인이 어떻게 문제를 해결하는지를 납득시키고, 동의를 얻게끔 분명하게 설명하는 능력에서도 나타난다. 이를 해낸다면, 여러분은 훌륭한 디자이너다.

따라서 모든 디자인은 다음 세 가지 사항을 실현해야 한다.

- 첫째, 문제를 해결한다.
- 둘째, 사용하기 쉽다.
- 셋째, 모두의 지지를 얻는다.

세 가지 사항은 보통 사람들도 (예를 들어 여러분의 이해관계자들) 이해할 만한, 훌륭한 사용자 경험을 창출하는 데 필요한 기본 요소다. 실패하는 프로젝트는 보통 세 가지 중 어느 하나가 부족하기 때문이다. 여러분이 세 가지 모두를 충족하는 결과물을 낸다면, 그 프로젝트는 성공할 것이다.

이제 하나씩 좀 더 자세히 들여다보자.

문제점을 해결하는 디자인

그 무엇보다 우리는 비즈니스 목표, 참여engagement, 전환conversion, 상호작용, 피드백 부분과 관련한 문제들을 해결해야 한다. 문제가 무엇이든 간에, 솔루션을 찾고 그 솔루션이 성공적인지 측정해야 한다. 우리가 소임을 다했는지 어떻게 알 수 있는가? 전후 결과를 검토하고, 특정 지표를 추적하고, 잘 개선되는지 지켜보면 측정 가능하다.

여러분과 여러분이 속한 팀은 이미 이런 부분과 관련한 목표나 성과측정지표key performance indicators, KPIs를 수립해뒀기를 바란다. 그렇지 않다면 논의할 때 활용할 도구로 삼기 위해서라도 여러분이 직접 목표나 지표를 수립하길 권한다. 목표가 없다면, 성공 여부를 측정해서 다른 이들에게 여러분이 옳다고 확신을 줄 방도가 없으므로 프로젝트는 분명 동력을 잃고 말 것이다. 프로젝트의 성공 여부가 주관적인 견해상의 문제가 돼버릴 것이다. 또 주관성의 영역에 빠지게 되면 프로젝트가 앞으로 나아가기 어려워진다.

그러므로 만약 팀이 처음에 목표나 지표를 수립하지 않았다면 여러분의 정신건강을 위해 지금이라도 수립하자. 이해관계자들에게 가장 중요한 요소가 무엇인지 알아보자. 인상impressions, 전환 또는 회원가입일 수도 있다. 그중 한두 개 정도, 개선하고자 하는 측정

가능한 요소를 선택해서 적어보자. 그리고 여러분의 목표를 설정한 뒤 다른 이들에게 말할 때 유리하게 활용하자.

우리는 이미 창의적인 솔루션을 발굴하고자 문제점에 접근하는 일에는 능숙하다. 하지만 항상 생각했던 대로 다른 사람들에게 그렇게 디자인한 이유를 설명할 수 있는 건 아니다. 이때는 직감intuition이 중요하다. 직감은 훌륭한 디자이너가 되기 위한 분수령이다. 우리는 어떻게 디자인으로 문제점을 해결할 수 있는지 알고 있다. 또 그리 많은 생각을 하지 않고도 솔루션을 찾아내는 일이 자연스러울 때가 있다. 시행착오를 겪으면서 솔루션과 씨름할 때도 있다. 어느 쪽이든 간에 우리는 계속 수정 작업을 하면서 아이디어에 가치를 부여할 무언가로 만들어내는 일을 한다. 그런데 그 직감이 어떻게 떠올랐는지 알아내기는 어렵다. 다른 사람들도 우리의 관점에서 바라보도록 해줄 바로 그 '옳다고 느낀' 무언가는 어디서 비롯됐을까? 조금씩 시도해봤던 부분들이 모여서 어떻게 적절한 솔루션이 될까? 디자인으로 문제점을 해결할 때나 다른 사람들에게 그 디자인을 설명할 때 도움이 될 만한 논리도 생각해야 한다.

디자인 작업을 할 때 여러분이 결정하는 모든 내용과 그 이유를 의식적으로 인식할 필요가 있다. "내가 지금 이걸로 어떤 문제점을 해결하려는 걸까?"라는 질문을 스스로에게 끊임없이 던져야 한다. 이 책의 7장에서는 필자가 솔루션을 설명할 때 가장 흔히 쓰는 방식들을 보여주려 한다. 우선 지금은 수정하고, 새로 추가하고, 적절한 인터페이스를 찾으려고 재배열하는 사항들을 전부 숙지해야 한다는 점만 생각하자. 무심코 결정하는 그런 내용이 바로 다른 사람들에게 여러분의 디자인을 설명하고, 전문가로서 여러분의 관점이 최종 의사결정 과정 중심에서 밀려나지 않고 살아남게 해줄 열쇠다.

필자는 사실 목록으로 정리하는 걸 좋아하는 사람이다. 그리고 만든 목록을 모든 전자기기에 연동하는 걸 정말 좋아한다. 어떤 사람은 스스로의 생각을 구체화할 때 직접 손을 움직여서 펜으로 종이에 적어 내려가는 걸 선호한다. 몇 줄 간단히 적어봐도 좋고, 좀 더 복잡한 스케치를 그려봐도 좋다. 여러분의 솔루션을 목록으로 적어보거나 디자인하기 전과 후를 시각화하는 스토리보드를 그려보길 바란다. 여기서는 어떤 방법으로 문제점에 답변하려고 하는지는 중요하지 않다. 요점은 이런 과정이 구체적으로 여러분이 결정한 내용들을 돌이켜보게 해준다는 것이다. 필자가 일하면서 만든 예시 몇 가지를 공유한다.

문제점	솔루션 제안
필터 컨트롤filter controls이 너무 바로 작동해서, 사용자가 결과 목록이 업데이트됐다는 걸 인식하지 못한다.	• 사용자가 숫자 변경을 볼 수 있게 목록상의 아이템 숫자를 필터에 더 가까운 쪽으로 이동한다. • 사용자가 각 박스를 체크할 때마다 로딩 스피너loading spinner를 잠시 보여준다. • 사용자가 태스크를 완료했다는 인식을 받도록 패널을 닫는 '완료' 버튼을 추가한다.

문제점	솔루션 제안
사용자가 첫 페이지에서 다음 절차로 넘어가지 않는다.	• 헤드라인과 히어로 이미지[hero image2]를 좌측으로 옮겨서 콜 투 액션[call to action3]이 우측 공간에 나타나도록 한다. • 콜 투 액션 색상을 빨간색으로 변경한다. 카피[copy]를 업데이트한다. • 집중을 방해하는 백그라운드 이미지[background image]를 삭제한다. • '다음 단계' 리스트가 대개 화면 가장 아래에 나타나게 해서 사용자가 다음 콜 투 액션을 위해 스크롤을 내리도록 유도한다.
사용자가 검색 결과 목록 화면에서 보는 아이템을 장바구니에 옮겨 담지 않는다.	검색에서 장바구니에 이르기까지 사용자가 거치는 단계를 간소화하기 위해 'One-tap' 기능을 추가한다. • '장바구니에 담기'를 누르면 수량이나 다른 정보 선택을 요구하는 절차 없이 자동으로 장바구니에 아이템이 담긴다. • 탭에서 버튼이 처음 수량 1로 변경된다. 필요시 사용자가 수량을 늘릴 수 있다. • 다시 한번 '장바구니에 담기'를 확인하는 버튼은 삭제한다. • 새 메시지를 띄워 아이템이 담겼다고 알려준다. • 메시지 아래 '결제하시겠습니까?' 콜 투 액션을 삽입한다. • 색상이나 사이즈 같은 옵션이 있는 아이템은 자동 설정되게 하되 사용자가 바로 화면에서 변경하도록 옵션을 보여준다.

2   옮긴이_ 사용자의 시선을 사로잡는 이미지

3   옮긴이_ 행동 유도 버튼

여러분이 만든 디자인을 구두로 설명해보는 연습도 도움이 된다. 디자인의 상당 부분이 완전히 시각적인 영역이다 보니, 그림을 다루지 않는 분야의 사람들은 가늠하기 어려운 부분도 있다. 최종 목표가 다른 사람들에게 디자인을 설명하는 것이라면, 상대가 디자인을 보지 못한다고 가정하고 디자인의 모든 세부사항을 문장으로 설명해보는 건 어떨까? 예를 들어 전화 통화로 여러분의 디자인을 어떻게 설명할 수 있을까? 이메일로는? 여러분의 디자인이 어찌 보이는지 한번 적어보면 이전에 미처 몰랐던 디자인에 관한 근거를 깨닫게 될 것이다. 자신이 사고했던 과정을 깨닫고 먼저 자신의 디자인을 스스로에게 명확하게 설명하는 데 도움이 될 것이다. 여러분의 디자인에서 시각적인 부분을 언어로 대체하라는 의미가 아니다. 한 가지 예로 필자의 프로젝트를 소개한다.

리스트 뷰list view는 국가별, 알파벳순으로 정렬된다. 정렬 메뉴는 우측 상단에 나타나며, 모바일 터치 타깃mobile touch target에 딱 맞는 위치에 각 아이템을 배치했다. 각 아이템의 맨 왼쪽에는 국가별 국기가 나타난다. 그렇게 하면 사람들이 원하는 국가를 알아보기 수월할 것이라고 생각했다. 국기 옆에는 굵은 글씨로 국가명이 나타나고 그 바로 아래에는 작은 회색 글씨로 프로젝트에 관한 짧은 개요가 나타난다. 빠른 참고를 돕기 위해 보고서 제목을 표시한다. 맨 오른쪽에는 두 가지가 나타난다.

(1) 사용자가 선택한 보고서의 데이터 개요. 예를 들어 감염률 34%, 총합계 1.5백만과 같이 간략한 정보를 보여준다.

(2) '더 보기' 화살 표시. 사용자가 누르면 오른쪽에 더 많은 내용을 표시한다.

각 국기는 사용자가 원하는 국가를 빠르게 선택하도록 유도한다. 그리고 데이터 일부분을 보여줘서, 사용자가 원하면 눌러서 자세한 내용을 확인하게 한다. 이런 디자인을 통해 사용자는 신속하게 목록을 훑어보고 자신에게 맞는 보고서를 찾는다.

굳이 장황하게 적을 필요는 없다. 시간을 많이 쏟을 필요도 없다. 이건 쓸데없이 바쁘게 하는 일이 아니다. 여러분의 생각을 스스로 확인하는 데 도움이 되는 수단은 무엇이든 시도해보자. 예를 들어 여러분의 디자인을 스스로 다른 유명한 플랫폼과 비교한다면, 여러분의 디자인은 다른 플랫폼에서 이미 해결했을 문제를 바탕으로 했다는 긍정적인 신호다. "버튼을 누르면 소셜앱SocialApp과 같은 방식으로 다음 결과들이 로딩돼요" 이처럼 다른 앱을 기반으로 결정하는 건 괜찮지만, 항상 가장 좋은 결정을 만들지는 않는다. 하지만 계속 다음과 같이 새로운 질문을 던지면 해당 디자인에 관련해 여러분 머릿속에 깔려 있을 생각을 알아내는 데 도움이 된다(왜 소셜앱은 그런 방식으로 작동하나? 우리 맥락이 소셜앱과 비슷한 맥락인가? 소셜앱은 데이터를 갖고 있나? 소셜앱은 의도적으로 그렇게 디자인한 것인가?). 여러분의 디자인을 설명할 때마다 디자인할 때의 사고 과정을 되짚어보면 가장 잘 전달할 방법을 찾는 데 유용하다.

적은 내용을 클라이언트나 이해관계자와 공유할 필요는 없다. 그들이 보지 못해도 괜찮다. 우선 지금은 다른 사람과의 의사소통보다 의도적으로 기록해보는 일에 중점을 두고 적어보자. 여기서 기억해야 할 핵심은, 글로 적어보는 과정이 여러분이 해결하고자 노력하는 문제점과 여러분의 디자인이 그 문제점을 해결할 방법을 연결해준다는 점이다. 두 가지를 잘 연결할수록 다른 사람들과 여러분의 디자인을 논의하는 일에 보다 잘 대비할 수 있다. 어떤 방법이 여러분에게 잘 맞든 간에, 사고 과정을 다른 이들과 더 효율적으로 공유하고, 뚜렷하고 사실적으로 보이게 만들 방법을 찾아야 한다. 그리고 다른 이들이 이해하기 쉽게 설명할 말을 생각해야 한다.

쉽게 만들기

사용자 중심 디자인 접근방식을 택한다면, 분명 사용자가 사용하기 쉬운 무언가를 만들어내야 한다. 사용성이 디자인에서 핵심 과제라는 걸 알고는 있어도 막상 다른 사람들에게 설명하기는 어렵다. 참고로 필자는 여기서 여러분이 이미 사용성이 무엇인지 이해하고 있다고 가정한다. 여러분의 인터페이스가 어떻게 사용하기 쉽게 만들어져야 하는지를 말하려는 게 아니다. 여러분이 다른 사람들에게 말할 수 있게끔 사용성 문제를 연계한 접근 방식을 생각해보는 데 도움이 되고자 한다.

이 단계에서도 여러분이 문제점을 해결하고 스스로 결정한 부분들을 인식했을 때 했던 행동처럼 똑같은 행동을 해야 한다. 각 과정에서 여러분이 결정한 부분들을 두고 '이게 사용자에게 어떤 영향을 미칠까?'라고 자문해보자. 우리는 대부분 우리가 내린 결정이 사용자에게 어떤 영향을 미칠지 모른다. 단지 가능한 한 최선의 추측을 해보고, 시도해보고, 관찰한 부분을 바탕으로 결론을 도출할 뿐이다. 이전 절에서 언급했듯이, 한번 적어보자. 이해관계자들에게 대답할 준비를 하려면 여러분 스스로에게 먼저 대답해야 한다.

여러분의 디자인이 사용자에게 미칠 영향을 파악하는 데 다음 방법을 사용해보자. 여러분이 봤던 사용자 세션이나 일반적인 유스 케이스를 바탕으로 이야기를 적어보자. 몇 가지 예시를 소개한다.

디자인 변경 내용	사용자에게 미치는 영향
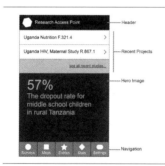 Sign Up / Login / Sign Up / Already a member? Login here	회원가입과 로그인 버튼이 비슷한 데다가 붙어 있어 사용자에게 혼란을 준다. 우리는 사용자들이 두 버튼이 너무 비슷해서 어떤 버튼을 눌러야 할지 주춤하는 상황을 발견했다. 이 맥락에서 회원가입 버튼이 가장 흔하게 사용되는 케이스이기 때문에, 회원가입 버튼을 컨테이너 최대 너비로 만들었다. 로그인 버튼은 텍스트 링크로 변경한다. 기존 사용자가 쉽게 로그인할 수 있으면서 새로운 사용자도 가입하기 쉽도록 만들어야 한다. 기존 이용자 대부분은 자동으로 로그인되면서 자신의 계정 페이지로 바로 이동할 것이다. 이렇게 해서 혼란은 줄이고 전환은 높인다.
Research Access Point — Header / Uganda Nutrition F.321.4 / Uganda HIV, Maternal Study R.867.1 — Recent Projects / see all recent studies... / 57% The dropout rate for middle school children in rural Tanzania — Hero Image / Surveys Maps Entries Stats Settings — Navigation	리서처researcher가 앱에서 헤맬 필요 없이 신속하게 데이터에 접근해야 한다. 따라서 홈 스크린 상단에 히어로 이미지를 배치하는 대신 최근 프로젝트 목록을 우선 배치한다. 히어로 이미지는 아래로 옮긴다. 프로젝트에 접속한 리서처가 앱을 사용하는 주된 용도는 보고서 확인이며, 이와 같이 배치하면 보고서를 열람하기가 훨씬 쉬워진다.

간단히 말하자면 사용성의 두 가지 핵심은 바로 상식과 조사다. 처음 프로젝트를 시작할 때부터 데이터나 사용자 관찰 같은 일이 많지는 않을 것이다. 여러분은 선택의 여지가 없다. 사용자에게 무엇이 가장 잘 통할지 최선의 추측을 해야 한다. 여러분은 사용성

문제 전문가로서 인터페이스 디자인 경험이 있으니, 여러분이 생각하기에 가장 심플한 사용자 경험 디자인을 바탕으로 현명한 가설을 세울 수 있다. 이때 상식이 관건이다. 너무 어렵게 접근할 필요 없다. 생각했을 때 가장 쉬운 솔루션을 만들자. 이해 가능한 솔루션을 만들어내고 다음으로 넘어가자.

물론 의도한 대로 디자인했음에도 사용자가 사용할 때는 차이가 생기기 마련이다. 따라서 연구가 필요하다. 우리가 나름 현명한 추측을 만들고 나면 실제 사람들을 대상으로 아이디어를 테스트해야 한다. 연구 방식은 매우 다양한데, 가장 흔한 방식은 분석이나 사용성 조사다(보다 자세한 내용은 6장에서 다룬다). 우선 여기서 분석한 내용은 사용자들이 **무엇**을 했는지만을 보여줄 뿐, 사용자들이 **왜** 그렇게 했는지는 말해주지 않는다. 여러분이 결정한 디자인이 사용자에게 어떤 영향을 미치는지 실제로 이해하려면 유일한 방법은 직접 관찰하는 것이다. 따라서 여러분이 가진 데이터 내에서 최선의 추측을 해보고, 실제로 사람들에게 확인해보고, 기록해보자. 관찰 데이터는 예상하지 못한 뜻밖의 관점을 제시하기도 하며, 여러분의 디자인이 지지를 받는 데 훨씬 유리한 위치를 점하도록 해준다.

팀원들에게 지지를 얻기

쉽게 사용 가능하고 문제를 해결하는 제품 디자인만으로는 충분하지 않다. 이해관계자가 지지하지 않으면 디자인은 결국 수포로 돌아가기 때문이다. 세상에서 가장 혁신적인 디자인을 만든다고 해도 팀에서 아무도 이해하지 못하면 실행할 수 없다.

지지를 얻지 못하면 어떻게 될까? 아마 똑같은 대화를 계속 되풀이할 것이다. 여러분이 무엇을, 왜 그렇게 했는지 사람들이 기억하지 못하면(여러분의 설명이 설득력이 없었거나 인상적이지 않아서) 다음 회의에서 팀원들은 또 "우리가 이거 왜 이렇게 하기로 동의했었죠?"라고 질문할 것이다. 그들은 여러분이 옳다고 확신이 서지 않으면 제시할 만한 대안을 계속 생각해낼 것이다. 심플한 컨트롤, 버튼 하나, 새 메뉴 등 팀원들이 자꾸 뭔가 추가할수록 다뤄야 할 프로젝트 범위는 늘어난다. 그 결과, 여러분은 그 요청사항들을 해결하는 데 발목이 붙잡혀 일을 빨리 진전시킬 수 없게 된다. 모든 이해관계자의 의견을 반영할 수 없다 보니 결국 타협된 수준의 사용자 경험 제품을 내야 할지도 모른다.

모든 팀원의 지지는 이 책이 중점을 두는 부분이다. 모든 이가 상통하지 못하고 옳은 방향으로 나아가는 데 동의하지 않으면 성과를 거둘 수 없다. 그러므로 사람들이 솔루션을 제시하는 여러분을 신뢰하도록 납득시키고 지지를 얻는 것이 관건이다. 여러분이 무엇을 하고 있는지 다들 이해하고, 여러분의 전문성을 믿고, 여러분의 선택을 지지해주는 환경을 조성해야 한다. 그래야 다음 단계로 넘어갈 수 있다.

필자는 일부러 승인이나 동의보다 **지지**support라는 단어를 사용한다. 왜냐하면 특정 솔루션에 모든 사람이 일일이 동의하게 만들려는 게 아니기 때문이다. 또 승인이라는 단어는 어느 정도의 합의를 시사하므로 마찬가지로 이 책의 요점을 전달하지 않는다. 우리가 바라는 게 아니니 상관없다. 우리는 우리 자신, 우리의 전문성, 우리가 만든 솔루션 또는 우리가 수립한 계획에 대한 지지가 필요하다.

비록 이해관계자가 우리 솔루션에 동의하지 않는다 해도 지지를 받는 건 가능하다. 우리는 솔루션에 대한 동의가 아니라 앞으로 나아가기 위한 동의가 필요하다. 주된 목적은 합의가 아니라 전진을 위한 동력을 얻는 것이며, 이때 이해관계자의 지지가 필요하다. 지지를 얻으려면 스스로에게 질문을 던짐으로써 우리 디자인을 먼저 이해해야 한다. '왜 이 시안이 다른 안보다 나은가'라는 질문에 내포된 의미는, 우리는 여러 대안을 고려하고 시도해봤으며 왜 우리 솔루션이 더 우수한지 설명할 준비가 됐다는 것이다.

우리가 디자인하는 모든 결과물은 또 다른 선택 사항을 수반한다. 즉, 우리가 만들어내는 각 디자인에는 같은 문제점을 다르게 해결하는 대안도 있는 법이다. 그러다 보니 솔루션상 서로 동의하지 않는 일이 생기고 디자인을 명확하게 설명하는 데 문제가 생긴다. 디자이너는 문제 해결책을 고안하는 데는 탁월하지만 모든 솔루션을 파악하는 능력은 그만큼 뛰어나지 못하다. 문제점을 발견했다고 생각했을 때 근시안적인 접근을 하기도 한다.

유레카! 우리가 만든 솔루션은 너무 분명해서 다른 접근법을 고려하느라 시간을 낭비할 필요도 없다(어쨌든 일정이 너무 짧고 빡빡해서 하루가 끝나기 전에 클라이언트에게 뭔가 보여줘야 한다고 치자). 그러나 이런 생각은 틀림없이 미처 대비하지 못한 시나리오를 만들어내고 만다. 생각해보지 않은 대안을 클라이언트가 제기하는 상황 말이다.

아이로니컬하게도 우리는 다른 대안을 이미 알고 있다. 이미 시도해봤을 수도 있고, 이리저리 변경해봤을 수도 있다. 이를 통해 우리가 보기에 가장 좋은 솔루션에 도달했으며, 그런 일련의 작은 행동들은 미처 의식적으로 인지하지 못한 부분이다. 그래서 디자인 사고 과정을 다른 사람에게 이해시키는 데 준비가 되지 않았다. 마찬가지로 보통 클라이언트가 무엇을 제안할지 이미 안다. 이전에 그 이해관계자들과 일해봤다면, 그들이 어떻게 반응할지 어느 정도 맞는 추측을 해볼 수도 있다(보다 자세한 내용은 3장에서 다룬다). 하지만 그들이 어떻게 반응할지 예상했으면서도 다른 대안은 고려해보지 않고, 우리가 만든 솔루션이 왜 다른 대안보다 나은지 제대로 이해하지 않았다면 클라이언트를 설득하기 힘들 것이다.

여러분의 디자인이 왜 다른 대안보다 나은지 의식적으로 생각해봐야 한다. 앞서 말했듯이 답변을 적어보자. 해당 문제점을 해결 가능한 다양한 방법들로 목록을 만들어보자. 다른 대안을 디자인해

보고, 필요할 때 활용하도록 버리지 말고 일단 보관해두자. 그리고 왜 그 대안들이 여러분이 제안하는 디자인만큼 문제점을 해결하지 못하는지 이유를 간략하게 목록으로 만들어보자. 다른 옵션들을 비판적으로 생각해보면 여러분의 디자인 내용을 논의할 상황에 잘 대비할 수 있다.

필자는 종종 필자가 제안하는 솔루션 말고도 다른 와이어프레임 대안 몇 가지를 간략히 만들어둔다. 제안한 솔루션에 클라이언트가 질문하기 시작하면, 필자는 바로 그걸 사용해 어떤 차이점이 있는지 시각적으로 보여준다.

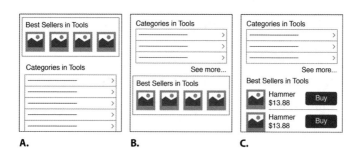

실행에 옮기기

다른 사람과 디자인에 관해 성공적으로 소통하려면 다음 세 가지 질문에 답할 수 있어야 한다.

- 첫째, 어떤 문제점을 해결하는가?

- 둘째, 사용자에게 어떤 영향을 미치는가?
- 셋째, 다른 대안보다 나은 이유가 무엇인가?

질문의 취지는 기록하는 데 필요한 방법을 말해주기보다는 여러분이 결정한 사항을 스스로 파악하도록 연습하는 것이다. 세부적으로 무엇을 적는지에 너무 신경 쓰지 않아도 된다. 세 가지 질문에 대답할 수 있다면 여러분은 프로젝트에 영향력을 행사하는 사람들 앞에서 여러분의 디자인을 잘 변론하겠다는 목표를 이룰 것이다. 질문에 대한 대답은 이해관계자들이 제기하는 의문에 답변할 토대가 돼준다.

문제점을 생각해보고 어느 솔루션이든 분명하게 설명하는 능력은 매번 완벽한 솔루션을 디자인하는 능력보다 더 중요하다. 여러분이 그 솔루션에 생각을 쏟아부었고 명확한 의도가 있다는 점을 다른 사람들이 깨닫게 되면 설령 여러분에게 동의하지 않더라도 보다 적극적으로 여러분을 믿어주려 할 것이다. 다른 사람들이 납득할 수 있게 디자인을 설명하고 표현하는 일, 그게 바로 훌륭한 디자이너가 되는 방법이다.

그런 면에서 훌륭한 디자이너가 된다는 것은 디자인 기술만큼이나 의사소통 기술과도 관계가 있다. 여러분이 결정한 디자인 사항을 숙지하고 디자인을 모르는 사람에게도 분명하게 전달해야 한다. 앞서 언급한 세 질문을 가이드로 활용해, 여러분의 디자인이 사용자에게 최선의 경험을 제공한다고 확신을 줄 좋은 방법을 찾자.

보다 명확하게 설명하는 일이 어떻게 유용한지 머리로는 알기 쉽지만, 막상 현실에서 실천하려면 훨씬 어렵고 복잡하다. 여기서 '명확하다'라는 말은 단순히 맞는 말을 하는 법을 배우는 행위 이상이다. 듣는 사람을 먼저 고려하지 않는다면 우리가 말하는 그 어느것도 효과가 없기 때문이다. 훌륭한 디자이너가 되는 과정에서 의사소통의 중요성을 깨닫는다면 다음 단계로 자연스럽게 넘어갈 수 있다. 다음 단계는 바로 이해관계자의 관점에서 바라보는 것이다.

2장

이해관계자도 사람이다

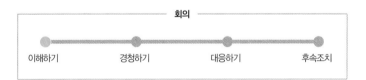

이해관계자의 말을 듣고 이야기를 나누는 세부적인 부분을 다루기에 앞서 인간관계를 조명하는 시간을 가져보자. 여러분과 이해관계자 사이의 의사소통을 향상하는 데 가장 중요한 일은 관계를 개선하고, 신뢰를 얻고, 회의에서 어쩌면 여러분의 발언 자체보다도 도움이 될 좋은 관계rapport를 쌓는 행동이다.

인생도, 일도 많은 부분이 관계를 바탕으로 한다. 단지 누구를 아느냐의 문제가 아니라 관계의 질도 중요하다. 프로젝트에 영향을 미치는 사람들의 관점에서 바라볼 필요가 있다. 그들이 무슨 생각을 하는지, 왜 그렇게 행동하는지를 알아내고, 파악한 정보를 모두에게 생산적이고 가치 있는 방향으로 활용해야 한다.

여기에는 필자가 보기에 아이로니컬한 부분이 있다. UX 디자이너는 사용자를 일단 우선순위에 놓고, 그들에게 공감하며, 사용자의 관점에서 인터페이스를 보는 일에 탁월하다. 하지만 대개 프로젝트 성공의 열쇠를 쥐고 있는 사람들에게는 이처럼 행동하지 못한다. 함께 더 좋은 제품을 만들어내려면 같이 일하는 사람들에게도 이 같은 원칙을 적용해보자. 이해관계자를 이해시키는 데 시간을 할애해야 한다. 그러려면 우선 개인적인 차원에서 그들에게 공감하고 관계를 개선할 필요가 있다.

이 장에서는 회의와 관련된 일련의 과정들로부터 한 발자국 물러나 보고자 한다. 이해관계자에게 가장 효과적인 방식으로 접근하기 위해 그들과의 관계부터 시작하자.

그러려면 다음 행동을 실천해보길 바란다.

이해관계자를 사람으로 바라보자

다들 각자 처리해야 할 일이 있고, 그건 우리가 쉽사리 예측할 수 없는 영역이다.

공유할 경험을 만들자

공통분모를 찾는 일은 신뢰를 얻는 데 중요한 기능을 한다.

공감대를 만들자

이해관계자의 관점을 더욱 상세하게 파악해서 행동하자.

좋은 질문을 하자

이해관계자의 업무 외적인 관심사가 그들의 관점에 어떤 영향을 미치는지 파악하자.

이해관계자를 알아가는 과정뿐 아니라, 다음 행동을 실행함으로써 팀원들을 개별적으로 살펴보고 의사소통의 질을 개선하는 일도 중요하다.

영향력을 가진 사람을 찾자

팀원의 직무를 파악하면 그가 어떤 부분에 중점을 두고 여러분이 작업한 디자인에 반응하는지 이해할 수 있다.

좋은 관계를 쌓자

단순한 행동들이 좋은 관계를 쌓는 데 유용할 수 있다. 자연스럽게 행동하고, 무언가를 하고, 무언가 베풀어보자. 보통은 서로 좋은 관계에 놓여 있을 때 의사소통이 더 쉬운 법이다.

이해관계자의 관점을 이해하자

누군가에게 다가가고 대응하기 위해서는 먼저 상대방의 관점을 이해해야 한다. 여러분에게는 상대방의 언어를 배우고, 더 잘 알게 되고, 프로젝트를 순조롭게 진행하게 만들 기회가 있다. 우리는 이해관계자들을 성공으로 이끄는 방법을 배워야 한다. 그들이 성공하도록 돕는다면 우리도 성공할 수 있기 때문이다. 쉽지는 않지만 그들이 어떤 사람인지 잘 이해하고, 공통분모를 찾고, 그들의 관점을 바탕으로 공감대를 형성하고, 그들을 더 잘 이해시킬 질문을 하는 행동부터 시작하자.

사람으로 바라보자

관계에서 오는 문제는 사람이란 다들 예측하기 어려우면서도 한편으로는 놀랄 만큼 예측 가능하다는 점이다. 보통 여러분이 회의에서 만나는 사람들은 개인적이거나 업무적인 영역 양쪽에서 여러 문제를 다루며 살아간다. 그들에게는 그 문제들이 현재 여러분의 디자인 프로젝트보다 중요하다. 또한 다들 바쁘다(혹은 최소한 바쁘다고 생각한다). "전 지금 이미 하고 있는 게 너무 많습니다"라거나 "다른 회의에 가봐야 합니다"라고 말한다. 무슨 일이든 간에, 여러분이 도움을 받아야 할 사람 중 다수는 여러분이 원하는 만큼 항상 여러분에게 집중해주지는 않다. 오히려 그들의 태도와 반응은 여러분이 보여주는 디자인이 아닌 다른 일들과 더 관련돼 있을 수도 있다.

좀 더 파고들기 전에, 잠시 멈추고 여러분의 프로젝트에 관여하는 사람들을 곰곰이 생각해보자. 그 사람들의 얼굴, 이름, 회사 내 직무를 상기해보자. 더불어 그들이 사람이라는 사실을 유념하자. 그 사람들은 모두 오롯이 고유한 개인이다. 각자 고유한 감정, 정서, 현재에 영향을 미치는 과거와 함께한다. 모두 직장 밖에서 친구, 배우자, 부모, 자식 등 다른 사회적 인간관계를 맺고 살아간다. 여러분과 회의가 끝나면 병원에 입원해 계신 어머니를 보러 갈지도 모른다. 아이를 시합에 데려다주고 와야 할 수도 있다. 또 누군가는 퇴근하고 집에 가서 배우자와 심각한 대화를 나눠야 할지도 모른다. 근무시간에 오래 같이 있지만, 이 사람들에게 가장 중요한 관계는 사무실이 아닌 다른 어딘가에 있다.

우리는 그들 머릿속에 무슨 일이 일어나고 있는지 알 수 없다. 그들이 여러분의 아이디어나 작업한 디자인에 반응하는 방식이 여러분과는 전혀 관계가 없을지도 모른다. 사람의 삶에는 수많은 변수, 방해 요소, 문제가 있다 보니 그들이 여러분만큼 여러분 디자인에 신경 쓰고 있다고 지레짐작할 수는 없다. 심리학에서 귀인attribution이라는 개념은 사람들이 어떻게 서로를 인식하는지, 특히 우리가 타인의 행동을 어떻게 이해하는지 설명한다. 흥미롭게도 대부분의 사람들이 자신의 행동은 주로 상황적 요소에 원인이 있다고 보는 반면 타인의 행동은 성격에 원인이 있다고 보는 경향이 있다. 보다시피 우리는 이해관계자들의 반응을 해석할 때 공평하지 않은 관점을 가지고 있다. 우리가 만든 솔루션에 동의하지 않으면 그걸 그 사람의 문제에 결부하기 쉬운데(예를 들어 '그 사람들은 디자이너가 아니니까'라고 생각할 수 있다) 그건 사실이 아니다.

복도에서 동료를 만나 여러분이 만든 새로운 인터랙션을 언급했을 때 그 동료가 쌀쌀맞게 대했는가? 그렇다면 그 동료는 개인적인 문제로 골치를 앓고 있을 수도 있다. 회의에서 어떤 동료가 자신이 책임져야 하는 문제를 두고 여러분을 탓했는가? 그 동료는 상사에게 압박을 받고 있을지도 모른다. 간부가 갑자기 나타나서는 전부 다 수정해야 된다고 주장했는가? 알고 보면 그는 다른 회의에서 막 나온 참인데 그에게 할당된 예산이 대폭 감축됐을 수도 있다. 여러분이 작업한 디자인에 이해관계자들이 보이는 반응은 종종 절대 알 수 없는 상황에서 비롯되는 경우가 있다. 필자는 매사에 상대방의 의도를 가장 안 좋은 쪽으로 추측하기보다는 가장 긍정적인 쪽으로, 사람을 믿는 방향을 선호하는 편이다.

어느 느지막한 오후, 한 매니저가 필자의 팀에 와서 다급하게 업무 관련 요청을 했을 때를 절대 잊지 못한다. 완전히 다른, 새 아이디어 콘셉트를 넣어야 한다면서 갑자기 진행하던 작업을 모두 중지하라고 했다. 유일한 설명은 갑자기 최우선순위가 바뀌었다는 말

뿐이었다. 필자는 상황을 이해해보려 했지만, 납득이 가지 않았을 뿐더러 우리가 그전에 동의한 내용과 새 아이디어는 맞지도 않았다. 우리는 그를 회유해보려고 최선을 다했다. 그런데 며칠 뒤 그는 새로운 프로젝트를 번복하더니 우리 보고 원래 하던 기존 작업을 계속하면 된다고 했다. 필자는 나중에야 그가 가장 큰 계약 건 하나를 놓쳤고 보너스 받을 시점이 다가오는데, 재정 목표를 달성하지 못할 위기에 처해 있었다는 사실을 알았다. 갑자기 지시했던 새 콘셉트는 지푸라기라도 잡아보려는 시도였다. 하지만 그는 우리에게 그와 관련해 아무 말도 해주지 않았다.

물론 그가 우리 팀을 대한 방식은 적절하지 않았다. 하지만 그게 지금 말하고자 하는 요점은 아니다. 요점은 그 당시 우리가 이해하지 못한 다른 무언가가 배경으로 작용했다는 점이다. 그리고 실제로 여러분이 절대 알 수 없는 다른 무언가가 항상 존재한다. 사람들의 행동에 영향을 미치지만 정작 우리는 알 수 없는 무언가가 항상 존재한다. 그리고 항상 존재할 것이다. 여러분이 이 점을 자주 상기한다면 여러분 마음이 한결 가벼워질 것이다.

명확한 디자이너로서 이런 현실을 충분히 인식하고 불필요하게 방해하는 요소들은 제쳐두고, 프로젝트 성공을 위해 바로 본론으로 들어가야 한다. 다른 사람들의 반응은 우리의 디자인과 전혀 관련이 없을 수도 있다는 점을 깨달아야 한다. 그러니 잠시 멈춰 주변 사람들을 둘러보고, 한 가지 사실을 기억하자. 그들도 사람이다.

함께 기억할 만한 경험을 만들자

다른 사람의 관점에서 보지 못하면 대개 서로 공유하는 경험이 부족하다는 문제를 맞닥뜨리게 된다. 즉 다른 사람과 공통분모가 별로 없다. 왜 어떤 사람은 다른 사람보다 원만한 인간관계를 유지할까? 우리는 왜 어떤 사람에게는 바로 마음이 끌리고 어떤 사람에게는 그렇지 않을까? 그건 우리가 상대방과 뭔가 공통점이 있기 때문이다. 서로 공유 가능한 경험이 있을 때 이야깃거리가 있기 마련이다. 상대방과 공통점이 아무것도 없으면 대화하기가 거의 불가능하다. 즉 우리가 생각하는 모든 게 아무런 호응도 얻지 못하고 실패하게 된다. 하지만 상대가 누구든 공통분모를 무엇 하나는 만들 수 있다. 예를 들면 날씨 이야기가 있다. 날씨는 이야기 나누기 쉬운 소재이자 서로 공유하기 딱 좋은 화제다. 하지만 이해관계자를 이해하고 싶다면, 날씨보다 좀 더 심도 있는 이야기를 나눌 수 있어야 한다.

그렇다고 우리가 누군가의 개인적인 삶에 깊게 파고들어야 한다는 말은 아니다. 실은 업무상 전문적인 차원에서 다른 사람과 공유하는 경험을 만들 방법은 꽤 많다. 점심을 같이 먹거나 퇴근 후 맥주를 한잔하는 것처럼 간단할 수도 있다. 업무, 일상, 어젯밤 본 방송 프로그램 등 무엇을 이야기하든 상관없다. 관건은 업무 중 자아와 촌각을 다투는 압박에서 잠시 벗어나는 것이다. 사무실이라는 평소 맥락에서 벗어나 사무실에서는 하지 못할 무언가를 상대방과 함께 하며 공감대를 형성하자.

바로 이런 이유로 많은 기업이 단합 대회나 비공식 모임을 주최한다. 여러분이 일하는 곳에 이런 기회가 없다면 스스로 실행에 옮기자. 콘퍼런스에 가거나, 회사 연례 자선 행사에서 자원봉사를 하거나, 상대방에게 조언을 구하는 방법도 있다. "저 이번에 망원경을 하나 장만할까 생각하고 있었는데, 천문학에 관심이 많으시다고 들었어요. 혹시 추천해주실 만한 게 있을까요?"와 같은 질문 말이다. 다른 사람과 서로 연결고리를 맺을 방법을 찾는 일은 그 사람을 이해하는 과정에서 매우 중요한 단계다.

동료와의 로드 트립

필자는 조시Josh라는 동료와 어떤 경험을 공유하게 된 이후로 그와의 관계와 그를 대하는 방식이 얼마나 크게 바뀌었는지 잊지 못한다. 조시는 필자와 업무는 비슷했지만 다른 부서에 있던 동료였다. 그래서 같이 공유하는 자원resources이 많았고, 맡은 업무가 종종 겹쳤다. 필자는 그가 왠지 어울리기 힘든 사람 같다는 인상을 받았다. 정신없고 경솔해 보여서 그를 그다지 존중하지 않았다. 우리는 서로 생각하는 아이디어가 많이 달랐고, 필자 눈에 그의 아이디어는 마치 할 일을 추가로 만들어내는 것 같아서 그와 같은 프로젝트를 하는 게 특히 힘들었다. 그런데 어느 날 우연히 같은 콘퍼런스 일을 맡게 되어 같이 차를 타고 편도 3시간은 걸리는 거리를 운전해서 갔다. 그리고 같은 리조트에 머물렀는데, 그곳은 느긋한 휴식을 취하기에 직당한 천국 같은 곳이었다. 우리는 매일 늘 하던 일을 하고, 사람들과 이야기를 나누고, 거의 모든 식사를 함께 했다. 이런 경험을 공유하면서 필자는 급속도로 그를 이해하게 됐다.

그러면서 생각이 바뀌었다. 그때 이후로 그가 제안하는 내용들이 혁신적이라고 느꼈다! 더는 경솔한 사람으로 느껴지지 않았다. 단지 좀 바쁘고 세부적인 사항에 조금 덜 신경 쓰는 사람이었다. 그를 바라보는 필자의 관점과 우리가 함께 공유한 경험 말고는 아무것도 변한 게 없었다. 그저 우리가 그때 그 경험을 공유했을 뿐인데, 그 이후로 조시와 같이 일하고 그에게서 지지를 받는 게 훨씬 수월해졌다. 그는 필자에게 최고의 아군 중 한 명이 됐다.

공유할 경험을 만들려고 일부러 이해관계자와 로드 트립을 갈 필요는 없다. 간단히 회의 전에 뭔가 흥미로운 주제를 꺼냄으로써 공통분모를 찾을 수도 있다. 이해관계자가 최신 전자 제품을 구매했거나, 여러분이 좋아하는 브랜드 옷을 입었거나, 파리에서 사 온 기념품을 책상에 둔 것을 보고 대화를 시작할 수도 있다. 공통분모라고 연결 지을 수 있을 법한 것이면 무엇이든, 모두에게 (여러분 스스로도) 여러분이 그들과 공통 관심사가 있다고 깨닫게 해줄 것이다. 우리는 디자이너이기 전에 사람이다. 좋은 인간관계를 맺는 데 방해가 되는 유일한 장애물은 종종 우리 자신이다.

공감대를 형성하자

UX 분야에서는 사용자를 위한 공감대 형성을 자주 언급한다. 우리가 사용자와 진정한 공감을 형성한다면 더 좋은 앱을 개발할 수 있다. 하지만 이해관계자들과의 공감은 어떠한가? 납득시키기 위해서는 그들과도 공감해야 한다.

이해관계자들과의 공감대 형성이란 그들의 관점에서 프로젝트를 바라보는 시도를 의미한다. 이를 통해 이해관계자는 본인 관점에서 더 중요한 현실을 바탕으로 반응하고 제안한다는 점을 깨달을 수 있다. 이해관계자들에게 감정을 이입할 때 우리는 그들이 바라보는 관점을 이해할 뿐 아니라 실제로 행동으로 옮길 수 있다. 즉, 그들의 고충을 공감하기 때문에 디자인을 변경하고 싶어진다.

이때 공은 여러분 쪽으로 넘어온다. 여러분이 이해관계자들에게 진정으로 공감하면 이해관계자들이 성공하도록 돕는 게 여러분의 역할임을 깨닫게 된다. 우리의 성공은 이해관계자들의 성공에 달려 있다. 여러분의 디자인에 이해관계자들의 관점을 반영하든, 그들의 수요에 어필하는 방식으로 여러분 디자인을 보여주든, 여러분은 이해관계자들을 위해 문제 해결 방안을 모색할 것이다. 그리고 여러분은 그들이 필요로 하는 부분을 충족해야 한다는 임무의 중요성을 깨닫고 어떤 성취 욕구를 느낄 것이다.

이해관계자가 말하는 건 뭐든 해야 한다는 의미는 아니다. 그들과 의사소통하기 위해 여러분의 우선순위가 방어 태세에서 유대감을 갖는 방향으로 변함을 의미한다. 논의하는 솔루션에 여러분은 동의하지 않을 수도 있겠지만, 최소한 이제 이해관계자들과 여러분이 결정한 부분들을 논의할 준비가 좀 더 됐다. 이해관계자들에게 공감하는 일은, 그들의 피드백에 최대한 적절한 대응하기 위해 기본적인 사고방식을 갖추는 데 중요하다(이와 관련해서는 5장부터 더 자세히 다룬다). 이해관계자들에게 먼저 공감하지 않는다면 그들의 피드백을 듣고 대응할 수는 없다.

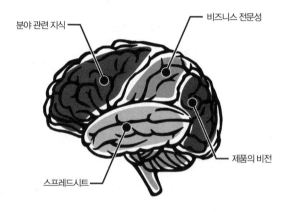

분야 관련 지식

비즈니스 전문성

제품의 비전

스프레드시트

이해관계자의 뇌 구조는 그림과 같이 표현할 수 있다! 이해관계자들은 우리가 성공해야 하는 비즈니스 목표에 관한 중요한 지식과 정보를 가지고 있다.

비전을 갖고 이끌자

필자는 비전을 갖고 생각하는 유형의 간부와 일을 한 적이 있다. 첫 출시를 위해 최소 기능 제품minimum viable product, MVP을 개발 중이었는데, 처음 몇 차례 회의를 통해 그는 우리가 논의하는 기본적인 기능functionality에 압도당했다. 그는 프로젝트가 가진 제약이 무엇인지 알고 있었고, 우리는 그의 지지를 얻기 위해 작업 과정에 그가 관여하도록 만들어야 했다. 그는 회의에 항상 참석하긴 했지만 한 번도 신나서 들뜬 적이 없었다. 그와 일하면서 필자는 그의 관점에서 우리 프로젝트를 바라보려고 노력했다. 간부로서 그는 마치 한 3만 피트 상공에서 내려다보듯 프로젝트 전체를 바라봤던 반면, 우리는 그에게 이 제품에서 찰나에 불과한 아주 세세한 내용만 보여줬다. 그는 팡파르를 울리며 거하게 제품 개발을 끝내는 피날레를 상상했는데 우리는 그 중간 단계, 즉 당장 작업 중인 부분에 집중하고 있었다.

그래서 그 이후로 필자는 회의할 때마다 각기 다른 목업mockup 두 개를 준비해 갔다. 하나는 기준점인 최소 기능 제품 버전의 모형으로 무난하고 심플했다. 그리고 다른 하나는 혁신적이고, 한계를 두지 않고, 최소한 단기적으로는 해내기 불가능한 멋진 버전이었다. 필자는 두 가지 콘셉트를 다 보여주면서 그의 이목을 끌었다. 다음 단계로 넘어갈 만한 버전을 제시해 지지를 이끌어내면서도, 한편으로는 선호하는 버전을 염두에 두고 논의를 이끌어나갔다. 그는 우리가 지금 어느 방향으로 진행 중인지 파악할 수 있었고, 따라서 우리가 작업한 최소 기능 제품을 지지할 가능성이 더 많았다.

필자가 그의 입장에 공감하지 못했다면 이런 방법을 미처 준비하지 못했을 것이다. 할 일은 좀 더 많았지만, 길게 보면 충분히 할 만한 가치가 있는 일이었다. 우리 디자인을 계속 앞으로 나아가게 해주는 일이었기 때문이다. 그는 앞을 전망할 수 있게 되자 우리를 좀 더 신뢰했다. 실은, 임원들과 일할 때 단기적으로 가능한 부분과 장래를 위해 선호하는 부분을 모두 보여주는 방법이 보통 가장 좋은 방법이라는 사실을 깨달았다. 이 방법은 프로젝트에 관련된 사람 모두 열정적으로 관여하게 해주는 계기를 만들고, 그 결과 그들이 여러분을 지지할 가능성을 높여준다.

좋은 질문을 하자

이해관계자들의 관점을 파악하려면 인내심과 많은 노력이 필요하다. 자동으로 얻어지지 않으며 시간과 실천이 필요하다. 앱을 사용자 관점으로 바라보듯 이해관계자 관점에서 바라보는 방법을 배워야 한다. 이해관계자들과 서로 공유할 경험을 만들고 그들의 상황에 공감대를 형성하고 싶다면, 사람 대 사람으로 이해하고 싶다면, 가장 좋은 방법은 그들에게 질문을 하는 것이다.

필자의 처남 라스Lars는 필자 주변에서 가장 흥미로운 사람 중 한 명이다. 그가 어디를 가든 사람들은 그와 이야기하는 걸 좋아한다. 재미있는 건, 그가 아주 외향적인 사람처럼 보이지는 않는다는 점이다. 그는 좀 내성적이고, 말할 때 신중하며, 말을 결코 많이 하지 않는다. 하지만 사람들은 그에게 끌린다. 사람들은 그를 보면 이야기하다가도 멈춘다. 방에서 그를 보면 눈길로 그를 찾는다. 왜 그럴까? 그건 바로 라스가 질문을 정말 잘하기 때문이다. 사람들이 라스와 이야기하기를 좋아하는 이유는, 라스가 그들이 이야기하게끔 만드는 데 소질이 있기 때문이다. 라스와 대화하면 정말 똑똑하고, 흥미롭고, 자신의 인생에 매우 관심을 보이는 사람을 만났다고 느끼게 된다. 그는 말을 잘해서가 아니라 질문을 잘하기 때문에 대화에 능한 사람이다.

그의 소통 기술은 다른 사람들에게 질문을 잘 해야 한다는 걸 보여준다. 상대가 존중받고 있고, 말하기 편하다고 느끼게 하는 게 중요하다. 이런 관계와 대화 접근법은 상대가 좀 더 말하고 싶게 만든다. 더불어 가장 중요할 때는 여러분의 이야기를 들어주고 싶게 만드는 이미지를 구축하는 데 도움이 될 것이다.

개인적으로 다가가자

사람들은 본인에 관해 이야기하기를 좋아한다. 그런 이야기를 자발적으로 잘 하지 않는 사람도 그들에게 중요한 것에 관련해서 이야기하는 건 좋아한다. 그러니 그들의 일상이 일을 중심으로 돌아가지 않는다는 걸 깨달으려면 상대를 좀 더 알아보는 시간을 가져야 한다. '예', '아니오'로 대답할 수 있는 단답형 질문이나 일반적인 수준을 벗어나는 너무 사적인 질문은 피하자. 가볍게 하되 그들이 말하고 싶은 걸 말하게끔 하자. 예를 들면 이런 질문들이 있다.

- "지난 주말에 뭐 하셨어요?"
- "휴가 어떠셨어요?"
- "최근에 괜찮은 영화 보신 거 있으세요?"
- "요즘 잘 지내세요?"

이런 질문은 기본적이면서도 가치가 있는 질문이다. 일반적이어서 누구에게나 물어볼 수 있고, 상대방의 관점을 파악하는 데 도움이 될 대화를 이끌 수도 있다. 이런 질문은 상대방을 좀 더 잘 파악하고, 나중에는 좀 더 구체적인 질문도 나눌 수 있도록 물꼬를 터준다.

만약 이해관계자가 부모라면 자녀에 관해 물어보자. 누구나 자기 자녀에 관해 이야기할 것이고, 이는 많은 이들의 공통분모이기도 하다. 반려동물도 마찬가지다. 사람들은 자신의 반려동물에 관해 이야기하는 걸 좋아한다. 필자는 이전에 어떤 이해관계자와 일대일 회의를 한 적이 있다. 함께 회의실로 걸어가면서 그녀에게 반려동물이 있는지 물었다. 그랬더니 그녀는 휴대폰을 꺼내 자신의 고양이 집에 달아둔 카메라에 로그인했다. 공교롭게도 대화의 흐름은 갑자기 고양이 감시 카메라를 움직이는 앱과 기술 쪽으로 흘러갔다. 그리고 자연스레 UX에 관한 토론으로 이어졌다. 반려동물이 있냐는 질문이 그녀에게는 이야기하고 싶은 주제를 던져준 셈이었던 것이다. 이는 필자가 가진 그 분야의 전문성을 보여줄 기회가 됐다. 그 대화를 계기로 그녀는 우리가 본래 상의하려던 프로젝트를 믿고 존중해줬다. 좋은 질문 하나가 관계를 개선하고 여러분의 디자인을 논의해야 하는 사람에게서 신뢰를 얻게 해줄지 모른다.

여러분을 보여주자

위와 같이 질문하는 일은 결코 일방통행이 아니다. 사람들에게 이야기를 이끌어내려면 여러분도 자신에 관한 이야기를 건네야 한다. 여러분의 관심사를 찾고 그들에게 질문하자. 예를 들면 다음과 같은 질문이 있다.

- "저 지난 주말에 캠핑 다녀왔는데, 혹시 캠핑 좋아하세요?"
- "저는 어제 가족들을 초대해서 저녁 먹었어요. 요리하는 거 좋아하세요?"
- "저는 어제 이 영화 봤어요. 이거 보셨어요?"

사람들에게 여러분을 알리고 조금이나마 여러분을 이해시키도록 노력한다면 서로 동질감을 느낄 수 있다. 그들이 어떤 대답을 하든 여러분은 그 안에서 많은 공감대를 찾아낼 것이다. 필자는 언젠가 클라이언트를 만나러 뉴욕에 갔을 때 클라이언트가 점심을 대접하겠다고 해서 그의 차를 탄 적이 있다. 작은 차였지만 배기 계통이 업그레이드돼 있다는 걸 발견했다. 필자의 클래식 카가 수리 중이기도 했고, 그가 차에 관심이 좀 있는 사람인지 궁금해서 배기 시스템에 관해 물어봤다. 그렇게 우리는 차 이야기를 나누기 시작했다. 그러다가 대화는 그가 20대 시절 비행기를 사려고 돈을 빌렸던 이야기로 흘러갔다. 당시 그는 여전히 그 비행기를 갖고 있었고 비행하는 걸 굉장히 좋아했다. 필자는 그와 몇 달간 함께 일해왔음에도 그가 비행기 조종사라는 건 전혀 몰랐다! 이제 그는 필자가 재미있어 하는 걸 알고 대화할 때마다 자신의 최근 비행 에피소드를 들려준다. 이처럼 자신의 관심사를 상대에게 드러냄으로써 서로의 공통분모를 찾을 수 있다.

전문적인 질문을 하자

이해관계자들의 관점을 알기 위해서는 그들이 자신의 일과 우리가 추진하는 프로젝트에 어떻게 접근하는지를 알아야 한다. 그들이 프로젝트 맥락 안에서 어떻게 생각하는지 파악하는 게 중요하다. 아래와 같은 질문들을 시도해보자.

* "지난주에 한 회의는 어떻게 생각하세요?"

- "다른 프로젝트는 어떻게 진행되고 있나요?"
- "이번 주에 처리할 일이 많은가요?"

공식적으로 수립된 프로젝트 목표나 우선순위도 실은 사람마다 다르게 받아들이기 때문에, 다른 담당자들과 충돌하게 되는 경우는 흔하다. 그럴 때 다른 사람들의 속내를 읽기 어렵다면 최대한 직접적으로 접근하길 제안한다. 예를 들면 다음과 같다.

- "프로젝트에 관해 어떤 의견을 갖고 계시나요?"
- "프로젝트가 여러분 일에 어떤 영향을 미치나요?"
- "프로젝트에서 여러분이 생각하는 우선순위는 무엇인가요?"

상대가 자신의 의견이나 관점을 표현하게 해준다면 기업 목표나 프로젝트 목표와는 달라도 여러분은 의미 있는 통찰력을 얻을 수 있다.

예전에 특정 우선순위 사항을 밀어붙이던 매니저 때문에 골머리를 앓은 적이 있다. 그가 제안한 부분들은 전환 향상이라는 목표와 다수 상충됐다. 필자는 그에게 프로젝트가 그에게 어떤 영향을 미치는지 물었고, 그는 최우선순위는 '최대한 빨리 기존 플랫폼에서 다른 플랫폼으로 옮기는 것'이라고 대답했다. 플랫폼을 옮기는 동안 개발업체 양쪽 모두에 비용을 지불하고 있었기 때문이었다.

두 플랫폼 모두 그의 예산으로 집행하는 한 그는 압박을 느낄 수밖에 없었다. 하지만 공식적인 프로젝트 목표가 전환 향상이 아니라면 새 플랫폼 개발 승인을 받을 수 없었기 때문에 공식적인 목표는 전환 향상이라고 설정했지만, 개인적으로는 플랫폼을 최대한 빨리 대체하는 것이 목표였던 것이다. 이 사실을 알고 나서 우리는 남은 프로젝트 디자인과 우선순위에 관해 서로 훨씬 원활하게 소통할 수 있었다.

다시 한번 말하자면, 질문하는 행동의 요점은 상대방이 중요하게 생각하는 게 무엇인지를 여러분에게 이야기하도록 하는 것이다. 여러분은 필요한 순간에 상대방에게 더 잘 대응하고자 그들의 관점을 더 잘 이해하고 싶어 한다. 질문은 상대방의 관점을 인식하고, 더 좋은 관계 기반을 형성하고, 더 나은 방식으로 의사소통하고, 최상의 사용자 경험을 창출하는 방법이다.

영향력을 가진 사람을 파악하자

지금까지 이해관계자들의 관점을 파악하는 데 가장 좋은 방법을 살펴봤다. 이제는 프로젝트에 영향을 미칠 수 있는 사람들을 세부적으로 살펴보고, 앞서 배운 내용을 각 유형에 맞춰 어떻게 활용할지 알아보자.

어떤 프로젝트든 각양각색의 사람들이 결과에 영향을 미친다. 그 사람들을 일일이 다루기보다 다음과 같이 세 가지 유형으로 나뉜다고 가정해보자.

팀에서 영향을 미치는 사람
팀 구성원

임원으로서 영향을 미치는 사람
프로젝트를 감독하는 사람

외부에서 영향을 미치는 사람
같은 팀이 아닌 사람

여러분의 상황과 연결해서 보면, 상대방이 어느 위치에 있는지에 따라 파악하기 어려울 수도 있다. 하지만 최대한 그 사람을 파악하고 이해하려고 노력해야 한다.

팀에서 영향을 미치는 사람

여러분에게 즉각적인 영향을 미치는 범주에 있는 사람들은 매일 만나고 소통하는 사람들이다. 다른 디자이너, 개발자, 프로젝트 매니저 또는 제품 총괄자일 수도 있다. 리서처, 콘텐츠 전략가content strategist, 직속 상사도 팀의 일원이다. 이 사람들과 주기적으로 일하는 게 더 어려울 수도 있다. 왜냐하면… 주기적으로 같이 일해야 하니까 말이다! 반면 좋은 점은 그들이 누구인지, 무엇이 그들의 마음을 움직이게 하는지 알아내고, 그들의 수요에 맞춰 접근할 기회가 많다는 점이다.

일반적으로 여러분이 속한 팀은 여러분의 프로젝트에 도움이 될 사람을 찾기에 가장 좋은 원천이다. 사용자 경험을 위해 이들과의 관계를 형성하는 기회가 매일 주어지는 셈이다. 이들에게 솔루션을 설명하고, 가치를 논하고, 관련 용어를 활용할 기반을 닦는 시간을 더 많이 가질수록, 중요한 결정의 순간에 여러분이 리드하는 흐름을 더욱 잘 만들어낼 수 있을 것이다. 매일 결의에 찬 태도를 하고 리더가 아님에도 리드할 방법을 찾는 건 분명 힘든 일이다. 그렇지만 영향력을 미칠 수 있는 팀원들은 여러분에게 가장 중요한 아군이다.

임원으로서 영향을 미치는 사람

직접적인 영향력을 행사하지는 않지만 프로젝트와 이해관계가 있고 여러분의 프로젝트에 영향력을 행사할 수 있는 사람은 임원이다. 대개 여러분 팀을 감독하는 임원이나 매니저 혹은 한두 단계 차이 나는 직급일 수도 있다. 여러분에게는 이들의 지지가 가장 필요하다. 팀이 작거나 스타트업이라면 긴밀하게 같이 일하는 사람이 CEO일 수도 있다. 규모가 더 큰 기업에서는 디렉터나 부사장 vice-president, VP일 것이고, 이 경우 여러분이 임원과 주기적으로 교류하기는 쉽지 않다. 어떤 환경에서 일하든, 임원은 프로젝트의 성패에 중요한 사람이다. 임원의 지지가 없으면 프로젝트를 성공으로 이끄는 데 필요한 것을 얻을 수 없다. 이와 같은 위치에 있는 사람들과의 효과적인 의사소통은 여러 면에서 이 책이 중점을 두는 부분이다.

바라건대 프로젝트에 임원급으로서 영향을 미치는 사람은 한두 명 정도이지 그 이상은 아닐 것이다. 우리는 그들의 관점을 모두 이해할 만큼 자주 만나지 않는다. 임원은 끊임없이 다른 주제와 프로젝트 사이를 왔다 갔다 한다. 여러분이 정성스럽게 준비한 프레젠테이션에 헌신적으로 관여할 시간도, 여유도 없다. 이런 경우, 회의할 때 임원을 예리하게 관찰해야 하고, 그 임원을 아는 사람들을 알아보고(예를 들어 행정 보조나 직속 부하), 여러분이 가진 제한된 정보 내에서 최선을 다해야 한다. 간략하게 말하자면, 그 임원을 파악하고 거의 바로 대응할 수 있어야 한다. 시간이 지나면 상대를 더 잘 이해하고 의사소통에 유용한 여러분만의 흐름을 갖출 것이다.

외부에서 영향을 미치는 사람

세 번째 유형은 외부에서 영향을 미치는 사람이다. 매일 무언가를 결정하는 과정에서는 덜 중요하지만 여전히 여러분의 작업에 도움을 줄 수도, 해를 끼칠 수도 있다. 이 유형은 회사 내 다른 부서에 있는 사람들로, 아마 여러분의 업무나 프로젝트와는 관계가 없지만 앞서 다룬 두 유형에 속하는 사람들의 마음을 움직이고, 그들을 앞세워 프로젝트에 영향력을 행사할지도 모른다. 우리는 보통 외부에 있는 사람에 관해 건너 듣기 때문에 정확히 누군지 모를 수도 있다.

외부에서 영향을 미치는 사람은 개발하는 앱의 종류에 따라 다르다. 회계나 재무 부서, IT, 고객 서비스나 인사부에 있는 사람일 수도 있다. 또 아예 회사 밖 사람일 수도 있다. 예를 들어 임원의 배우자, 친구, 이전 동료처럼 아예 모르는 사람일 수도 있다. 회의에서 사람들이 "내 친구한테 이 앱 보여줬는데, 버튼이 별로 명확하지 않다고 하더라고요"와 같이 말하는 건 흔히 일어나는 일이다. 그리고 그들은 우리가 마치 그 사람만을 위해 디자인을 결정해야 한다고 생각하기도 한다. 심지어 더 안 좋은 시나리오는 외부 사람이 이 제품의 사용자 베이스user base 일부라고 간주하는 상황이다. "내 배우자가 이 제품의 타깃 사용자여서 한 번 보여줘봤는데, 여기 그리드 뷰grid view를 전혀 좋아하지 않던데요!" 분명 이건 사소한 문제가 아니다.

이해관계자의 가치

필자는 각기 다른 직무를 수행하는 사람들을 개개인으로 바라보고, 그들의 직책에 따라 고정관념을 갖지 않으려고 노력한다. 모든 사람은 특별하다. 상대방의 직무가 무엇이든 그들을 다른 방향으로 고려해야 한다. 그게 사실이긴 하지만, 실제로 이해관계자들의 시각은 매일 어떻게 시간과 에너지를 쓰는지에 상당한 영향을 받는다. 가능한 선에서 일반적으로 팀에 존재하는 역할, 그리고 그 역할에 있는 사람들이 무엇에 가치를 두는지 알아보자. 이는 조직 내 각기 다른 역할이 여러분 프로젝트에 관한 사람들의 관점에 어떤 영향을 미치는지, 여러분이 그들과 일할 때 어디에 초점을 두면 좋을지 이해하려는 시도의 시발점이다.

워크시트 다운로드 출처: *http://tomgreever.com/resources*

임원 또는 매니저

임원 또는 선임급 매니저는 할 일이 쌓여 있다 해도 과장이 아니다. 하지만 그렇게 바쁜 와중에도 머릿속에 여유가 있는지가 관건이다. 그들은 끊임없이 다른 주제, 프로젝트, 해내야 할 과제들을 왔다 갔다 한다. 만약 그들이 여러분의 프로젝트 회의에 참석은 하더라도 어디까지 논의했는지 기억조차 못 한다면 회의만 혼란스럽게 만들 뿐이다. 여러분은 최대한 신속하게 기억을 상기시켜주고, 솔루션을 제시하고, 피드백을 요청해야 한다. 그들은 여러분이 충분히 고려했고, 기업이 추구하는 비전과 궤를 같이 하는 좋은 결정을 내렸다는 걸 알고 싶어 한다.

임원/매니저가 가치를 두는 점	디자이너가 초점을 둬야 할 점
– 간단명료한 정보	– 요점 제시
– 비즈니스 성장	– 목표 달성
– 문제점 해결	– 솔루션 설명

개발자 또는 엔지니어

개발자와 일한다는 건 디자이너에게 가장 어려운 관계를 맺는 것이기도 하지만, 동시에 개발자는 우리에게 최고의 아군이 될 수도 있다. 우리와 아주 다른 방식으로 프로젝트를 생각하기 때문에 그들과 서로 의견을 조율할 여지가 있다면 조직 내 다른 역할을 맡고 있는 사람들의 지지를 얻는 데 도움이 될 것이다.

개발자들은 보통 버그 백로그backlog와 강화enforcement를 고려하고, 다른 한편으로는 보다 큰 범주인 향후 개발 방향에 관한 로드맵을 고려한다. 대체로 개발자들은 좀 더 분석적인 경향이 있어서, 여러분이 디자인한 UI 세부사항들을 '보지도' 않는다. 개발자들은 그들이 보기에 더 노력할 가치가 없다고 생각하는 '과한 디자인 작업'에 우려를 표할지도 모른다. 우리가 할 일은 그들이 쏟은 노력을 이해한다는 걸 보여주면서도, 우리가 작업한 모든 부분이 가치가 있다는 사실을 개발자들이 깨닫고 결과물에 만족하도록 만드는 것이다.

개발자/엔지니어가 가치를 두는 점	디자이너가 초점을 둬야 할 점
– 개발, 재작업 최소화	– 모든 유스 케이스 이해
– 효율성, 유지 가능한 코드	– 기존 범위scope 최대화, UI 패턴 재사용
– 투입된 노력에 관한 이해	– 사용자 또는 사업을 위한 가치 의사 전달

제품 총괄

여러분의 조직이 꽤 커서 제품 총괄을 둔다면, 그들과 일하는 게 여러분의 주된 업무가 될 수도 있을 것이다. 좋은 소식은 그들은 자신이 맡은 제품이 최대한 좋은 상태이길 바라므로 보통 우리의 훌륭한 아군이 돼주고, 우리가 제안하는 솔루션을 진심으로 좋아하는 편이라는 점이다. 그러나 제품 총괄이 디자인이나 기술적으로 가능한 부분들을 잘 모르는 사람 혹은 제품 로드맵에 명확하지 않은 비전을 가진 사람이라면, 그의 지시사항을 따르는 건 쉽지 않은 일이다.

제품 총괄이 가치를 두는 점	디자이너가 초점을 둬야 할 점
– 혁신, 창조성 – 사업 목표 달성 – 광범위하고 장기적인 로드맵	– 문제점 해결을 위한 새로운 접근법 모색 – 디자인한 내용과 사업 목표 연계 – 디자인한 내용이 향후 발전에 기여할 방안

프로젝트 매니저

대부분의 프로젝트에는 프로젝트 매니저가 있다. 다른 직무를 하던 사람들이 맡게 되는 경우도 있지만 말이다. 프로젝트 매니저는 기획한 대로, 예산에 맞춰서, 스케줄에 맞춰서 프로젝트가 진행되는지 관리하는 사람이다. 그들은 간트 차트Gantt chart, 마감 일자, 출시 일정 등을 생각하는 데 익숙하다. 여러분이 할 일은 지금 어느 단계에 있는지 프로젝트 매니저를 이해시키고, 작업하다가 우려하는 부분이 생기면 최대한 빨리 알리고, 매니저가 다른 사람들과 협의해 프로젝트를 끝낼 수 있도록 하는 것이다.

프로젝트 매니저가 가치를 두는 점	디자이너가 초점을 둬야 할 점
– 마감 일자, 일정 준수 – 프로젝트 범위 및 예산 관리 – 프로젝트 관계자 전원에게 정보 전달	– 디자인 요소 재사용의 효율성 여부 – 변경사항에 관한 기대치 관리 – 업무 진행 사항 업데이트 공유

마케팅, 콘텐츠, 크리에이티브 매니저

개인적으로 이 세 가지를 한 카테고리에 몰아넣는 게 싫지만, 디자이너 관점에서 보면 이 직무를 맡은 사람들끼리 공통되는 부분이 꽤 있다. 콘텐츠 전략가의 경우, 여러 부서를 넘나들며 업무를 수행할 수 있다. 디자이너가 기억할 요점은 바로 콘텐츠, 룩앤필look and feel, 카피에 더 신경 쓰는 사람이 있다는 점이다. 브랜딩 지침, 스타일 지침, 또는 디자인 논의 대부분에 주축이 될 기존 디자인 언어design language가 있을 수도 있다. 여러분이 할 일은 이런 요구 조건을 인식하고 승인된 콘텐츠가 무엇인지 파악해 최대한 이른 단계에서 디자인에 반영하는 것이다.

마케팅, 콘텐츠, 크리에이티브 매니저가 가치를 두는 점	디자이너가 초점을 둬야 할 점
– 브랜드 일관성 – 카피 및 메시지에서 일관성 있는 표현 – 소비자에게 가치를 제공하고 판매 가능한 제품 개발	– 브랜드에 맞는 스타일 개발, 혹시 차이점이 있을 경우 의사소통 – 사용하는 카피가 이미 승인된 카피인지 확인, 그렇지 않을 경우 그 사유 – 주요 특징 및 마이크로 인터랙션micro interaction에 구체적인 가치 제안

이해관계자 스토리

사용자 스토리 작성은 디자이너와 개발자가 사용자를 이해하려는 차원에서 자주 사용하는 방법이다. 그런데 이해관계자를 위한 스토리를 써본 적이 있는가? 지금 여러분이 함께 일하는 사람들을 이해하려고 하는 만큼, 그들의 관점에서 프로젝트를 이해하려고 스토리를 적어보는 건 분명 유용하다. 다음 몇 가지 예시를 참고하자.

임원급

- 임원으로서 윗선 경영진에 보고할 수 있게 우리 팀이 무엇을 하고 있는지 파악하고 싶다.[1]
- 임원으로서 디자인에 피드백을 줘서 팀원들의 업무 능력 향상을 돕고 싶다.
- 임원으로서 향후 로드맵과 비전을 제시해 우리 팀의 방향성을 다들 잘 인식하도록 하고 싶다.

개발자

- 개발자로서 일에 자부심을 느끼고 안정적인 앱을 개발하고 싶다.
- 개발자로서 버그 처리나 유지보수 관리가 많이 필요 없는 양질의 코드를 쓰고 싶다.
- 개발자로서 모든 요건을 사전에 숙지해, 작업을 기획하고 시간을 최대한 활용하고 싶다.

---

1   임원들에게는 팀의 업무 진행 상황을 다른 사람에게 보고하는 일이 중요하다! 이는 어쩌면 임원들로부터 우리의 작업과 업무에 대한 반응을 이끌어내는 가장 일반적인 가치일 것이다.

제품 총괄

- 제품 총괄로서 가능한 한 최상의 제품을 개발해서 소비자와 회사를 위한 가치를 창출하고 싶다.
- 제품 총괄로서 새롭고 창의적인 아이디어를 전달해 나의 리더십을 회사에 보여주고 싶다.
- 제품 총괄로서 심플하면서도 퀄리티 높은 제품을 만들어서 사람들이 사용하고 싶게끔 만들고 싶다.

프로젝트 매니저

- 프로젝트 매니저로서 팀원 모두를 만나보고 다들 여기에 관여하고 있는지 확실히 확인하고 싶다.
- 프로젝트 매니저로서 업무 진행 범위를 좁혀서 주어진 스케줄과 예산 안에서 진행하게 하고 싶다.
- 프로젝트 매니저로서 신중하게 기획해서 일을 성공적으로 추진하기에 충분한 시간과 자원을 확보하고 싶다.

마케팅, 콘텐츠, 크리에이티브 디렉터

- 마케팅 담당자로서, 우리 제품이 경쟁력 있게 잘 팔리도록 제품 디자인에 피드백을 주고 싶다.
- 브랜드 또는 콘텐츠 전략가로서, 소비자의 일관된 경험을 위해

모든 제품이 일관된 디자인과 톤을 가지게 하고 싶다.

- 크리에이티브 디렉터로서, 프로젝트 디자인에 관여해서 내가 감독하는 다른 계획들과 일관성을 갖도록 만들고 싶다.

예시를 통해 알 수 있듯 팀에 속한 사람마다 관점이 다르며, 직책이 각기 다른 사람들을 이해시키려면 각각 다른 방식으로 접근해야 한다. 여러분의 팀이 해결 과제Jobs to Be Done 이론[2]이나 페르소나personas 이론[3]과 같은 다른 접근법을 활용할 수도 있다. 또한 함께 일하는 사람들을 심도 있게 이해하기 위해 공감 지도empathy map를 만들거나 이해관계자를 분석하는 것도 방법이다. 어떤 툴과 접근법을 사용하든 이해관계자를 이해하려는 시도 자체가 중요하다. 이해관계자의 머릿속을 파악하려고 더 많은 걸 시도할수록 그들에게 디자인을 더 명확하게 설명할 수 있다.

다음 그림은 공감 지도를 나타낸다. 공감 지도는 이해관계자의 관점을 이해하는 데 유용하다.

---

2   옮긴이_ 타깃이 해결하고자 하는 근본적인 문제에 초점을 둠
3   옮긴이_ 본래 가면이라는 뜻으로, 실제가 아닌 가상의 인물이나 집단을 설정해 수요를 분석함

공감 지도

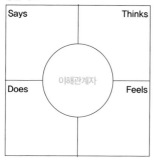

- Says: 이해관계자가 무엇을 말하는가
- Thinks: 이해관계자가 무엇을 생각하는가
- Does: 이해관계자가 무엇을 하는가
- Feels: 이해관계자가 어떻게 느끼는가

다음과 같이 이해관계자를 분석하자.

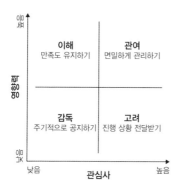

이해관계자의 조직 내 영향과 프로젝트 관심 정도를 평가해보자. 어떤 식으로 이해관계자를 프로젝트에 관여하게 할지 파악하는데 도움이 될 수도 있다. 양식은 *http://tomgreever.com/resources*에서 다운로드할 수 있다.

원만한 관계를 형성하자

의사소통은 관계가 원만할 때 훨씬 수월하다. 좋은 인간관계에는 노력이 필요하다. 사실 좋은 관계 형성은 기본적이면서도 직관적인 과정이다. 노력하는 만큼 얻는다. 이해관계자와의 관계를 발전시키기 위해 여러분이 실질적으로 무엇을 할 수 있을지 생각해보자.

기술은 의사소통 속도를 향상해주지만, 반드시 소통의 질까지 높여주지는 않는다. 메시지로 소통 가능한 각종 도구들은 일할 때 매우 유용하지만, 단문의 메시지로만 소통하지 않도록 유의할 필요가 있다. 때로는 신속하게 답변하는 게 필요하지만, 그런 식으로만 소통하지 않도록 주의하자. 시간이 나면 사람들을 찾아 친근하고 편한 대화를 나누자. 서로 떨어져 일할 때는 의도적으로 노력해야 하지만, 그리 어려운 일은 아니다. 다음 예시들은 여러분의 관계 개선을 도와줄 것이다. 게다가 대화하면서 자연스럽게 여러분의 의사소통 기술도 향상될 것이다.

자연스럽게 행동하자

가장 좋은 조언을 떠올려보면 자연스럽게, 자기답게 행동하기다. 사람들은 심각한 일을 심각하게 처리하는 진지한 경향이 있다. 프로답게 보이려고 어떤 이들은(아마 여러분도) 다른 사람에게 자신의 본모습을 절대 보여주지 않으려 한다. 우리는 겉모습으로 속내를 가리고, 경계태세를 늦추지 않은 채 항상 일, 일, 일에만 집중할지도 모른다. 이건 여러분의 동료나 상사와 유대관계를 유지하는데 절대 좋은 방법이 아니다. 여러분이 사람이라는 걸 다른 이들에게 보여주고 적절할 때 여러분의 성격을 보여줄 필요가 있다. 물론 전문가 모드로 일해야 하는 경우도 있지만, 그러지 않아도 되는 시간도 있다. 주변 사람들과 함께 쉬는 시간이나 커피를 마시는 시간에는 경계를 풀어도 좋다. 이 두 가지 모드 사이에서 균형을 잡는 게 중요하다. 사람들은 여러분의 진짜 모습을 보길 원한다.

행동하자

다른 사람이 존중받는다고 느끼게 해주는 일 역시 중요하다. 팀에서 주고받는 업무 논의 말고도 여러분이 어떤 행동을 취하는지에 따라 상대방에게 좋은 인상을 남길 수 있다. 전형적으로, 상대방이 요즘 어떻게 지내는지 물어보며 정기적으로 안부를 확인하는 방법이 있다. 그들 자리에 잠깐 들린다거나, 커피 한잔 마시자고 제안하거나, 메모를 남길 수도 있다. 가끔은 그저 이유 없이 건네는 "안녕하세요"라는 인사 한마디면 충분하다. 이전 절에서 다룬 질문들을 이런 상황에서 활용해도 좋다. 이런 행동의 근본적인 취지는 '우린 같은 팀이고 나는 이렇게 질문할 만큼 당신에게 관심이 있다'라는 인상을 주기 위함이다.

어느 클라이언트의 사무실에 갈 때면, 필자는 항상 제니퍼Jennifer 자리에 들른다. 이전 프로젝트에서 그녀와 일하는 게 좋았기 때문이다. 제니퍼는 자기 자리에 있는 법이 거의 없다 보니 필자가 왔다 간다는 메모를 남기곤 했다. 나중에 필자는 그녀가 메모가 고마워서 전부 보관해놓았다는 사실을 알게 됐다. 또 다른 사례로 어떤 클라이언트의 경우, 필자가 가끔 그 기업의 CEO와 직접 일을 하기도 해서 그 회사에 갈 때마다 약속을 미리 잡지 않았더라도 항상 CEO의 사무실에 들르곤 한다. 한 번은 그가 누군가와 대화 중이었는데, 필자에게 손을 흔들더니 잠시 회의를 멈추고 와서 악수를 나눴다. CEO는 필자가 사무실에 들렀다는 사실에 고마워했다. 한 가지 사례를 더 소개하자면, 기사를 읽다가 클라이언트 한 명이 떠오른 적이 있다. 같이 프로젝트를 했던 건 아니지만, 필자는 그에게 읽던 기사를 문자로 보냈고 그 계기로 오랜만에 대화를 나눴다. 필자는 상대방의 비즈니스가 더 잘 풀리도록 돕고, 훌륭한 제품을 디자인하기 위해 항상 기다리고 있다는 인상을 주고 싶다. 이런 사소한 행동은 그들에게 메시지를 전달해주며, 함께 디자인을 논의할 때 일을 한결 수월하게 만들어준다.

무언가를 선물하자

한 단계 더 나아가 상대에게 유용하거나 의미 있는 무언가를 건네며 진심 어린 마음을 표현한다면 관계가 한층 더 돈독해질 수 있다.

직접 쓴 편지

가끔 필자는 프로젝트를 마친 뒤 상대에게 직접 쓴 감사 인사 카드를 보낸다. 자주는 아니고 가끔 보낸다. 오늘날 의사소통 방식이 전부 전자기기로만 이뤄지다 보니 손 편지는 특히 의미 깊고 늘 감명을 준다. 여기서 잠깐! 필자를 오해하지 않길 바란다. 필자는 편지 쓰는 걸 아주 좋아하는 사람은 아니다. 손 편지를 많이 활용하는 편은 아니지만 이 방법은 가치가 있다고 생각한다. 여러분도 그렇다면, 일단 목표를 낮게 설정하자. 두세 달에 한 번 정도는 클라이언트나 이해관계자에게 손 편지를 써보자. 캘린더 기능에 주기적으로 알림을 설정해놓아도 좋다. 바라건대, 여러분의 커리어에 중요한 사람들과 사람 대 사람으로 연결되는 관계를 형성하는 데 도움이 될 것이다.

간단하고 비싸지 않은 선물

좋은 인간관계를 형성하는 또 다른 방법은 적절한 시점에 간단한 선물을 보내는 것이다. 뇌물을 의미하는 게 아니다. 상대에게 마음을 쓰고 있다는 것을 표현할 만한 작은 성의면 된다. 다만 기업에 선물 관련 내부 정책이 있을지 모르니 미리 확인하고 잘 판단해야 한다. 그래도 작은 선물을 보내는 건 여러분이 단순히 목업 제품을 옹호하는 사람 이상이라는 사실을 보여주기에 훌륭한 방법이다.

가장 좋은 선물은 상대의 이야기에 귀 기울이고 있다는 인상을 주는 물건이다. 필자는 동료가 취미 삼아 사진작가로 활동하고 있다는 사실을 알고 그에게 카메라 렌즈처럼 생긴 컵을 선물했다. 비행기 조종사이기도 한 필자의 클라이언트에게는 "내 다른 차는 바로 비행기예요"라고 쓰인 자동차 번호판 프레임을 선물했다. 그는 이 프레임을 아직도 종종 언급한다. 필자가 다음에 뉴욕에 가면 비행기를 태워주겠다는 약속도 했다. 결혼을 앞둔 동료에게는 결혼 전에 예비 신랑이 알아야 할 사실을 재치 있게 풀어낸 책 한 권을 선물했다.

항상 물과 위스키를 함께 주문하기로 유명한 상사에게는 그에게 딱 맞는 선물을 했다. 물과 위스키를 각각 한 병씩 준비해서 '조안 단골 메뉴'라는 이름을 붙인 패키지로 맞춤 디자인을 해서 진짜 시중에 팔리는 제품처럼 만들었다. 경제적이고 간단하게 필자가 그를 중요하게 생각하고 있다는 걸 표현하는 방법이었다. 이런 선물들은 상대의 취향과 상황을 보고 적절한 게 무엇인지 고민해서 산 선물이었다. 선물 자체가 아니라 필자가 그들을 생각하며 선물을 골랐다는 점에서 마음과 정성이 담겨 있다.

편애로 보일까 걱정되거나 개인적으로 선물하는 일에 그리 소질이 없다면 팀원 모두에게 간식을 나눠주는 건 어떤가? 만약 팀원들이 이른 아침 회의에 투덜댄다면 먹을거리를 사 가자. 아니면 책상에 공용 간식 상자를 두는 방법도 있다. 누구든 여러분 책상 앞에서 잠깐 멈출 명분을 제공하기 위해서 말이다. 오후 나른한 시간에는 커피를 사 와서 한 잔씩 돌려보자. 이런 방식으로 선물을 하면 여러분이 특정 관계만 편애하지 않고 모두를 중요하게 생각한다는 마음을 보여줄 수 있다.

이해관계자들과의 관계에 중점을 두는 것이 디자인과는 전혀 상관없어 보일 수도 있다. 많은 디자이너들이 디자인 자체로 그들이 전하고자 하는 바, 특히 사용자 경험이 자명하게 드러나길 기대한다. "디자인에 설명이 필요하다면, 그건 아주 좋은 디자인이 아닌 거죠"라고 말한다. 마치 여러분 이해관계자에게 견본품 몇 개를 건네주고 승인을 내려주길 기다리는 것처럼 말이다. 그러나 좋은 인간관계는 상대방이 여러분의 디자인을 바라보는 관점에 영향을 미칠 수 있다. 원만한 관계는 중요한 이해관계자들이 여러분의 디자인을 호의적으로 평가하도록 해준다.

이해관계자들은 우리를 디자이너로서 제공하는 효용성 면에서 바라볼지도 모른다. 의도치 않게 단지 그들에게 필요한 무언가를 만들어내는 존재로만 생각할 수 있다. 가진 능력을 교환하는 일 이상도 이하도 아닌 단순한 파트너 관계로 여길 수도 있다. 하지만 이해관계자에게 우리도 사람이라는 걸 좀 더 보여줄수록 그들은 우리의 아이디어, 제안 내용, 제안서에 좀 더 가치를 부여할 것이다. 우리는 단지 월급을 받으려고 뭔가를 찍어내는 로봇이 아니다. 훌륭한 제품 개발을 위해 함께 일하는, 훌륭한 아이디어를 가진 재능 있는 사람들이다. 관계를 중시하는 일은 단순히 친절하게 대하고 사람들이 여러분을 좋아하게 만드는 일 이상이다. 그들에게 여러분이 사람이라는 걸 상기시키고 훌륭한 솔루션을 만들어낼 수 있다는 신뢰를 준다. 좋은 인간관계는 그런 효과가 있다.

이해관계자도 사람이다

이해관계자들과 정말 잘 소통하고 싶다면, 사용자에게 공감하고자 할 때 활용하는 요령을 이해관계자와의 관계에서도 활용해야 한다. 이해관계자에게 무엇이 중요한지, 상대가 맡은 역할과 위치를 바탕으로 그들을 이해해야 한다. 그리고 가장 좋은 방법을 기록해 놔야 한다. 이해관계자도 사람이라는 사실을 인지하고, 그들의 삶에 많은 일이 있다는 걸 이해하자. 이해관계자와 공유할 경험을 만들어서 그들을 보는 관점을 바꾸도록 노력하자. 결국 이해관계자와 공감대를 높이면 자신이 필요하다고 짐작하는 수요보다 이해관계자들의 수요를 충족하는 방식으로 이해관계자에게 접근할 수 있다. 이해관계자가 성공하지 못하면 우리도 성공할 수 없다.

3장

회의를 디자인하자

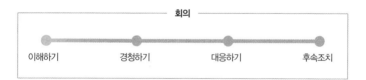

아이고, 회의! 좋든 싫든, 회의는 우리 일의 일부다. 물론 회의가 너무 많아 비생산적으로 느껴지는 기업도 있다. 반면 회의를 자제하려고 적극적으로 노력하는 기업도 있다. 원한다면 대화, 세션, 일대일 면담이라고 지칭해도 좋다. 여러분의 상황에 상관없이, 사람들은 만난다. 직접 만나기도 하고 원격으로 만나기도 한다. 큰 회의실에서 하는 프레젠테이션이든, 심플하게 커피 한잔하면서 일을 검토하는 회의이든 형식은 중요하지 않다. 환경, 도구, 대화의 충실도와 상관없이 회의의 근본적인 원칙은 같다.

여러분이 태스크 완료를 위한 인터페이스를 디자인하는 방식을 생각해보자. 사용자가 태스크를 완료하도록 할 때 일정 부분은 사용자의 머릿속 용량, 즉 인지 부하 정도cognitive load에 달려 있다. 이것저것 난잡한 요소, 옵션, 장애물이 많을수록 사용자가 태스크를 완료하기가 더 어려워진다. 이해관계자와 회의할 때도 마찬가지다. 이해관계자가 머릿속에 충분한 여유를 확보하게끔 해주고 여러분이 결정한 디자인을 지지하는 데 집중하도록 방해 요소를 최대한 제거해야 한다. 그러려면 디자인 회의를 잘 기획할 필요가 있다.

이해관계자가 이전 목업으로 인해 집중이 흐트러지거나, 이전 회의에서 아직 헤어나오지 못하거나, 회의 목표가 명확하지 않다면 지지를 얻기가 훨씬 더 어려워진다. 우리의 목표는 회의 자체가 아니라 생산적이고, 가치 있고, 성공적인 회의이다. 그러려면 좀 더 '쓸모 있고' 마음에 드는 회의가 되도록 만들어야 한다.

논의 과정 자체에도 잘 대비해야 한다. 그러므로 이 장에서는 적절한 맥락을 세팅하고, 기억을 최적화하고, 대화에 방해가 되는 요소들을 제거하고, 이해관계자의 반응을 예측하고, 도움이 돼줄 다른 사람들을 관여하게 하는 방법을 살펴보고자 한다. 여기서 목표는 우리 이해관계자, 우리 팀 그리고 우리 자신의 인지 부하를 줄여주는 회의 기획이다.

맥락을 세팅하자

이해관계자들과의 회의를 좀 더 쉽게 만드는 방법은 시작할 때 회의의 전체적인 맥락을 세팅하는 것이다. 즉, 이번 프로젝트나 디자인의 목표, 현재 진행 상황, 제시해줬으면 하는 피드백 유형을 미리 한 번 상기시키고 회의를 시작하는 것이다. 지금 이 회의가 모일 때마다 평가해야 되는 자리가 아니라 앞으로 프로젝트를 진척시키기 위해 지지를 얻고자 하는 자리임을 명확히 해야 한다.

임원들은 앞서 다른 회의에 참석했다가 자리를 옮겼으므로 우리 프로젝트에 바로 집중하는 게 어려울 수도 있다. 우리는 매일 생각하는 문제이지만 임원들에게는 그렇지 않다. 게다가 하루 종일 완전히 다른 제품이나 디자인을 가지고 여러 회의를 하다 보면 임원들에게는 지금 이 회의를 왜 하는지 기억하기조차 매우 어려울 수 있다. 이는 흔히 맞닥뜨리는 문제다. 우리가 그들을 도와줘야 한다.

이해관계자들이 신속하게 상황을 이해하도록 돕는 몇 가지 팁을 소개하고자 한다.

목표를 분명히 말하자

가장 먼저 그들에게 상기시킬 사항은 해당 프로젝트나 디자인에서 기존에 서로 합의했던 목표다. 이상적으로는 사업 지표^{metric}나 기대 성과이겠지만, 여러분 업무의 특성이나 신출물로 표현할 수도 있다. "이것이 어떤 문제를 해결하는가?"라는 질문의 대답도 목표가 될 수 있다. 목표가 무엇이든 간에, 본격적으로 여러분 디자인에 관한 논의를 시작하기 전에 미리 분명하게 말하자.

이전 회의를 요약하자

지난번 만났을 때 논의했던 내용을 간략하게 상기시키자. 프로젝트에 따라 짧은 문장 하나로 말할 수도 있고, 여러 아이템을 요약할 수도 있다. 어떤 방식이든, 신속하게 지난 논의 내용을 기억나게끔 해준다.

타임라인을 보여주자

그다음, 디자인 과정이 어느 정도 진척됐는지를 시각화하자. 전형적으로는 왼쪽에 착수 당시 디자인(예: 연구, 완성도 낮은low fidelity 견본품), 오른쪽은 최종 완료된 디자인(예: 완성도 높은high fidelity 제품, 제출 가능한 단계)을 그린 수평선으로 나타낼 수도 있다. 이 스펙트럼에서 여러분이 어디쯤에 있는지, 해당 단계에서 이해관계자들이 어느 정도의 완성도를 기대할 수 있는지 시각화하자.

필요한 피드백을 구체화하자

현 단계에서 필요한 피드백과 필요하지 않은 피드백을 이야기하자.

예를 들어, 여러분은 전체적인 레이아웃과 콘셉트 피드백이 필요한 반면, 구체적인 카피나 색상 코멘트는 아직 이를 수 있다. 어떤 피드백이 가장 중요한지 알려주면 보다 생산적인 논의를 이끌어낼 수 있다.

다시 한번 목표를 말하자

마지막으로, 다시 한번 목표를 분명히 하자. 문제점을 서로 같은 방식으로 이해하는 게 중요하다. 사람들이 목표를 망각하거나 우리가 미처 알지 못한 채 목표가 변경되면 대화 방향은 엇나가게 된다. 목표를 반복해서 알려주면 우리가 달성하려는 바를 모두가 상기할 수 있다.

　다음 다이어그램을 살펴보자.

타임라인을 통해 추진 과정에서 어느 단계인지 보여주면 논의의 맥락을 세팅하는 데 아주 유용하다.

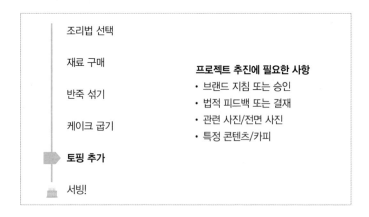

위와 같이 이해관계자가 어느 절차에 있는지를 케이크 굽는 과정에 빗대어 설명할 수도 있다.

반드시 일직선으로 나타내거나 한정된 목표만 이야기할 필요는 없다. 팀 프로젝트 추진 과정에 가장 적합한 이미지를 만들어서 사람들이 현재 어느 과정에 있는지 파악하도록 하자.

맥락을 세팅하는 일에 너무 많은 시간을 쏟을 필요는 없다. 몇 문장 혹은 슬라이드 한 장만으로도 충분할 수 있다. 필자는 조금 캐주얼하게 디자인을 리뷰해야 하는 경우 최소한 요점 몇 가지 정도만 개조식으로 정리하는 편이다. 좀 더 많은 사람이 참여하는 공식적인 프레젠테이션을 할 때는 맥락을 세팅하는 내용으로 슬라이드 세 장 정도를 할애하기도 한다. 여기서 우선순위는 회의에 참석한 이유를 모두가 이해하고 생산적인 논의를 하도록 돕는 것이다.

> ### Tip_ 회의에 제목을 붙이자
>
> 일정 초대에 적절한 제목을 붙임으로써 회의 맥락을 세팅하자. 이해관계자의 캘린더가 그저 이름이나 '디자인 검토'라는 제목을 달고 있는 초대 일정으로 가득하다고 상상해보자. 이해관계자가 회의에 나타나자마자 "오늘 회의는 무엇에 관한 회의죠?"라고 묻지 않길 원하지 않는가. 그들이 일정 초대 제목을 보고 회의 내용을 예상할 수 있어야 한다.
>
> 초대를 받는 상대방의 이름보다 여러분 이름, 팀 이름, 개발 중인 제품이나 프로젝트 이름 혹은 여러분이 보여줄 인터페이스 일부의 이름을 기입해보자. 또한 여러분은 회의가 오로지 피드

백을 주는 자리라는 뉘앙스는 주지 않으면서도 회의 내용을 전달하고 싶을 수도 있다.

예를 들어 필자라면 다음과 같은 제목을 붙여 일정 초대를 보내겠다.

- 톰 그리버, UX 사례 연구
- 홈서비스&컨시어지 디자인concierge design
- UX 연구: 검색 관련 인사이트
- 홈페이지 내용, UX 팀

검토, 싱크sync[1], 데모, 피드백, 토론 같은 용어들은 이미 '회의'라는 단어 자체에서 내포하고 있기 때문에 불필요하다고 생각한다. 디자인 관련 회의라면 이해관계자들은 아마 그 회의가 디자인 업무의 일부를 다룬다고 가정할 것이다. 서술적인 부분을 굳이 포함하지 않아도 좋다.

마지막으로, 일정 초대 내용에도 유용한 정보를 일부 언급하자. 회의에서 논의할 주제는 무엇인지 간략한 요약을 써넣거나, 다른 문서나 디자인 작업 내용 링크를 삽입할 수도 있다. 그렇게 하면 이해관계자가 회의를 준비할 때, 일정 초대를 보고 필요한 내용을 바로 파악할 수 있으므로 따로 찾아볼 필요가 없다. 그들에게 편리할 뿐 아니라 우리도 회의하는 시간을 좀 더 생산적으로 쓸 수 있다.

---

1   옮긴이_ 각자의 업무 진행 상황을 서로 이해하고자 진행하는 회의

기억을 최대한 활용하자

회의를 잘 기획한다는 말은 곧 우리 머릿속이 어떻게 작동하는지 이해하고, 이해관계자들이 논의했던 내용을 기억하게 만든다는 의미다. 여기 유념할 만한 몇 가지 개념을 소개한다.

초두 효과, 최신 효과

초두 효과와 최신 효과 원리에 따르면 사람은 정보를 듣고 기억할 때, 가장 첫 번째와 마지막에 제시된 정보를 더 잘 기억할 가능성이 크다. 집중력은 회의 중간 즈음에서는 완전히 하락한다.[2] 이런 원리를 활용해서 논의 내용을 몇 부분에 걸쳐 다루고 각 구획마다 명확하게 전환하는 게 좋다. 이 전략을 활용하면 머릿속에서는 회의를 한 번의 긴 회의가 아니라 여러 구획으로 나뉜 대화 단위들로 받아들이게 되므로 이해관계자는 보다 많은 내용을 기억할 것이다.

2   제약회사에서는 텔레비전 광고를 활용해 시청자가 집중력을 잃는 시점에 딱 맞춰서 의료적 면책 경고 문구를 내보낸다.

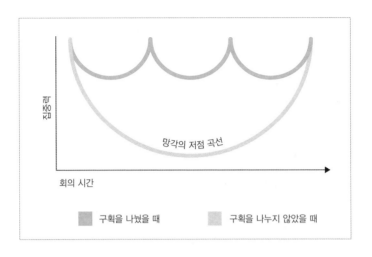

집중력

망각의 저점 곡선

회의 시간

■ 구획을 나눴을 때   ■ 구획을 나누지 않았을 때

만약 여러분이 일장연설식으로 발표한다면(그래프상 연한 색 곡선), 사람들이 집중하기 힘들다. 발표 내용을 여러 구획으로 나누면(그래프상 진한 색 곡선), 사람들이 회의 내용을 더 잘 기억할 가능성이 높다.

일반적으로 실천할 수 있는 방법은 안건을 명확하게 구별해놓고, 다음 의제로 넘어갈 때 구두로 고지하면서 각 안건의 결정을 내리는 것이다. 그러나 안건별로 구획을 나눴더라도 여전히 안건들이 섞여 있을 수 있다. 추가로 시각적인 신호를 만들거나 단조로운 회의 흐름에 변조를 줄 수도 있다. 안건별로 슬라이드 배경 색상을 바꿀 수도 있다. 그렇게 차이를 주면 안건들을 시각적으로 명확하게 분류할 수 있다.

잠깐 휴식을 취할 수도 있고, 일어나서 스트레칭을 한다든지, 서로 자리를 바꾸거나, 간식을 먹을 수도 있다. 안건별로 명확하게 구획을 나누는 방법은 다양하다.

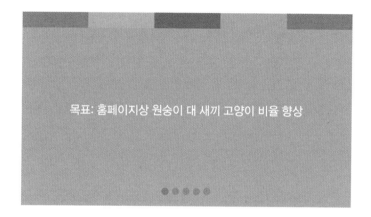

필자는 슬라이드에 탭 인터페이스와 도트^{dot} 기호 표시를 활용해서 지금 프레젠테이션이 어느 정도 진행 중인지 시각화했고, 각 구획이나 결정해야 할 내용별로 색상을 나눠 구분했다.

반복

반복해서 들으면 기억할 가능성이 더 크다. 마케팅과 광고에서 활용하는 이 보편적인 상식은 이해관계자들과 논의할 때도 유용하다. 그들이 기억해주길 바라는 부분 중 가장 중요한 것은 무엇인가? 해결하려는 문제점이나 목표, 결정한 디자인 내용일 수 있다. 회의하면서 최소 세 번은 직접 구두로 말하거나 슬라이드에 시각적으로 표시하자. 다시 한번 말하지만 반복할수록 기억할 가능성이 더 크다.

서프라이즈

사람들은 예상 못 했던 부분을 기억할 가능성이 더 크다. 회의에서 흔히 다루지 않는 무언가를 포함해서 회의를 진행한다면 사람들은 내용을 더 잘 기억할 것이다. 사무적인 분위기에서는 하기 어려울지도 모른다. 하지만 약간의 가벼움, 긴장을 풀어주는 농담, 전혀 예상 못 했던 서프라이즈는 기억에 효과적일 수 있다. 가장 심플한 기술은 침체된 대화의 흐름을 잠시 끊어줄 시의적절한 농담이다. 이때 단순히 상대를 놀라게 하려는 게 아니라, 회의에서 중요한 내용을 기억하게 하기 위함이라는 점을 기억하자. 다음은 필자가 활용했던 몇 가지 방법이다.

- 데이터, 목표, 타임라인이나 마감 일정 옆에 귀여운 동물 이미지를 넣는다(필자는 주로 고양이를 택한다).
- 각 이해관계자가 프로젝트의 어느 부분을 논의할지 정해져 있는 카테고리를 고르면, 퀴즈 게임 같은 방식으로 그 카테고리에 관해 논의하며 회의를 진행했다. 솔직히 말하면, 참석자들이 이 방식을 환영하기보다는 오히려 좀 성가셔하는 듯했다. 그래도 어쨌든 각 이해관계자가 프로젝트 일부분을 큰 소리로 읽게끔 했으

니, 필자는 이 방식이 효과적이라고 믿었다.

- 포춘 쿠키 같은 메시지를 첨부한 프로젝트 목표를 출력해 의자 밑에 붙여놨다. 그리고 회의를 시작할 때 참석자들에게 의자 아래를 확인하고 메시지를 읽어보라고 했다.

여러분은 이 책에서 상어 그림을 보리라고 전혀 예상하지 못했을 것이다. 이런 서프라이즈가 굉장히 효과가 좋다는 점을 상기시키고자 상어 그림을 넣었다.[3]

여러 가지 방법 조합

사람마다 정보를 얻고 기억하는 방식이 다르다. 어떤 사람은 스스로 입 밖으로 꺼내어 말해야 하는 유형일 수도 있고, 어떤 사람은 말하는 걸 들어야 하는 유형일 수도 있다. 혹은 시각적인 걸 선호하는 유형도 있다. 이해관계자를 이해하는 데 시간을 투자했다면 여러분

---

3   CC0 1.0. 퍼블릭 도메인public domain으로 양도된 저작물이다. 해당 내용은 웹사이트 https://creativecommons.org/licenses/cc0/1.0에서 확인 가능하다.

은 그 상대와 소통하기에 가장 좋은 방식을 이미 알고 있을지도 모른다. 어떤 방법이 효과적인지 파악하려면 여러 방법을 써보기를 추천한다. 구두로 설명하기, 시각적 프레젠테이션(슬라이드), 글로 기록하기 등을 조합해서 활용하면 대부분의 유형을 커버할 수 있을 것이다.

필자와 함께 일했던 어떤 임원은 위키백과 같은 머리말이나 개조식 요약 방식을 선호했다. 그런가 하면 어떤 CEO는 비공식적인 대화도 전부 슬라이드로 전달하면 반응이 더 좋았다. 그 CEO는 브랜드 자체brand-approved 슬라이드에 할 말을 넣어 전달하면 더 잘 받아들이는 것 같았다. 함께 일하는 이해관계자에 맞는 적절한 방법을 사용한다면 이해관계자와 여러분이 결정한 내용을 기억할 가능성이 더 높아질 것이다.

주의를 산만하게 하는 요소를 제거하자

회의에 집중하는 건 중요하다. 논의하다 보면 옆으로 새거나 예상 못 한 방향으로 흘러가기 매우 쉽다. 디자인 회의에서는 다른 분야에 비해 이것저것 사소한 부분들을 더 많이 끄집어내는 편이다. 집중을 유지하는 방법 중에는 주의를 흐트러뜨리는 요소를 제거하는 방법도 있다. 많은 사람이 회의 목적과 상관없는 것 때문에 쉽게 산만해지며, 이는 원활한 논의를 어렵게 만든다. 여러분이 할 일은 바로 이런 방해 요소들을 제거하는 것이다.

흔한 예로 플레이스홀더place holder[4] 사용이 있다. 스톡 이미지나 로렘 입숨lorem ipsum 문구[5]가 그 예다. 필자가 골랐던 플레이스홀더에 집착했던 클라이언트는 셀 수도 없을 정도다. 몇 가지 일화를 소개한다.

• 자동차 엔진 제조업체의 홈페이지를 디자인하는 중이었다. 홈페이지에 쓸 제품 이미지를 하나 골랐다. 클라이언트는 자기 회사의 엔진 부품 중에 베스트셀러가 아닌 데다 실은 기술적 결함으로 제작 중단한 부품이 있다는 이야기를 지나치게 오래 했다. 그리고는 필자한테 엔진 부품 전 라인에 관한 일장연설을 시작했다.

• 어떤 소매업체와 작업할 때의 일이다. 쓸 만한 업체 실내 이미지가 하나도 없어 온라인에서 플레이스홀더를 찾아 목업에 넣었다. 그런데 나중에 알고 보니 가장 치열한 경쟁업체 사진이었다. 이해관계자 입장에서는 자기 웹사이트를 위해 만든 목업에서 경쟁업체 사진을 보고 있다는 사실을 받아들이기 어려웠다.

• 지도 앱을 작업하던 당시 필자는 구글 지도Google Maps 스크린샷을 플레이스홀더로 쓴 적이 있다. 그런데 클라이언트는 다른 지

---

4 옮긴이_ 입력란에 표시돼 있다가 실제로 텍스트를 입력하면 사라지는 부수적인 설명이나 예시

5 옮긴이_ 최종 산출물에 텍스트가 들어가는 경우 실제 내용을 채우기 전에 시각적으로 보여주기 위해 임의로 삽입한 더미 텍스트

도 서비스를 사용하던 터라 필자가 삽입한 이미지가 실제 앱에서 보일 지도 이미지는 아니라는 점을 받아들이기 어려워했다.

· 제약회사 앱을 개발하던 당시 클라이언트는 자신이 대학에서 라틴어를 배웠는데도 왜 입숨 문구 내용을 해석하지 못하는지 혼란스러워했다. 그녀는 회의하다가 그 문구를 크게 소리 내서 읽곤 했는데, 그럴 때마다 필자는 디자인에 그 입숨 문구를 왜 삽입했는지 설명해야 했다.

위 사례들은 필자가 사용했던 플레이스홀더가 불필요하게도 클라이언트의 집중을 방해했던 일화들을 보여준다.

이런 방해 요소를 제거하려면 더 많은 수고를 들여야 한다. 우리는 실제 문구 내용을 작성해서 넣기보다 더 쉬운 입숨(더미) 문구를 사용하고, 잠깐 검색하면 바로 수많은 옵션을 선택할 수 있어서 스톡 이미지를 사용한다. 사실 애자일 접근법Agile[6], 린 접근법Lean[7]에서는 빠른 절차 반복, 최소 기능 제품, 빠른 업무 추진, 즉 단거리 경주처럼 짧게 전력 질주하는 방식을 중시한다. 목업을 더 심도 있게 파고드는 건 이런 방식에 반하는 일일 수 있다. 일의 진척을 방해

---

6   옮긴이_ 반복적으로 개발, 평가, 수정하는 과정을 거치면서 구체적인 결과를 도출하는 방식

7   옮긴이_ 빠른 실행을 목표로, 계획이나 평가 등의 과정을 효율적으로 줄이고 필요한 제품을 신속하게 개발하는 방식

할 수도 있기 때문이다. 그렇지 않은가? 글쎄, 꼭 그렇지만은 않다.

한 번은 그리드grid에 뭐든지 완벽하게 정렬하는 데 아주 민감한 이해관계자와 함께 일한 적이 있다. 필자가 만든 와이어 프레임이 약간 지저분했는데, 아직 와이어 프레임 수준이니 조금은 정돈이 덜 돼 있어도 빠르게 서로의 의도를 소통하기에 충분할 정도로만 작업한 것이었다. 클라이언트는 그걸 보더니 "이 콜 투 액션은 여기로 옮기고, 이런 요소는 저쪽 아래로 옮기세요"라며 레이아웃을 바꾸라고 제안하기 시작했다. 약간 변경하는 게 아니라 아예 다시 해 오라는 수준이었다. 클라이언트는 정렬이 안 된 요소들에 온 정신이 팔려, 좀 더 균형 잡혀 보이는 디자인을 만들려고 했다. 필자는 토론을 잠시 멈추고 그 얘기로 돌아가서, 실제로는 전부 적절하게 정렬된다고 확인시켜줬다. 필자가 그렇게 말하자마자 그의 반응이 달라졌다. 주요 요소 배치를 두고 문제를 제기하던 그는 더 반대하지 않았고, 우리는 회의에서 진짜 다뤄야 할 이슈들에 집중할 수 있었다. 그때 필자는 이런 까다로운 유형의 사람과 일할 때는 와이어 프레임을 좀 더 정돈하는 게 중요하다는 결론을 얻었다. 그러면 작업을 전부 다시 해야 하는 불상사를 피하고 회의 시간도 절약할 수 있다.

하지만 방해 요소를 제거하는 일이 플레이스홀더를 제거하거나 여러 요소를 정렬하는 정도의 간단한 일이 아닐 수도 있다. 어떤 이해관계자는 색깔 때문에 산만해질 수도 있다. 그럴 때는 색깔을 사용하지 않는 게 낫다. 어떤 이는 회의에서 주요 안건이 아닌, 이전 버전 UI에 집중력을 잃기도 한다. 포함하면 안 되는 이전 내비게이션navigation 같은 부분에 주의를 빼앗기기도 한다. 사람마다 주의가 산만해지는 이유가 조금씩 다르므로 우리가 할 일은 그 이유를 파악하고 방해 요인을 없애는 것이다.

다만 방해 요소를 제거하는 데 들이는 시간이 이해관계자와 합의를 이루는 데 그만한 값어치를 하는지 가늠해봐야 한다. 개인적으로는 방해 요소를 파악하고 제거하는 데 시간을 들이는 시간은 프로젝트가 원만하게 흘러가도록 해준다는 점에서 충분히 가치가 있다고 생각한다. 여러분의 클라이언트가 다른 무언가에 정신이 팔려서 기존에 제시했던 비즈니스 요구사항 중 어느 것이 빠졌는지 발견하지 못한다면, 결국 프로젝트가 한참 진행된 뒤 너무 늦은 시점에서 수면 위로 떠오를 것이다. 비록 추가로 시간을 할애하고 준비해야 하더라도, 이해관계자를 집중하게 할 수 있다면 그렇게 하자.

어떤 클라이언트는 프로토타입prototype을 만들던 당시 액슈어Axure 좌측 패널을 굉장히 좋아했다. 프로그램 전체를 나타내는 사이트 맵으로, 프로토타입을 한 페이지 안에 담는 아이프레임iframe[8]일 뿐이었는데도 그녀는 그걸 너무 좋아한 나머지 논의할 때마다

---

8   당시 액슈어 초기 버전에는 해당 패널 보기를 끄는 옵션이 없었다. 최근 버전에서는 프로토타입에서 이 패널을 제외할 수 있다.

"페이지 전부 저기서 보는 게 편하네요"라고 말했다. 필자는 그녀의 의견을 무시하고 회의를 계속 진행했다. 그러다 하루는 "여러분이 모든 사항을 저렇게 보는 방식 좋네요. 그걸 우리 내비게이션으로 써야겠어요"라며 앱 내비게이션으로 액슈어 좌측 패널을 써야 한다고 제안하기에 이르렀다. 앱에 일관성을 주고 유의미하게 분류해 만들어서 이미 합의했던 디자인 내용들이 난도질당할 위기에 처하고 말았다! 그때도 역시, 필자는 대응하지 않기로 했다. 그리고 회의가 끝난 뒤 필자는 아이프레임을 밖에서 직접 열어보고 좌측 패널이 안 보이는 HTML 파일 링크를 보내줬다. 클라이언트는 그제야 다시는 그 얘기를 꺼내지 않았다.

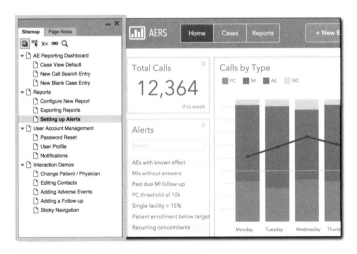

녹색 선으로 표시한 부분이 액슈어 좌측 패널을 나타낸다.

어떤 앱을 디자인할 때의 일이다. 사용자 계정 아이콘이 필요해서 사람 실루엣으로 디자인하기로 했다. 필자가 쓰던 소프트웨어는 아이콘 종류가 많지 않았고, 어떤 사용자 아이콘은 너무 뭉툭해서 좋지 않았다. 하지만 필자는 시간을 아끼려고 소프트웨어상에 있던 기존 아이콘을 플레이스홀더에 넣었다. 세 번째 회의에서 누군가가 그 아이콘이 너무 별로라고 말했다. 결국 직접 아이콘을 만들고 더는 아이콘에 관해 왈가왈부하지 않도록 했다. 처음부터 좀 더 나은 아이콘을 썼더라면 매번 설명할 필요는 없었을 것이다.

필자가 사용했던 기본 플레이스홀더 아이콘(왼쪽)은 너무 별로여서 보는 사람마다 아이콘에 주목하느라 회의 도중 산만해졌다. 그래서 필자는 결국 시간을 들여 좀 더 나은 아이콘(오른쪽)을 만들었고, 그 이후에는 아이콘 관련한 불필요한 대화가 싹 사라졌다.

여기서 요점은 상대가 무엇에 주의가 산만해지는지 파악해야 한다는 점이다. 사람들은 너무 자주 (디자이너가 아닌 경우 특히) 웹사이트나 앱 개발 목표와 크게 상관없는 부분에 집착하는 경향이 있다. 그게 임시적이거나 주제에서 벗어난다고 말해도 계속해서 애기를 꺼낸다. "지난번에 이미 논의한 부분이지만, 전 그래도 그 메뉴 다시 디자인해야 한다고 생각해요"라고 말이다. 상대의 집중을 방해하는 요소들을 다 없애 버리자! 주의가 산만해지는 일은 한 번으로 족하다. 만약 두 번째 회의를 하는데 상대가 또 똑같은 사항에 산만해졌다면, 그땐 여러분이 잘못하고 있다는 신호다. 여러분 디자인에 정말 중요한 부분들에 초점을 맞추도록 방해 요소들을 찾아서 제거하자.

반응을 예측하자

상대에 관해 알고 있는 정보를 바탕으로 상대가 여러분의 디자인에 어떻게 반응할지 예측할 수 있어야 한다. 이전 장에서는 프로젝트에 영향을 미치는 사람의 유형과 그들이 중점을 두는 가치 및 행동 동기를 살펴봤다. 가치와 관점을 조합해보면 그 사람이 어떻게 반응할지 꽤 정확하게 예상해볼 수 있다. 여기서 좋은 소식은 사람들은 대부분 어느 정도 예측 가능하다는 점이다. 즉, 사람들은 매번 같은 종류의 것에 집착하고 반응하는 경향이 있다. 상대를 이전에 만난 적이 있다면 반응을 예측하는 건 훨씬 수월하다. 대개 몇 번 같이 회의를 해봐야 상대의 사고방식을 파악할 수 있지만, 누군가의 반응은 생각보다 훨씬 더 예측 가능하다.

Tip_ 화상회의는 이렇게 하자

여러분은 깨닫지 못했을 수도 있지만, 이 책에서 묘사하는 회의 상당수는 직접 만나서 이뤄지지 않는 화상회의다. 실제로 필자는 대면 회의보다 더 자주 온라인 회의를 해왔다. 효과적인 화상회의를 위한 몇 가지 팁을 소개한다.

회의 참석자 전원에게 카메라를 켜줄 것을 요청하자. 회의실에 몇 명이 함께 모여 있는 상황이더라도, 참석자가 각자 노트북과 카메라를 사용해야 다들 서로를 볼 수 있다. 자신이 카메라에 나타나지 않으면 회의에서 소외된 듯한 기분을 느낄 수도 있다.

여러분의 화면과 영상을 공유하자. 얼굴뿐만 아니라 여러분이 발표하는 내용도 볼 수 있게 하자.

좋은 배경화면을 선택하자. 이상적으로 말하자면 심플한 벽을 배경으로 얼굴이 충분히 밝게 보이는 위치에 앉자. 다른 사람들이 여러분 책장에 뭐가 있는지 본다거나 얼굴이 너무 어둡게 보이는 건 그리 바람직하지 않다. 그래서 필자는 일부러 책상 뒤쪽 벽은 말끔히 비워두고 옅은 하늘색으로 칠했다. 가상 배경화면이 도움이 되기도 하지만 오히려 집중을 방해하기도 한다.

음소거 기능을 적절히 활용하자. 마이크는 여러분이 발언할 때만 켜져 있어야 한다. 마이크를 켜고 끄는 키보드 단축키를 기억해두고 활용하자. 원격으로 일하는 데 전문적인 사람들을 보면 다들 음소거 기능 활용에 능숙하다.

표정을 의식하자. 마치 직접 만나서 회의하듯 미소 짓고 고개를 끄덕이자. 회의 도중에 누군가 움찔하는 걸 보면 회의 참석자는 맥이 빠질 수 있다. 노트북 카메라는 회의에서 마주하는 상대를 보려고 사용하는 것이다. 여러 화면을 띄워놓고 다른 데 시선이 가 있는 사람에게는 호감이 가지 않기 마련이다.

알림을 끄자.[9] 집중을 방해하는 알림, 메신저 알림, 소셜 미디어 알림에 '좋아요'가 몇 개인지 확인하고 싶은 충동 등으로 인해 산만해질 수 있다. 알림 소리를 끄고 화상회의 참석자들에게 집중하자.

기술적 문제 발생 가능성을 낮추자. 컴퓨터 오디오와 휴대폰 오디오를 함께 사용하자. 인터넷이 끊기더라도 소리는 계속 들릴 것이다. 가능하다면 와이파이 대신에 이더넷Ethernet[10]을 사용하자. 훨씬 빠르고 믿을 만하다. 심지어 필자는 자녀들의 비디오 스트리밍 때문에 회의가 끊기는 불상사를 미연에 방지하려고 서재에 대역폭이 우선 설정되는 전용 라우터를 사용한다.

어떤 매니저가 색상에 관해 물어봤다면 그는 UI 세부 내용을 좀 더 비판적으로 생각할 것이다. 개발자가 현재 앱에 관한 분석을 보고 싶어 했다면, 여러분의 주장이 데이터를 기반으로 하는지를 중요시할 수도 있다. 임원이 페이지에서 콜 투 액션이 더 높은 데 배치돼야 한다고 생각했다면 여러분의 결정이 사용자 전환 및 판매에

---

9   게다가 화면을 공유하며 발표하다가 적절치 않은 메시지 알림이 화면에 뜨는 일도 미연에 방지할 수 있다.

10   옮긴이_ 회사나 가정에서 연결된 기기들이 사용하는 근거리 통신망 시스템의 표준 방식

어떤 영향을 미치는지 알고 싶어 하는 것이다. 이런 유형의 사람들에게는 매번 비슷한 류의 아이디어, 제안, 반박을 듣게 될 것이라고 예상할 수 있다. 다소 모호하고 소프트 스킬soft skill[11] 같아 보이는 요소가 실제로는 유용한 공식이 될 때도 있다. 이해관계자의 성격+역할 / 중시하는 가치+이전에 봤던 반응 = 예상 가능한 행동 이렇게 말이다! 물론 실제로는 이렇게 간단한 문제가 아니지만, 시간이 지나면서 점차 수월해지고 이해관계자의 반응을 더 잘 예측할 수 있다.

디자인한 부분을 일일이 살펴보고, 회의 안건을 검토하고, 아이디어를 보여주는 데 가장 좋은 흐름이 무엇일지 결정하자. 앱으로 사용자를 위한 흐름을 창출하듯이, 회의에서도 디자인을 논의하는 흐름을 만들어내길 바란다. 이제 회의실 안에 있는 관계자들에게 맞춰보자. 스스로에게 한번 이해관계자에 관한 질문을 던져보자.

- 상대가 가장 신경 쓰는 부분은 무엇인가?
- 이 디자인에서 상대가 개인적으로 추구하는 목표는 무엇인가?
- 나는 상대가 원하는 것 혹은 원하지 않는 것을 이미 이해하고 있나?

상대의 직무에 따른 관점이 어떻게 여러분에게 도움이 될지 최대한 추측해보자. 확신이 들지 않는다면 상대가 무엇을 원하는지,

---

11   옮긴이_ 대인관계에서의 소통이나 문제 해결 방식 능력

또는 어떻게 이 디자인에 기여하고 싶어 하는지 직접 물어보자. 모든 이의 시간을 최대한 활용하고 싶다고 말해도 좋다. 상대를 이해하면 안건과 논의가 전개될 방향을 예상할 수 있다.

반대 의견을 적어보자

회의 참석자들을 모두 고려했다면, 그들이 제기할 수도 있다고 예상하는 반대 의견들을 적어보자. 즉석에서 잘 대응할 정도의 수준이 아직 아니라면 어떻게 대답하려고 했는지 기억하기가 어려울 수도 있다. 목록을 만든 다음에 예상 답변을 완벽히 준비했다고 느껴질 때까지 계속 읽고 검토하자. 참석자 개인별로 예상되는 반응을 일일이 생각해내기 어렵더라도, 누군가는 제기할 수도 있겠다고 예상하는 반대 의견들을 적어보는 것만으로도 충분히 좋은 생각이다. 질문 형식이나 의견처럼 적어보자.

다음 표는 예상되는 반대 의견 몇 가지를 적은 예시다.

홈페이지 관련	제품 페이지 관련
• 콜 투 액션 중 하나를 왜 삭제했어요? • 캐러셀carousel 슬라이드는 자동으로 움직이나요? • 내비게이션이 너무 복잡하네요. • '추천 상품' 피드는 어떻게 된 거죠? • '가입' 버튼을 메뉴 아래로 숨길 수는 없어요.	• 왜 우리가 저번에 논의한 내용처럼 이미지가 크지 않죠? • 꼭 두 개의 다른 버튼을 써야 하나요? 폴드fold 위에 콜 투 액션을 놓을 수 있을까요? • '리뷰'가 왜 이렇게 페이지 아래쪽에 가 있죠?

홈페이지 관련	제품 페이지 관련
	• 기본 내비게이션은 자동으로 제품을 장바구니에 추가하는 걸로 해야 해요.
	• 이런 흐름으로 하면 여러분의 생각보다 유스 케이스가 더 복잡해져요.

대안을 만들자

반응을 예상할 때는 직접 생각한 대안이나 다른 누군가가 제안할 수도 있겠다 싶은 대안에 미리 대비해야 한다. 1장에서도 "지금 이렇게 결정한 부분이 다른 대안에 비해 어떤 점이 나은 거죠?"라는 이해관계자의 질문에 대답할 수 있어야 한다고 언급한 바 있다.

대안을 제시할 때는 왜 다른 대안들을 배제했는지 명확하게 설명해야 하므로 논의가 더 복잡해질 수 있다. 많은 디자이너가 자신이 추천하지 않는 대안을 보여주는 걸 기피한다. 클라이언트가 그 '잘못된' 대안을 더 선호해서 그걸 채택해야 한다고 주장하게 될까 두려워서다. 리스크는 항상 따르지만, 그 두려움은 정작 여러분의 디자인을 명확하게 설명해야 할 때 방해한다. 이해관계자들에게 여러분의 솔루션이 더 낫다는 확신을 주지 못한다는 것은, 이해관계자들과 잘 소통하지 못하거나 문제점을 해결하는 디자인을 만들어낼 만큼 이해관계자의 수요를 충분히 파악하지 못하고 있음을 의미한다. 여러분에게 진정으로 필요한 것은 가능한 대안을 모든 고려하고 나서도 여러분의 솔루션을 지지하는 이해관계자다. 다른 아이디어가 머릿속에 떠오르는 걸 막을 수는 없다. 대신 관련 지식과 설명을 동원해서 여러분의 디자인이 가장 좋은 결정이라고 설득할 수는 있다. 이해관계자가 여러분의 솔루션을 받아들이고 지속적으로 지지하게 해주는 유일한 방법이다.

다른 디자인 대안과 목업을 보여주면 왜 그게 여러분이 제안하는 디자인만큼 효과적이지 않은지 보여줄 수 있다. 또한 다른 방식들도 시도해봤다는 일종의 증거로 사용 가능하다. 예를 들어 누군가가 여러분이 고른 아이콘을 두고 질문하면, 다른 아이콘 대안을 여러 가지 보여주면서 이미 고려해봤는데 여러 후보 중에서 가장 나은 아이콘을 골랐다고 대응할 수 있다. 가끔은 논의하는 디자인이 이전 회의에서 이미 제안된 내용이기도 하다. 이해관계자들이 (여러분은 그들을 설득하려고 최선을 다했음에도) 여러분에게 몇 가지 수정을 요청했고, 이제 여러분은 그 수정안을 보여줘야 하는 상황이다. 특히 이런 상황에서 대안을 보여주는 건 여러분이 제안하는 솔루션이 왜 더 나은지 보여주는 데 절대적으로 중요하다. 반면 이해관계자들이 기대하는 디자인 위주로 논의를 이끌어가야 하는 상황에 처할 수도 있다. 그들이 요청한 아이디어만 선보일 뿐 아니라, 여러분 관점에서 문제를 해결하기에 더 나은 대안을 준비하자.

단순히 제안 내용만 보여주기보다는 대안을 제시해서 위치, 방식, 새로 만들어낸 부분과 제어한 부분 등 각 옵션의 이점을 논의하는 장을 형성할 수 있다. 아무런 대안도 없이 회의에 참석한다면, 이해관계자들은 휴대폰을 꺼내 검색해보고 랜덤으로 처음 발견하는 옵션을 보여주면서 이건 어떻겠냐고 제안할 것이다. 이해관계자가 인터넷으로 어떤 옵션을 찾든 간에 여러분이 여러 아이디어로 잘 대비해둔 상태라면 보다 설득력 있는 주장을 펼칠 수 있다. 채택하지 않은 아이디어를 다 버리지 말고 회의에 갖고 가자. 대안을 다루고 발표하는 일은 6장에서 좀 더 상세히 살펴보기로 하자. 여기서 한 가지 기억할 점은 디자인이 여러 개 나온다는 건 문제 해결 방법이 항상 여러 가지임을 나타낸다는 사실이다.

데이터 및 연구 결과를 준비하자

마찬가지로 여러분 제안에 뒷받침이 될 만한 데이터나 연구 결과(분석, 사용성 보고서, 사용자 테스트 결과) 등 뭐든지 준비하자. 제안하는 것과 제안을 뒷받침해줄 데이터를 갖고 있는 것은 다르다. 대부분 연구 결과를 개괄적으로 설명하면서 데이터와 연구 결과를 기반으로 결정했다고 설명하는 것만으로도 충분하다. 사실 정말 필요한 경우가 아니라면 데이터를 굳이 출력하는 걸 추천하지는 않는다. 사람들이 반대하거나 회의적으로 반응할 때 여러분의 입지를 굳히기 위해 데이터를 활용하는 건 도움이 될 수 있다. 여러분은 참석자들이 어떻게 반응할지 예측할 수 있을 테니, 필요한 정보를 갖춰서 미리 대비하고 데이터에 기반해서 디자인했음을 유념하자. 하지만 발표하다가 갑자기 테이블에 데이터를 투척하지는 말자.

데이터는 매우 강력해서 (때로는 너무 강력해서) 사람들에게 의도치 않은 영향을 미칠 수 있다. 때로는 참석자들에게 마치 더 기여할 게 없는 듯한 분위기를 유도할 수도 있다. "자, 연구 결과가 그렇다면 따라야죠"라며 말이다. 본격적인 논의를 시작하기도 전에 대화를 차단해버리는 결과를 낳을 수도 있다. 우리에게는 이해관계자의 참여가 필요하다. 역으로 필자는 연구 결과가 방법론이나 샘플 사이즈를 이유로 기각된 걸 본 적이 있다. 사실, 말주변이 좋은 '전문가'가 회의에서 제시한 의견이 여러분의 리서치 결과와 같은 수준의 영향력을 지닐 수도 있다. 그러므로 데이터와 연구를 토대로 한 여러분의 디자인을 변호하는 데 대비하는 한편, 필요하지 않으면 굳이 데이터를 언급해야 한다는 압박을 느낄 필요는 없다.

이해관계자와 일하면서 그들이 어떤 부분에 신경 쓰는지 파악하고, 어떻게 대응할지 계획을 세워야 한다. 그 과정에서 예상 반응을 적어보고, 다른 디자인 대안을 챙겨두고, 데이터나 연구 내용도 준비해둘 필요가 있다. 모두 완벽하게 준비할 수는 없겠지만 만반의 준비를 하는 데는 도움이 될 것이다. 또한 회의에서 예상되는 상황을 인지하는 것만으로도 여러분의 디자인을 명확하게 전달하는 데 도움이 될 것이다.

지지 기반을 만들자

이해관계자가 여러분의 결정을 지지하게 만드는 가장 좋은 방법은 여러분을 지지하는 사람들이 회의에 참석하도록 하는 것이다. 즉 회의실에서 여러분의 아군이 돼주고, 주장을 뒷받침해주고, 최종 결정 때 여러분 편이 돼줄 다른 사람들을 확보하는 것이다. 여러분의 디자인 편에 서줄 사람이 필요하다.

결정을 지지해줄 아군이 있다는 건 여러분의 아이디어를 지지하는 사람이 여러분 혼자가 아니라는 점을 의미한다. 다시 말해서, 여러분에게 동의하는 사람들(그리고 어쩌면 여러분보다 인맥 같은 관계적 자본을 더 많이 소유한 사람들)이 있다는 걸 보여주는 것이다. 결국 전문가들이 동의하는 게 옳은 결정이라는 최상의 시나리오를 유도할 수 있다. 만약 디자이너 10명 중 9명이 여러분의 결정에 동의한다면, 여러분의 리더도 동의하지 않겠는가? 다수의 의견이 항상 상황을 좌우하는 건 아니지만, 동조하지 않는 매니저 앞에서 혼자 고군분투하는 주장보다는 훨씬 설득력 있다.

지지를 요청하자

우리는 디자인 회의에서 좋은 질문을 해주고, 구체적으로 중요한 부분을 짚어주고, 디자인을 지지해줄 누군가를 확보해두고 싶다. 우리가 상의해야 할 모든 내용을 일일이 기억하지 못하다 보니 놓친 부분을 상기시켜줄 누군가가 있다는 건 매우 중요하다. 그들은 여러분이 명확한 설명을 하도록 운을 떼거나 여러분의 발언을 지지해줄 수 있다.

이런 장면은 서로 관계가 끈끈한 팀에서 자연스레 나온다. 팀원들이 여러분이 맡은 그 일을 이미 잘 알고 있다면 여러분이 간과한 중요사항이 있을 때 회의 도중 개입할 수도 있다. 예를 들어 "버튼 클릭하면 어떻게 되는지 한 번 보여주세요"라고 말한다든지, 여러 디자인을 보여줄 때는 "첫 번째 옵션이 더 낫죠, 왜냐하면…"이라며 여러분이 이미 말한 내용을 거듭 말하거나, 여러분을 향한 지지 의사를 표현하기도 한다.

필자는 사람들에게 지지가 필요하다고 솔직하게 말하기를 추천한다. 지지가 필요하다고 사전에 요청하는 게 좋다. 여러분에게 동의하는 사람들이 있다는 걸 보여주는 게 목표다. 솔직한 태도로 도움을 요청하고, 상황에 따라 필요하면 지지하는 발언을 해달라고 부탁하자.

사람을 파악하자

사람들이 여러분에게 동의하게 되는 과정은 보통 회의실보다는 일대일 대화에서 일어난다. 단체로 모여 있을 때 임원과 여러분의 의견이 서로 다르면 아무래도 공개적으로 여러분에게 찬성하기를 주저할 수도 있다. 여러분이 할 일은 사전에 사람들과 상의해보고 누가 여러분의 디자인을 지지하는지 파악하는 것이다. 여러분은 다수를 확보하기 위해 의견을 바꿀 법한 사람이 누군지 알고 싶거나, 사람들에게 다가가 여러분을 지지해달라고 부탁하고 싶을 수 있다.

그러니 앞서 도움을 청할 수 있는 사람들과 유대감을 쌓도록 하자. 그건 회의 직전에 후딱 해결할 수 있는 일이 아니다.

지지를 얻기 가장 쉬운 네트워크는 바로 여러분 팀이다. 팀 내 디자이너와 개발자들은 앞선 디자인 논의 과정에 참여했기 때문에 상황을 모두 이해하고 있다. 혹여 기대한 대로 상황이 흘러가지 않을 때 팀원들은 여러분을 지지해줄 준비가 돼 있을 것이다. 하지만 무조건 그들이 지지해줄 거라고 기대하지는 말자. 반대 의견이 제기될 수도 있겠다고 예상하는 콘셉트, 아이디어, 디자인이 있으면 팀원들에게 먼저 보여주고 지지가 필요하다고 말하자.

하지만 여러분 팀이 유일한 지지자는 아니다. 조직 내에서 여러분 프로젝트에 이해관계가 있거나 영향력 있는 사람이 있는지 찾아보면 도움이 된다. 여러분의 일을 이해하고, 프로젝트에 관심을 갖고, 성공하길 바라는 사람은 어딘가 항상 있기 마련이다. 다른 주제로 같이 일했던 사람일 수도 있고, 여러분 책상에 잠깐 들러 디자인을 보고 좋아했던 사람일 수도 있다.

그런 사람들을 찾아 대화를 나눠보자. 적절하다면 회의에 초대하기도 하고, 필요할 때 지원사격을 부탁하자. 어떤 회의인지 설명해주고, 안건 내용을 전해주고, 직접적인 지지를 요청하자. 누군가가 반대할 때 지지 발언을 해달라고 부탁하는 건 괜찮다. 가능하면 보다 구체적인 내용을 알려주고 상대가 어떻게 도울 수 있는지 설명해주는 게 좋다. 데이터 등 근거를 공유하자. 그 사람이 여러분을 대변해주고 지지해줄 거라는 자신감을 갖고, 여러분이 제시하는 솔루션이 가장 좋다고 동의해주길 기대하자.

사람들은 여러분이 지지가 필요하다는 걸 안다

필자는 큰 온라인 상거래 사이트 대표와 회의를 한 적이 있다. 우리 팀은 최근에 추진했던 디자인과 새 콘셉트 여러 가지를 발표 중이었다. 회의는 원만하게 진행됐다. 회사 대표로부터 필자가 해결할 내용에 관해 몇 가지 질문을 받고, 추가적으로 수정할 과제를 안고 기분 좋게 회의실을 떠났다. 그런데 회의 직후 임원이 필자를 불러 세우더니 "그동안 따로 시간을 많이 내지 못해서 미안합니다. 근데 전 여러분 프로젝트가 정말 잘되길 바라고, 가능하다면 도움이 되고 싶네요. 다음번에는 제가 지지해주고 한목소리를 낼 수 있게끔 회의 전에 내용을 미리 검토했으면 좋겠네요"라고 말했다.

이해관계자들과의 소통의 중요성을 이해하는 사람이었다. 그녀는 이해관계자 당사자들 중 한 명이었지만, 우리와 함께 시너지를 낸다면 최상의 결과를 도출할 수 있다는 걸 깨달았던 것이다. 그녀는 우리 아이디어를 마음에 들어 했고, 전문성을 신뢰했으며, 우리가 업무를 추진하는 데 방해받지 않기를 바랐다. 말할 것도 없이 그녀는 필자를 지지해주는 네트워크의 일원이 됐다. 그녀가 프로젝트 관련 회의에 전부 참여하지는 않았지만 우리와 주기적으로 소통했고, 그녀도 우리 디자인의 진행 사항을 인식하고 공식적인 발표

외에 이뤄지는 논의 과정에서 우리를 지지해줬다.

여러분이 성취하고자 하는 걸 다른 사람들이 도와줄 수 있다는 사실을 항상 유념하자. 그들과 관계를 형성하는 법을 배우고, 그들이 대화에 가치를 더 두도록 유도하자. 여러분의 비전을 실현하는 데 도움이 돼줄 사람을 찾아 곁에 두자. 회의에서 여러분을 지지하는 몇 사람이 있다는 것만으로도 합의 분위기를 형성할 수 있다. 또한 여러분이 무엇을 설명하고 있는지 스스로 명확히 알고 있다는 걸 드러낼 수도 있다. 그런 흐름은 결정의 책임을 팀 전체로 분산한다. 단 한 명의 아이디어가 아니라 다른 사람들도 동의하는 아이디어라는 식으로 말이다. 더욱이, 다른 사람들에게 여러분 대신 발언할 기회를 제공하기도 한다. 다른 사람들이 나서서 여러분이 말할 내용들을 말해주면 되려 여러분이 많이 말할 필요가 없는 상황이 될 수도 있다. 회의에서 다른 전문가들도 여러분의 솔루션에 찬성한다고 하면, 반대하던 임원조차 수정을 요구하기는 어려워지는 법이다.

최종 리허설을 하자

자, 여러분의 이해관계자를 이해하고, 집중을 방해하는 요소를 제거하고, 반응을 예상하고, 여러분을 지지해줄 사람들을 모았다. 이제 회의를 한 단계씩 밟아나가고, 프레젠테이션을 연습하고, 다들 회의에 관여하도록 준비할 차례. 대개는 회의 중요도에 따라 사전에 얼마나 연습할지 결정하는데, 필자는 크게 중요하지 않은 회의도 미리 준비해야 한다고 생각한다. 일상적으로 나누는 대화 수준이든 임원 앞에서 하는 큰 프레젠테이션이든, 다음 제시하는 행동이 여러분이 회의에서 나누게 될 논의를 이끄는 뼈대가 돼 줄 것이다. 시간을 얼마나 할애할지는 상황마다 다르겠지만 다음 내용을 모든 회의에 전부 실천해보기를 권한다.

Tip_ 이메일이나 채팅으로 회의를 어떻게 할까?

비동기식asynchronous 커뮤니케이션 방식[12]으로 디자인을 논의하는 일이 흔해졌다. 사람들은 메시지를 열어 보고 답하고 이메일을 보낸다. 특히 서로 멀리 있다면 회의를 잡기보다 이메일이나 채팅이 훨씬 편하긴 하다. 필자는 다음 두 가지 접근법을 제안한다.

접근법 1: 하지 말자

진심으로 말하건대, 그런 디자인 회의는 하지 말자. 최대한 지양하자. 상대가 시각적인 부분에만 과도하게 집중하게 되어 여러분 의도를 미처 이해하지 못한 채 바로 의견을 던지게 만들며, 이는 곧 여러분 작업의 위신을 떨어뜨린다. 팀 회의라면 공동으로 이해하고 있는 내용이나 표현이 있을 때 이런 방식이 유용할 수도 있다. 하지만 디자이너가 아닌 이해관계자들과 이렇게 진행하면 논의 방향이 갈피를 잃게 된다. 이런 위험을 감수할 가치가 없다.

---

12 옮긴이_ 규칙이나 순서에 맞춰 발생하지 않고 동시다발적으로 즉각 이루어지는 소통 방식

접근법 2: 영상을 활용하자

각자의 시간과 관심사를 존중하면서도 비동기식 커뮤니케이션의 단점을 만회하는 방법으로는 영상을 제안한다. 정적이고 단순한 캡처본이나 메시지보다는 디자인 프레젠테이션을 녹화해서 영상을 활용하는 걸 추천한다. 마치 다 같이 회의실에 있는 것처럼 디자인을 하나씩 설명하는 영상을 녹화하는 것이다.

영상을 활용하면 두 가지 중요한 이점이 있다. 첫째, 상대가 여러분을 보고 여러분의 말을 들어볼 수 있다. 영상에는 말투, 보디랭귀지, 전달 방식이 고루 녹아들어 있다. 채팅으로 메시지를 주고받으면 이 모든 게 전해지지 않는다. 둘째, 상대가 영상을 시청한 뒤 자신이 적절하게 반응할 수 있는 여건이 될 때까지 기다리게 만든다. 예를 들어 상대가 다른 회의 중이거나 공항에서 줄 서 있는데 여러분이 보낸 영상을 볼 가능성은 적다. 자신이 직접 보고 반응할 여유가 생길 때까지 기다렸다가 확인할 것이다. 따라서 디자인을 보자마자 별생각 없이 자동 반사하듯이 대답할 가능성이 줄어든다.

개인적으로 필자는 영상 촬영 방식이 매우 효과적이라는 사실을 깨달았다. 필자의 이해관계자들도 이 방식을 마음에 들어 했고, 영상을 공유한다든지, 계속 이렇게 해달라고 하기도 했다. 서로에게 득이 되는 방식이다.

여러분 영상을 보다 효과적으로 만들어줄 몇 가지 팁을 소개한다.

- 말할 내용을 간략한 스크립트로 작성하되 기계처럼 읽지 않도록 하자.
- 영상은 짧게 만들자. 개인적으로는 2분 30초 정도가 딱 좋다고 생각한다. 5분 정도 말해야 하는 내용이라도 최대한 짧게 하자.
- 여러분이 카메라 앞에 있는 모습을 별도의 화면으로 띄워서 상대가 여러분 얼굴을 확인할 수 있게 하자. 모든 소프트웨어에 이 기능이 있는 건 아니지만, 가능하다면 영상에 약간의 인간미를 더하는 게 좋다.
- 영상은 첨부파일보다는 링크로 보내자. 상대의 수신함을 여러분 영상으로 꽉 채우는 건 바람직하지 않다. 이메일이나 채팅으로 보내면 멈추거나 끊길 수도 있다. 유튜브YouTube나 비메오Vimeo 같은 영상 호스트나 스트리밍 서비스를 사용하면 제일 좋다.

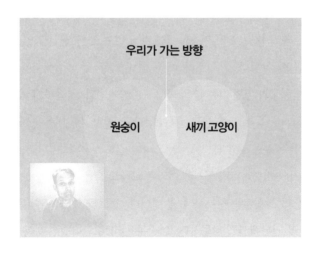

필자가 실제 프로젝트에 쓴 영상을 공개할 수는 없지만, 위 그림을 보면 필자가 말하고자 하는 바를 파악할 수 있을 것이다.

안건 목록을 작성하자

대부분의 사람들은 회의에서 안건의 중요성을 알고 있다. 또 이해관계자들과 디자인 관련 회의를 할 때도 의제는 중요하다. 임원 앞에서 하는 프레젠테이션의 경우 이미 슬라이드 안에 안건으로 다룰 내용들을 넣어뒀을 것이다. 미리 방향을 잡아준다는 점에서 좋은 방법이다. 하지만 필자는 여러분이 개인적으로 참고할 목록을 따로 준비하기를 권한다. 디자인에 관한 토론에서는 자연스레 주제에서 벗어나 이런저런 논의가 오가곤 한다. 종이로 출력하는 게 낭비일 수도 있지만 넘기면 사라지는 슬라이드보다는 종이로 출력하는 게 훨씬 효과적이다. 게다가 회의에서 (별도의 태블릿이나 휴대폰을 쓴다든지) 전자기기와 씨름할 필요가 없다면 보다 자신감 있게 논의에 임할 수 있다.

팀원들과 매일 갖는 짧은 회의도 마찬가지다. 간략하게 의제를 정리하거나 목록으로 만드는 걸 추천한다. 말하려던 내용을 까먹거나 다른 부분을 세부적으로 다루느라 옆길로 샐 수도 있다. 여러분이 필자와 비슷하다면 동시에 여러 프로젝트 혹은 디자인을 맡아 작업하느라 정신없는 하루를 보낼 것이다. 동료가 여러분 자리에 잠시 들러 인터랙션을 질문하면, 여러분은 바로 인터랙션 부분을 다시 생각해보게 될 것이다. 한밤중에 누구도 미처 생각하지 못한 매우 중요한 유스 케이스가 있다는 사실을 깨달을 수도 있다. 이런 내용을 까먹지 않고 상의하려면 기록해둘 필요가 있다. 필자는 개인적으로 쇼핑하러 외출했을 때도 쓸 수 있도록 필자의 모든 기기와 연동되는 심플한 노트 앱을 즐겨 쓰는 편이다. 다음 회의까지 계속 변하는 의제를 추가할 수도 있고, 머릿속에 기억해둬야 한다는 부담을 덜 수도 있다.

상세하게 작성할 필요는 없다. 간단한 목록만으로도 충분하다. 단 한 명과의 회의라도 이렇게 작성한 목록은 여러분에게 길잡이가 돼주고 회의가 잘 흘러갔는지 스스로 파악하게 해준다. 잠깐만 시간을 내서 준비해도 분명 도움이 되니 항상 목록을 만들자!

소리 내어 연습하자

직접 소리 내면서 하는 사전 회의 또한 중요하다. 학교 연극 최종 리허설처럼 회의실에 가서 마치 사람들이 참석해 있는 것처럼 여러분이 논의할 안건 전체를 쭉 말해보고 예상 질문에 소리 내어 답변해보자. 이전에는 사람들이 뭐라고 반응할지 예상했다면 이제는 머릿속에서 회의를 끄집어내고 입을 열어 대답해봐야 한다. 여러분이 할 말을 연습해보면 스스로 뭐라고 하는지 직접 들어보는 기회가 된다. 머릿속에서 되뇌는 것과 직접 말해보는 것은 매우 다르다. 게다가 직접 말해보면서 생각과 다르게 표현한다거나 도움이 안 되거나 반복해서 말하는 부분을 스스로 깨달을 수 있다.

모의 회의를 해본다는 아이디어가 바보 같을 수도 있지만 사실 매우 가치 있는 일이다. 설명할 내용을 많이 연습해보면 안건을 계속 생각할 필요가 없어진다. 안건을 절대 잊어버리지 않게 되면서 회의에 집중할 여유가 생긴다. 회의가 식은 죽 먹기가 될 정도로 머릿속 용량을 줄이는 것이다. 게다가 디자인 결정은 특히나 이해하기 어려울수 있어서 여러분의 선택에는 미처 발견하지 못한 숨은 이유가 있을지도 모른다. 필자는 단순히 소리 내서 말해보는 연습만으로도 스스로 어떤 동기로 그렇게 디자인했는지 파악할 수 있었다.

필자는 커리어에 관해 이야기할 때 회의를 연습하는 데 수많은 시간을 할애했다고 인정하는 게 전혀 부끄럽지 않다. 사무실을 왔다 갔다 하고, 발표 내용을 벽에 걸린 그림에 대고 말하기도 하고, 상상 속 참석자들이 물어본 질문에 대답해보기도 했다. 차 안에서, 조깅하면서, 공항에서 비행기 기다리면서도 연습했다. 지나가던 사람은 필자가 누구랑 같이 있는 것처럼 말하고 행동하는 걸 보고 정신이 나갔다고 생각했을지도 모른다. 하지만 사전 연습은 자신이 어떻게 말하는지 직접 들어볼 유일한 방법이다.

논의할 내용과 더불어 회의의 중요도 역시 관건이다. CEO가 참석하는 큰 프레젠테이션이라면 많이 연습해야 한다. 여러분 직속 상사와 갖는 일일 회의는 그보다 덜 연습해도 충분할 것이다. 하지만 어떻게 말할지 확신이 들지 않는다면 많이 연습해보는 게 좋다. 큰 회의라면 필자는 전날 미리 그 회의실을 예약해서 같은 환경에서 필요한 만큼 최대한 연습해볼 것이다. 간략한 전화 통화라면 자신감을 북돋는 수준에서 한두 번 정도 미리 읊어볼 것이다. 머릿속이 명확해지도록 만들려면 얼마나 연습해야 할지는 스스로 결정해야 한다.

전반적으로 발언할 내용을 소리 내어 말해보면 새로운 의미를 부여하고, 기억하고, 완벽하게 테스트해보게 된다. 회의 연습은 명확한 의사전달을 위한 일종의 사용성 테스트와 같다. 미리 모든 걸 살펴보고 예측한 대로 잘 흘러가는지 확인해보자. 만약 그렇지 않으면 아직 회의 전이니 수정할 시간은 있다. 회의의 중요도와 상관없이 항상 회의에 대비하는 연습을 해야 한다.

참석자들도 회의에 준비된 자세를 갖도록 하자

마지막으로 회의실로 향하기 전에 여러분을 지지하는 사람들과 짧은 대화를 나누자. 누군가는 이를 '전초전' 또는 '작전회의'라고 표현하기도 한다.[13] 어쨌든 안건의 각 내용을 검토해보고 숙지한 뒤 중요사항은 기록하자. 지지해주는 사람들에게 특정 부분에서 한마디 보태거나 자신이 빠뜨리는 게 있으면 언급해달라고 부탁하자. 여러분이 한 일을 확인해주고 맞게 흘러가고 있는지 봐주는 건 회의에 참석하는 동료에게도 좋은 기회다. 대화를 길게 할 필요는 없다. 5분에서 10분 정도여도 충분하다. 여러분은 물론이고 회의에 참석하는 동료에게도 회의에 준비된 자세를 갖추는 데 도움이 된다.

---

13   사실 필자는 비즈니스 분야에 스포츠 용어를 갖다 붙이는 걸 싫어한다.

결정한 디자인을 논의하는 데 이렇게 만반의 준비를 하는 주목적은 여러분과 이해관계자 모두의 머릿속에서 정보 처리가 가능한 인지 부하를 낮추는 것이다. 디자인 사용성에 접근하듯 회의에서도 사람들이 무엇을 보는지 다듬고, 대화의 흐름을 최적화하고, 시작하기 전에 세운 가설을 테스트해볼 수 있다. 이해관계자가 가장 중요한 디자인 내용에 집중할 정신적 여유가 있을 때 우리는 비로소 생산적으로 사용자 경험에 도움이 될 논의를 할 가능성이 커진다. 안건 내용을 전부 기억해야 한다는 부담에서 자유로워진다면 더 명확하게 설명하고 피드백에 신중하게 답변하는 데 집중할 수 있다.

회의 연습은 사용성을 더 명확하게 하기 위한 테스트와 같다.

회의가 예측한 대로 흘러간다면 여러분이 해야 할 숙제를 잘 해낸 셈이다. 또한 여러분이 결정한 디자인 내용을 설명할 준비가 됐다는 좋은 신호다. 자신감을 가지자. 자신감은 회의에서 명확하게 내용을 전달하고 피드백을 진정으로 경청하는 데도 도움이 된다.

4장

경청하고 이해하자

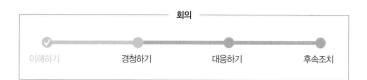

자, 이제 여러분은 디자인을 발표할 준비가 됐다. 참석자들의 반응을 예상했으니 실제로 프로젝트에 영향을 미치는 사람들과 마주할 시간이다. 의사소통 능력을 발휘하기 시작하는 시점이다. 그저 말을 시작하기 때문은 아니다. 가장 먼저 해야 할 일은 바로 **경청하기**다.

경청하기는 모든 인간관계에서 중요한 기술이며, 디자인을 상의할 때도 마찬가지다. 경청은 단순히 상대의 발언이 끝나기를 기다렸다가 여러분이 발언을 시작하는 걸 의미하지 않는다. 신중하게 듣는 목적은 대답하기 전에 이해관계자를 이해하는 것이다.

명확하게 대답하려면 여러 가지 암시적인 의사소통 기술을 활용해야 한다. 예를 들면 끼어들지 않고 경청하기, 상대가 말하지 않는 것을 파악하기, 상대가 해결하고 싶어 하는 실질적인 문제점을 파악하기, 다음 내용으로 넘어가기 전 잠시 멈추기 등이 있다. 또한 기록하기, 질문하기, 들은 내용을 반복하거나 바꿔 말하기처럼 보다 명백한 의사소통 기술도 활용해야 한다. 다양한 의사소통 기술을 사용해 상대를 이해한다는 걸 표현할 수 있다. 궁극적으로 최상의 대답을 위해 상대방의 발언을 정확하게 이해해야 한다.

암시적으로 경청하기

암시적인 경청은 여러분이 듣고 있다고 증명하기 위해 굳이 무언가 하지 않고도 상대가 하는 말을 이해하는 기술이다. 암시적으로 경청할 줄 아는 사람은 들은 내용을 신속하게 정리하고 다른 단서나 추가 정보 없이 그 발언에 담긴 의미를 파악한다. 여기서 필자는 디자인 피드백을 경청할 때 이해관계자 의견의 핵심을 파악하고 대답하는 데 활용할 네 가지 방법을 소개하고자 한다.

상대가 말하게 두자

여러분이 가장 먼저 해야 할 일은 바로 여러분의 이해관계자가 말하게 두는 것이다. 말을 끊지 말고 상대가 필요한 만큼 말하게 두자. 사람들은 누군가 자신의 말을 들어주는 걸 좋아한다. 조급해하지 않고 표현하려면 충분한 간격과 시간이 필요하다.

이해관계자 발언이 회의 주제에서 벗어나지 않길 바라다보니 경청하는 행동과 바로잡는 행동 사이에서 균형을 맞추기가 어려울 수도 있다. 특히 여러분이 보기에 상대가 제대로 알지 못하거나 잘못된 내용을 말한다면 더더욱 그럴 것이다. 그리고, 우리 역시 말하는 걸 좋아하니 말이다! 누군가가 여러분의 디자인을 두고 이야기할 때 중간에 끼어들지 않고 듣고만 있기는 어려운 법이다. 결국, 여러분의 디자인을 평가하고 있으니 말이다. 하지만 상대의 말을 끊지 말자. 상대의 발언이 끝날 때까지 기다려주는 게 여러분에게 유리하다.

그렇다면 왜 유리한 걸까? 어떤 사람은 그저 잘난 사람처럼 보이고 싶어서 말한다. 회의실 안 누군가에게 인상을 남기고 싶기 때문이다. 2장에서 다뤘듯 여러분은 회의실 내 사람들 간의 관계를 전부 파악할 수 없다. 또 다른 어떤 사람은 말하면서 배우는 유형으로, 뭔가 말하는 과정에서 더 명확하게 이해하는 사람이다. 사실 디자인은 논의하기 어려울 수 있는 내용이기 때문에 이해관계자가 자신의 생각을 말하면서 더 잘 이해하게 되는 경우가 있다. 결국 여러분이 한마디도 하지 않고도 이해관계자가 여러분의 디자인을 이해하게 될 수도 있다. 이유가 무엇이든 여러분의 이해관계자가 말하고 싶은 걸 말하게 해주자.

다음 세 가지 이점을 통해 더 구체적으로 살펴보자.

스스로 더 명료하게 표현할 수 있다

사람들은 분명하게 소통하고자 할 때 자신의 말을 반복하거나 바꿔 말하곤 한다. 여러분은 사람들이 여러분의 디자인을 어떻게 보는지 정확히 파악해야 하므로 그들이 스스로의 생각을 설명할 기회를 줘야 한다. 디자인을 논의할 때 모든 사람이 단번에 적절한 어휘를 쓰는 건 아니다. 그런 사람들은 몇 번 시도해야 자기 생각을 완전히 명료하게 표현할 수 있다.

상대에게 자신감을 부여한다

듣는 이가 자기 의견의 논점을 이해한다는 걸 깨달을수록 말하면서 자신감이 더 고취되는 법이다. 여러분은 이해관계자에게 효과적으로 의사를 전달했으니 스스로를 (아니면 제대로 듣지 않았다면서 여러분을) 비난하지 않아도 된다는 메시지를 표현하고 싶을 것이다. 이해관계자가 충분히 할 말을 하고 자신감을 갖게끔 하자.

상대의 발언을 중요시한다는 점을 보여준다

원하는 만큼 이야기하게 둔다면, 이해관계자는 자신이 말하는 내용을 여러분이 중요시하며 새겨듣고 있다고 느끼게 된다(여러분이 어떤 답변을 하든 간에). 그렇게 느끼면 나중에 여러분 말에 동의해줄 가능성이 더 높아지고 서로 모종의 신뢰가 쌓이게 된다. 여러분이 자신의 말을 경청했다는 걸 안다면 말이다.

상대가 말할 때 눈을 맞추고 고개를 끄덕이면서 여러분이 상대의 발언을 중요하게 여긴다는 걸 나타내자. 상대가 사용하는 구체적인 단어들을 파악하자. 예를 들어 여러분의 디자인 내용을 논의할 때 사용하는 전문용어나 선호하는 단어에 주목하자. 대부분의 이해관계자들은 UI 컨트롤, 입력 요소input element, 드롭 다운 리스트drop (down) list, 팝오버popover, 툴팁tooltip 같은 전문 용어를 사용하지 않을 것이다. 여러분이 할 일은 상대가 여러분의 디자인을 논할 때 어떤 단어를 쓰는지 파악하고 그 단어들을 활용해 대답하는 것이다. 다른 어휘를 구사한다면 지지를 얻어내기가 더 어려울 수 있으므로 그들이 사용하는 단어를 쓰되 나중에 좀 더 적절한 용어를 알려줄 방법을 모색하자. 이 부분은 곧 다룰 '반복하고 바꿔 말하자' 부분에서 좀 더 살펴볼 것이다.

대체로 이해관계자가 자유롭게 발언하도록 해주면 이해관계자는 방해받지 않고 자기 생각을 표현해도 된다는 걸 알고 여러분에게 도움이 될 만한 가치 있는 의견을 줄 가능성이 커진다. 편하게 자기 생각을 말할 수 있고 여러분이 경청할 것임을 알기 때문이다.

말하지 않은 내용을 파악하자

이해관계자가 하는 말이 전부 다 명확하게 들리지는 않을 것이다. 가끔은 발언 내용이 의도하는 바가 무엇인지 유추해내야 한다. 따라서 경청하기에서 여러분이 해야 할 또 다른 미션은 바로 **'말속에 숨은 의미를 파악하기'**다. 상대가 말한 직접 내용과 입 밖으로 꺼내지 않은 내용을 모두 이해해야 한다. 그렇다면 숨은 맥락이란 무엇일까? 회의실 안 그 누구도 차마 언급하고 싶어 하지 않는 주제는 무엇일까? 때때로 사람들이 말하는 내용과 그 의미는 서로 완전히 다를 수 있다.

디자인에서는 숨은 맥락이 다른 분야보다 더 중요할 수 있다. 디자인이라는 게 다소 주관적인 영역이고 사람들은 디자인에 관해 자신 의견을 어떻게 표현해야 할지 잘 모르기 때문이다. 게다가 이해관계자들은 이것이 여러분이 작업한 결과임을 알고 있다. 여러분이 만들어낸, 가슴으로 낳은 아이와도 같다는 걸 말이다. 따라서 이해관계자들은 문제점을 이야기할 때 에둘러서 표현할 수도 있다. 사람들은 보통 대놓고 반대하기보다는 질문을 던지곤 한다. "아, 흥미롭네요. 왜 이 부분에 기본 콜 투 액션primary call to cation을 적용하신 거죠?" 이 질문 뒤에 숨겨진 맥락은 아마 부차적인 콜 투 액션

secondary call to action이 더 낮다고 생각하는데 차마 직접적으로 말하고 싶지 않다는 의미일 수도 있다. 누군가가 여러분이 작업한 디자인을 두고 '흥미롭다'라는 단어를 쓴다면, 그건 반대한다는 단서일 수도 있다.

앞서 말했듯 회의에서는 우리가 미처 알지 못하는 변수가 작용하기 마련이다. 잘 흘러가던 사항에 누군가가 훼방을 놓으려 한다면, 그건 회의실에 있는 다른 누군가를 타깃으로 보내는 신호일지 모른다. 아니면 여러분 매니저가 지난주 대시보드 그래프에는 이제껏 신경도 안 쓰다가 이제 와서 갑자기 수정해야 된다고 주장하는 게 실은 다른 회의에서 하려던 말일 수도 있다. 이럴 때는 그저 뭔가 다른 이야기가 어디선가 진행되는 중이라고 짐작할 수 있다.

정중한 타입

이전에 필자는 평범하지 않은 웹 인터페이스 관련 아이디어를 추진한 적이 있다. 매니저는 필자가 그 아이디어에 얼마나 열정을 갖고 있는지 알기에 열심히 반응해줬고, 필자에게 동기를 부여해주고 싶어 했다. 그녀는 항상 지지해주는 타입이었고, 필자가 매주 금요일에는 이 프로젝트에 매진하도록 허락해줬다. 필자도 주중 근무시간에는 본래 할 일에 지장이 없도록 했다. 필자는 몇 달간 이 새로운 아이디어에 몰입했고, 어느 정도 준비됐다고 생각했을 때 매니저에게 선보였다. 그녀는 그게 형편없다고 대놓고 말하기보다는 매너 있게 대응했다. 디자인의 문제점을 보여주는 방식으로 여러 질문을 제기했다. 필자는 특히 애정이 담긴 프로젝트이다 보니 다소 방어적인 태세를 취했다. 가능한 한 최선의 대답을 했지만 결국 그녀가 필자에게 어떡하길 바라는지 명확하지가 않았다. 되돌아보면 매니저는 당시 그 아이디어는 더 이상 추진할 가치도 없다고 생각했던 것 같다. 좀 더 직접적으로 말해줬으면 좋았을 테지만 필자 역시 그녀가 피드백 주는 방식을 제대로 컨트롤하지 못했다. 어떻게 대응하는 게 가장 좋은지 알고 싶다면 상대가 말하지 않는 숨겨진 내용을 파악해야 한다.

사기를 꺾는 타입

어떤 회사에서 온라인 서비스를 위한 마케팅 웹사이트 작업을 추진할 때다. 사이트는 아예 쓸 수 없는 상태나 다름없었다. 형편없는 연결, 없어진 이미지들, 구식 카피까지 말이다. 흡사 폐가 같았다. 그렇다 보니 수많은 질문들은 사이트의 문제점에 관한 내용이었다. 필자는 제품 총괄이 웹사이트를 다시 디자인할 자원이 없다는 걸 이미 알았다. 하지만 신속하게 양식을 만들고 업데이트할 수 있을 수준으로 간단한 다섯 쪽짜리 브로슈어 사이트brochure site를 만드는 건 쉬웠다. 필자는 여러 프로젝트 과업 사이에서 여유가 잠깐 생길 때 이 사이트를 다시 디자인하기로 결심했다. 웹사이트를 개선하고 좀 더 실용적으로 만드는 편이 완벽하게 고칠 때까지 무한정 미루기보다는 낫겠다 싶었다. 제품 총괄에게 첫 디자인 시안을 보여주자 그는 어딘가 미지근했다. "어… 음… 와, 톰. 되게 좋네요. 고마워요. 훨씬 나아 보이네요. 근데 여기에 이렇게 시간을 쓸 필요는 없는데요"라는 게 그의 대답이었다. 필자는 그가 그저 좋게 말해주는 거라고 생각했다. 상사도 아니었고 필자에게 도움을 요청할 권한이 있는 것도 아니었기 때문이다. 하지만 그 사이트는 분명 보수와 관리TLC[1]가 필요한 상황이었다. 그 사이트에 안 좋을 게 뭐가 있었겠는가? 필자는 디자인을 마치고 페이지를 만들어서 스테이징 서버 staging server[2]에 올렸다. 이번에도 제품 총괄은 반응이 영 시원치 않았다. 필자가 들인 수고에 고마워하고 계속 추진해도 좋다고 말하긴 했지만 그에게 베푼 호의는 신경도 쓰지 않는 것 같았다.

웹사이트가 출시되고 몇 주 뒤 우리 팀은 한 통의 이메일을 받았다. 해당 사이트 서비스가 종료되며 마케팅 사이트는 폐지되고 기존에 이용하던 고객에게는 새 서비스를 찾을 때까지 유예기간을 제공한다는 공지였다. 필자는 제품 총괄이 당시 서비스가 곧 종료될 거라고 말하기 어려웠을 거라고 생각할 수밖에 없었다. 그는 필자가 웹사이트에 헛수고하지 않게 하려고 나름 노력했지만, 필자는 그의 말속에 숨은 의미를 파악할 만한 눈치가 없었다. 그 사이트를

---

1   옮긴이_ tender, loving, care 첫 글자를 딴 줄임 말로, 다정한 애정과 관심을 의미함
2   옮긴이_ 실제 운영 서버 이전에 검수 차원에서 최대한 유사한 환경으로 맞춘 서버

개선하는 데 투자한 시간을 후회하지는 않지만(개선해서 바뀐 부분에 자부심이 있기 때문이다) 말에 숨은 내용을 파악했더라면 에너지를 더 큰 성과를 만들어낼 다른 무언가에 쏟아부었을지도 모르겠다. 무작정 혼자 일을 추진하기 전에 좀 더 파고들어서 그가 왜 그렇게 시큰둥한지 알아냈어야 했다. 이런 미묘한 신호들은 놓치기 쉬워서 알아내려면 이해관계자를 예리하게 간파해야 한다.

진짜 문제가 무엇인지 알아내자

이해관계자의 피드백을 들을 때 상대가 해결하고 싶어 하는 진짜 문제가 무엇인지 알아내자. 이해관계자는 대개 여러분의 디자인으로 충족할 수 없는 수요에 관해 생각하느라 여러분의 디자인이 적합한 솔루션이 아니라고 말할지도 모른다. 그러니 이해관계자 관점에서 수정해야 된다고 보는 부분이나 사용하는 특정 용어들에 집중하지 말자. 그보다는 이해관계자가 수정을 제안하면서 어떤 문제를 해결하려고 하는지 알아내는 데 초점을 맞추자.

　사람들은 우선 문제가 무엇인지 정의하기보다는 솔루션을 바로 생각해버리는 경향이 있다. 버튼과 데이트 피커date picker 사이 간격이 문제라는 점을 파악하기보다 "이 버튼을 저기로 옮기세요"라고 말해버리는 게 훨씬 쉽다. 디자인에 어떻게 반응해야 할지 몰라서 모호하게 말하기도 한다. 누군가 "여기 너무 여러 가지 색상이 모여 있네요! 무지개 같은데요"라고 한다면, 실제로 전달하고자 하는 메시지는 "색상을 너무 많이 사용해서 집중을 방해하고 어디를 봐야 할지 혹은 뭐가 중요한지 모르겠네요"일 수도 있다. 이럴 땐 이해관계자에게 문제점을 질문하고 반복해서 짚어주는 것이 효율적이다. 직접적으로 "어떤 문제를 해결하고 싶어서 그런 제안을 하신 거죠?"라고 물어봐도 좋다.

요청사항에 담긴 문제점

한 번은 클라이언트가 텍스트 필드 text input field 정렬 일부를 바꿔달라고 요청한 적이 있다. 간단한 요청이었지만 이전에 우리가 합의했던 바와는 상반된 내용이었다. 왜 그러는지 물었을 때 들은 대답은 지극히 선호도 문제에 지나지 않았다. 단지 그녀가 그런 식으로 데이터가 입력되는 걸 선호해서였다. 그녀는 자신이 회의용으로 보고서를 만들 때 쓰던 스프레드시트 spreadsheet를 내보내기 한 뒤 그 파일을 필자에게 보냈다. 그리고 시스템상에 입력된 데이터와 스프레드시트상의 열 column 정렬이 일치해야 한다고 말했다. 사용자가 데이터를 입력하는 방식 그대로 내보내기 하는 파일에 반영된다고 생각한 것이다. 사용자 입력에 상관없이 자신이 보고서에 필요한 대로 직접 조정하고 맞출 수 있다는 걸 모르고 있었다. 만약 필자가 클라이언트가 수정을 요청한 이유를 묻지 않고 바로 수정했다면 사용자 경험을 최적화하기 어려웠을 것이다. 좀 더 파고들어서 클라이언트가 해결하고 싶어 했던 진짜 문제를 파악했기 때문에 디자인을 전혀 수정하지 않고도 그녀가 우려하는 부분에 답해줄 수 있었다.

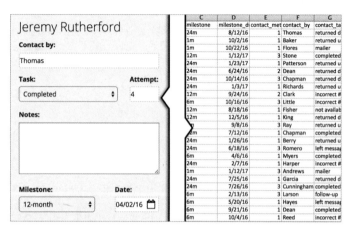

클라이언트는 내보내기 한 파일이 사용자 입력 방식과 별개라는 사실을 모르고 텍스트 필드 순서를 변경해달라고 요청했다.

데이터 사본

필자가 맡았던 어느 프로젝트에서 여러 단계에 걸친 복잡한 사용자 양식을 다룬 적이 있다. 우선 사용자는 이름, 주소, 키, 몸무게 등의 정보를 입력해야 다음 양식으로 넘어갈 수 있었다. 사용자가 태스크에 집중하길 바랐기 때문에 화면 상단에 이전에 입력한 정보가 보이는 내비게이션 없이 새 페이지로 이동하게 만들기로 결정했다.

그 디자인을 본 클라이언트는 사용자가 첫 번째, 두 번째 양식 모두 수정할 수 있도록 해야 한다는 의견을 제시했다. '사용자가 방금 입력한 정보인데'라고 생각하며 필자는 다소 의아했다. 입력하자마자 왜 바로 또 수정해야 되나 싶었기 때문이다. 클라이언트의 대답은 좀 혼란스러웠다. 자기가 이전에 작성한 지면 정부 양식 이야기를 꺼내더니 직원들을 교육하고 싶지 않다, 세부적인 정보가 처음부터 정확하게 입력돼야 한다, 가끔 동일 인물인데 다른 주소 두 개를 원할 수도 있다 등 돌연 프로젝트 주제에서 벗어난 이야기를 쏟아냈다. 지면 양식? 교육? 데이터 사본? 뭔가 다 말이 안 되는 이야기였다. 필자는 그녀에게 질문하기 시작했다.

위 그림은 간소화한 버전이긴 한데, 실제 필자가 작업한 디자인상에서는 사용자가 이전 단계에서 다음 단계로 수평으로 이동하는 방식이었다. 클라이언트는 1단계에서 넘어가면 정보를 수정하지 못하는 부분에 불만을 표했다.

필자는 나중에 깨달았다. 클라이언트는 이 앱을 마치 지면 양식의 디지털 버전으로 여기고 있었다. 필자가 양식을 유사하게 디자인하긴 했지만 클라이언트는 지면 양식과의 차이점을 발견하고 거기에 주목했다. 힘겨운 선택의 시간을 거치고 나서 결국 두 번째 양식이 새 페이지에서 열리는 게 아니라 사용자가 입력한 기존 정보 하단에 바로 열리게 하기로 결정했다. 수평으로 정보 입력하는 방식을 기획했지만 수직으로 변경했다. 인터랙션은 같았지만 이전 페이지로 돌아갈 필요가 없게 만들어 사용자 자신이 정보를 제어하고 있다는 느낌을 좀 더 받는 방향으로 디자인했다.

최종 디자인에서 사용자 동선이 수직으로 바뀌었다. 클라이언트는 이 방식이 사용자가 데이터를 입력할 때 데이터 통제력을 더 강하게 느낄 수 있을 거라고 생각했다.

　　클라이언트는 솔루션을 보더니 전보다 나아졌다며 동의했고 다음 디자인 단계로 넘어갈 수 있었다. 필자가 처음에 제안대로 바로 수정했다면 다른 사용성과 관련한 문제가 여럿 생겼을지도 모른다. 클라이언트 말을 들어보고 해결하고 싶어 하는 진짜 문제점이 무엇인지 알아낸 덕분에 더 나은 사용자 경험 창출이라는 목표를 지킬 수 있었다.

요약하자면 디자인이 본래 시각적인 속성을 내포하다 보니 원하는 결과를 위해 시각적인 부분을 수정하는 건 자연스러운 일이다. 사람들은 대개 문제점을 설명하기보다는 눈에 보이는 부분을 바꿀 방법을 제안하곤 한다. 하지만 대부분의 사람들은 디자인상의 문제점을 구체적으로 사고하기 어려워한다. 뭔가 좀 아닌 거 같다고 인식하는 정도다. 상대가 말하는 솔루션을 경청해서 진짜 문제점을 알아내야 한다.

멈춤의 미학

마지막으로 설명할 경청 기술은 이해관계자가 발언을 끝냈을 때 활용할 멈춤의 미학이다. 상대의 말이 끝나자마자 바로 대답하지 말자. 아무리 어색하더라도 2~3초 정도 침묵의 순간을 조성하자. 특히 화상회의나 영상통화를 할 때는 워낙 말이 끊기거나 느리게 전달되는 경우가 많다 보니 멈춘 게 기술적인 문제인지 고의적인 침묵인지 구별하기 어려워 조금은 어색할 수도 있다. 모호한 상황을 피하고 싶다면 "네," "음"과 같이 의미 없는 말로 때우자. 책상 위에 있는 물건을 조금 움직이는 행동으로도 영상이 끊긴 건 아니라는 걸 표현할 수 있다. 하지만 통화를 하거나 직접 얼굴을 맞대고 회의하는 상황이라면, 이해관계자가 완전히 발언을 끝냈는지 확실히 확인하고 발언 사이에 약간의 간격을 두는 것은 찰나의 어색함을 감수할 만한 가치가 있다. 침묵을 견디기 어렵다면 "지금 하신 말씀을 제가 잠시만 생각해보고 대답 드리도록 하겠습니다"라고 말해도 좋다. 자신이 말한 걸 생각해보겠다는 말은 누구든 흔쾌히 받아들일 것이다.

침묵의 미학은 다음 세 가지로 정리할 수 있다.

- 첫째, 상대가 잠깐 멈춘 게 아니라 진짜로 발언을 다 끝냈는지 확인한다. 사람들은 가끔 말하다가 멈추고는 딴생각하거나 더 명확하게 말할 방법을 생각하곤 한다. 상대가 자신 의견을 보다 잘 전달할 방법을 깨닫는다면 여러분은 흔쾌히 그 방법으로 피드백을 듣고 싶을 것이다. 보통 사람들은 항상 처음부터 자기 의견을 명확하게 표현하지는 않기 때문이다. 상대가 스스로 명확하게 전달할 기회를 주자. 서투르게 말해서 오해가 생겼다고 탓하지 않도록 이해관계자 스스로 자신이 말한 것에 만족해야 한다.

- 둘째, 잠깐의 침묵으로 분위기를 정리할 수 있다. 이해관계자의 발언이 모든 참석자의 귀에 잠깐이라도 맴돌게 놔두자. 대화에 잠시 간격을 두면 어떻게 대답할지 신속하게 판단할 시간이 있다. 바로 방어태세로 돌입하지 말고 들은 내용을 생각해보고 적절한 대답을 생각하자. 약간의 시간만으로도 여러분의 머릿속은 상대의 발언 내용을 따라잡고 잘 대응할 수 있다.

- 셋째, 잠깐의 침묵으로 상대가 말한 내용이 진지하게 고려할 정도로 가치 있다는 메시지를 전할 수 있다. 바로 결론으로 넘어가

지 않으면 상대는 방금 말한 게 가치가 있다는 인상을 받는다. 사람들은 누군가 자기 말을 들어주길 바란다(아니면 들어줬다고 느끼고 싶어 한다). 잠깐의 침묵은 상대가 말한 피드백을 여러분이 진지하게 받아들이는 중임을 피력한다.

이런 암시적인 경청 기술은 이해관계자의 피드백을 보고 듣는 데 도움이 된다. 이해관계자의 말을 들으면서 그가 의미하는 바를 진정으로 이해하기 위해 의도적이고 비언어적인 노력을 기울이는 것이다. 이런 내면화된 행동은 생각을 잘 정리해 가장 효과적인 대답을 하도록 해준다.

명시적으로 경청하기

내면화된 행동뿐 아니라 명백하게 드러내는 행동도 필요하다. 명시적으로 경청하는 행동은 여러분이 대화를 경청하고 신경 쓰고 있다는 메시지를 직접적으로 나타낸다. 디자인 회의에서 기록하고 질문하고 상대가 말한 내용을 되짚거나 바꿔 말하는 등의 방법은 이해관계자의 의견을 효과적으로 경청하는 데 모두 중요하다.

받아 적자

여러분이 가장 먼저 해야 할 일은 바로 받아 적는 일이다. 여러분은 이해관계자가 하는 말이나 제안사항을 전부 기억하지 못하므로, 가장 좋은 방법은 기록이다. 특히 대답해야 할 사항들을 포함해서 다 적어두자. 소규모 회의일지라도 결정된 사항을 기록하고 저장해두는 게 중요하다. 회의에서 기록하는 자신만의 요령이 있어야 한다. 회의 이후 노트를 다시는 들춰보지 않을지도 모르지만 상관없다. 기록하는 일은 내용을 단순히 어딘가에 적어둘 위치를 찾는 행위 이상이다.

같은 내용을 다시 논의하지 않도록 기록하자

기록은 논의한 내용을 기억하고 나중에 똑같은 내용을 또 이야기하지 않게 해주는 유일한 방법이다. 필자는 의사소통에 혼선이 생기고, 했던 논의를 또 하고, 요건을 바꿔야 했던 일들이 종종 기록하는 일을 소홀히 한 데서 비롯된다는 걸 깨달았다. 기록을 해두면 디자인 작업을 다시 해야 하는 상황을 방지할 수 있다.

디자인 관련 의견이나 아이디어는 시간이 지나면서 계속 바뀔 수 있으므로 기록이 중요하다. 따로 기록해둔 게 없다면 지난 논의의 흐름을 이해하게 해주는 요소가 없으므로 "그가 ~라고 말했어요", "그녀가 ~라고 말했어요"라는 대화 내용만 되풀이하게 된다. 회의에서 구두로 디자인 결정을 내렸다면 나중에 왜 그런 결정을 내렸는지 기억하기가 매우 어렵다. 게다가 회의에 참석하지 않은 팀원들이 있을 수도 있다. 기록한 게 있다면 회의 내용을 전부 다시 이야기하지 않고 신속하게 요점만 짚어서 전달해줄 수 있다.

필자는 일목요연하게 노트를 정리하는 데 아주 뛰어난 사람은 아니지만 계속 기록하고 정리하는 편이다. 한 번은 특정 인터랙션을 선택했는데, 공식 출시 이후 "왜 우리가 이런 식으로 했죠?"라는 질문이 여러 차례 제기됐다. 그러면 필자는 몇 달 전 기록한 걸 찾아서 모두에게 알려줬다. 심지어 누가, 언제, 왜 수정하자고 제안했는지 상기시킬 수도 있었다. 기록하기는 모두의 시간을 절약하고 여러분이 일을 계속 추진하도록 해준다.

명확한 의사소통에 집중하게 해준다

3장에서 언급했듯이 기록하는 일은 여러분의 머릿속 용량, 즉 인지 부하를 줄여주고 여러분이 좀 더 여유를 갖고 명확하게 대답하는 데 집중하도록 해준다. 일단 기록해두면 그 부분은 더 생각할 필요가 없다. 사람들의 아이디어와 피드백을 모두 여러분의 머릿속에 넣어둔다면, 다 취합해서 가장 좋은 답변을 만들어내는 데 고충이 따를 것이다. 관계자들이 말하는 걸 기록함으로써 굳이 기억해내려고 애쓸 필요 없이 효율적으로 답변 내용을 생각하자.

이해관계자와 신뢰를 쌓게 해준다

기록하는 행위만으로도 다른 사람에게 여러분이 집중하고 있고, 똑 부러지며, 궁극적으로는 더 명확해 보이는 인상을 준다. 기록하는 행위는 여러분이 좋은 의사소통자로 보이게끔 해준다. 상대는 기록하는 여러분을 보면서 자신의 발언을 충분히 귀 기울여 듣고 있고, 존중하고 있다는 인상을 받는다. 그리고 여러분이 자신의 말을 잘 들었으며 반영하려고 한다는 신뢰를 갖게 된다.

상대가 그런 인상을 받는다면 나중에 여러분의 답변을 더 경청하고 고려하게 된다. 이는 서로 존중하는 자세이므로 양쪽 모두에게 적용되는 이야기다. 결론적으로 필자는 회의할 때 상대의 말을 듣고 있으며 설령 그쪽이 제안한 의견에 반대하더라도 가장 좋은 방향으로 논의할 준비가 돼 있다는 걸 보여주기 위해 일단 기록하곤 한다. "무슨 말씀인지 알겠습니다. 적어두겠습니다"라고 말하는 것도 신뢰를 얻는 방법이다.

회의가 주제에서 벗어나지 않게 해준다

기록하기는 관계없는 내용은 따로 메모하면서도 회의가 주요 안건에서 벗어나지 않게 해주는 훌륭한 방법이다. 사람들은 디자인 회의에서 정말 말 그대로 무엇이든 생각해낼 것이므로 핵심이 아닌 다른 주제로 대화가 흘러가기도 쉽다.

카테고리 메뉴의 인터랙션을 논의하려고 홈페이지를 보여주는데 여러분의 상사가 로그인 양식이 지저분하다고 말하면서 갑자기 회의가 다른 방향으로 흘러가기 시작했다고 가정하자. 여러분은 만약 로그인 양식이 이번 회의의 주목적이 아니라면 로그인 양식 논의는 나중에 다시 하자고 제안해볼 수 있다. 예를 들어 "오늘 아침 저도 로그인 양식 부분에 관해 생각했습니다. 우선 메모해뒀다가 회의 끝나고 바로 이어서 고려해 보겠습니다. 우선 지금은 카테고리 메뉴 부분에 집중하는 게 좋을 것 같습니다"라고 말이다. 주의가 산만해질 수 있는 내용은 따로 기록함으로써 핵심 주제를 위한 논의의 장을 확보할 수 있다.

기록은 말보다 오래간다. 게다가 참석자들에게 여러분이 논의 내용은 중요하게 다루면서도 상대의 말을 무시하지 않을 거라는 확신을 준다.

보다 효과적으로 기록하기

사실 회의 내용을 기록하는 데 가장 좋은 방법은 다른 사람에게 대신 해달라고 부탁하는 것이다. 그러면 회의 내용을 경청하고 명확하게 의사소통에만 몰입할 수 있다. 기록을 부탁할 사람이 없다면 도움을 줄 만한 사람을 찾아보자. 각자 회의가 있을 때 기록하는 역할을 바꿔서, 소위 품앗이해주는 게 어떤지 제안해보자. 잘 해주리라 신뢰할 수 있는 사람이면 누구든 좋다. 예를 들면 다른 부서에서 프로젝트를 맡은 사람일 수도 있다. 녹음이나 녹화를 할 수도 있겠지만, 필자의 경우에는 회의 후 그걸 일일이 다시 돌려보고 빠뜨린 내용이 있는지 확인할 시간이 거의 없었다. 스스로 직접 기록하면서 디자인 결정사항을 적어놓는 게 좋다.

디자인 회의에서 기록을 최대한 활용하려면 다음 사항을 유념해야 한다.

찾아보기 쉬워야 한다

기록한 내용을 모두가 확인할 수 있는 공간에 저장하자. 9장에서 좀 더 살펴보겠지만, 회의 후 기록을 살펴보는 일은 디자인 과정에서 중요한 부분이다. 다른 사람들도 여러분이 기록한 내용을 볼 수 있도록 접근 권한을 주자. 프로젝트 리포지터리repository 내 편집 가능한 웹 페이지일 수도 있고, 디자인 목업 관련 별도로 만든 페이지나 공유 폴더 혹은 문서일 수도 있겠다. 여러분이 기록한 내용은 팀 관계자 모두가 언제든, 심지어 회의 도중에도 찾아볼 수 있어야 한다.

깔끔하게 정리해야 한다

안건별로 기록하고, 해결하고자 하는 디자인에 연동해서 확인할 수 있도록 하자. 기록할 때는 보통 페이지별로 나누는 게 좋다. 예를 들면 UI 컨트롤, 인터랙션 등으로 나누면 편리하다. 즉 구체적인 주제에 따라 기록하자. 필자는 대개 회의를 진행하면서 각 안건마다 아래에 간략한 개조식 목록을 만든다.

구체적이어야 한다

제안사항을 기록할 때는 제안을 한 사람의 이름도 적어두자. 제안 사항에 찬성하거나 반대하는 사람의 이름도 적어두자. 항상 정확할 필요는 없지만 '신시아Cynthia가 색상 변경을 제안했다. 브라이언Brian은 별로 확신이 서지 않는다.'와 같이 간단하게 기록해두면 추후 디자인을 수정하자고 제안한 책임이 누구에게 있는지 확인할 때 매우 유용하다.

확실해야 한다

결론을 내렸으면 확실히 기록해둬서 추후 필요할 때 확인할 수 있게 하자. 예를 들어, '최종: 드롭 다운 컨트롤은 팝오버 메뉴로 할 것'과 같이 적어보자. 아직 결정되지 않은 사항들은 나중에 후속조치를 위해 별도로 표시하자. 필자는 아직 결정 안 된 부분에는 물음표를 붙여두는 편이다. 예를 들어 '분류 옵션 배치는 다시 고려해야 함(?)'과 같이 말이다.

실행 가능해야 한다

기록하는 내용은 대부분 이후 취해야 할 후속조치나 맡아서 담당할 사람의 정보를 담아야 한다. 아이디어를 적는 건 유용하지만 실제 행동으로 옮기지 않는다면 의미가 없다. 예를 들어 '해야 할 일: 새 컨트롤 기능으로 프로토타입 업데이트'라든지, 좀 더 나은 버전으로는 '채드Chad가 새 컨트롤 기능으로 프로토타입 업데이트하기로 함'과 같이 기록해둘 수 있다. 후속조치할 게 많다면, 노트에 별도의 섹션을 만들어서 다른 내용들과 뒤섞이지 않게끔 하자. 필자는 보통 '폴로업follow-up'이라고 제목을 만들어서 기록한다.

참고자료를 더하자

노트에 링크, 스크린샷, 아니면 다른 참고자료를 덧붙여서 당시 논의의 요점이 무엇이었는지 쉽게 확인할 수 있도록 하자. 누군가가 다른 웹사이트나 앱을 참고하자고 제안했을 때 그 사이트나 앱 정보를 기록해놓으면 그때 나눴던 대화를 기억하는 데 도움이 된다. 참고자료 없이 단순히 '소셜앱이 어떻게 하는지 확인할 것'이라고 적어둔다면 나중에 무슨 의미인지 기억하기 어렵다. 스크린샷이나 URL 링크 등을 추가한다면 기록한 노트가 장기적으로 훨씬 더 가치 있는 역할을 해낼 것이다.

앞을 내다보며 기록해야 한다

당장 처리해야 하는 사안 말고도 곧 다가올 회의에서 다루게 될 안건도 있다. 노트에 다음 회의나 다른 기회에 논의하게 될 안건 내용을 기록해야 한다. 필자는 보통 노트에 '다음 회의'라는 제목을 붙이고 적어둔다. 노트 한쪽에 향후 논의할 내용을 적을 공간을 마련해두면 다음번에 디자인을 상의할 때 옆길로 새지 않도록 대화의 흐름을 잘 조절할 수 있고, 필요하면 거기에 바로 기록할 수도 있다.

근거를 기록하자

디자인 회의에서 참석자들이 **어떤** 결정을 했는지뿐만 아니라 **왜** 그런 결정을 했는지 기록해야 한다는 점을 유념하자. 향후 논의 과정을 잘 이끌려면 여러분이 결정한 디자인 내용들을 기록하자. 결정하게 된 근거도 적어두면 처음에 우리가 어떻게 그런 솔루션에 도달했는지 더 쉽게 기억할 수 있다. 나중에 기록을 다시 찾아봤는데도 결정하게 된 근거에 관한 설명이 없다면, 똑같은 대화를 반복하지 않으려던 노력이 물거품이 될지도 모른다. 하지만 근거를 간략하게 적어둔다면 훨씬 나은 출발점에서 이해관계자들과 대화를 나눌 수 있다. 사람들이 결정사항에 관해 질문할 때는 보통 눈에 보이는 결정 내용 자체를 묻는 게 아니라 "왜 우리가 그렇게 결정했었죠?"라며 그 근거를 묻는다. 만약 여러분이 기록해둔 노트에 이 질문에 대한 답이 없다면 그야말로 대화는 도돌이표처럼 다시 처음부터 시작하게 된다.

근거를 기록할 때는 한 문구나 문장만으로도 충분하다. 장황하거나 상세하게 적을 필요 없다. 여러분이 어째서 그렇게 작업했는지 기억하도록 도와줄 정도면 된다. 다음 예시를 참고하자.

- 새 브랜드 기준에 맞춰 버튼 색상을 빨간색으로 변경하기
- 애니메이션은 집중을 방해하므로 삭제하기
- 법적 요건에 맞춰 카피 배치를 양식 필드 위로 이동하기

- A/B 테스트 결과에 따라 드롭 다운은 다중 선택 옵션으로 하기
- 이 기능은 캐런Karen이 임원 팀과 회의한 뒤 결과에 따라 우선순위 낮추기

　　필자의 경험상 위와 같은 내용은 디자인 회의록에서 놓치기 쉬운 부분이다. 기록하는 사람들(프로젝트 담당이나 행정 지원 담당)은 논의된 내용이나 결정된 내용처럼 '무엇'을 적는 데만 익숙하기 때문이다. 누군가가 여러분 대신 기록해준다면 '이유'도 적는 것이 중요하다고 알려주자. 그렇지 않으면 기록해둔 노트의 가치가 훨씬 낮아진다.

　　요약하자면, 기록하기는 이해관계자의 말을 경청할 때 중요한 행동이다. 어떤 결정을 했고, 왜 그렇게 결정하게 됐는지 기록해두자. 논의를 다시 하는 불상사를 피하는 게 중요하다. 9장에서 살펴보겠지만 여러분이 기록한 노트는 회의가 끝나고 후속조치를 취할 때 특히 유용하다. 기록은 단순히 결정사항을 필기하는 행위 이상이다. 기록한다면 이전에 들은 내용을 전부 일일이 기억해낼 필요가 없으니 머릿속에 좀 더 여유가 생기고, 그만큼 명확하게 디자인을 설명하는 일에 집중할 수 있다. 노트에 기록하면 이해관계자가 제시하는 피드백에 대응하고 가장 좋은 답변을 준비하기가 한결 수월할 것이다. 회의 규모나 중요도에 상관없이 항상 기록하는 습관을 들이자.

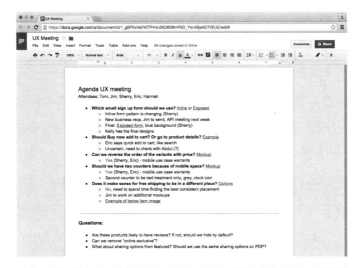

필자는 기록한 내용이 접근하기 쉽고(보통 구글 문서), 깔끔하고, 확실한 내용을 전달하고, 행동을 취할 수 있는 부분을 나타내게끔 한다. 또한 참고자료를 덧붙이고 앞으로의 방향을 유념하며 기록한다.

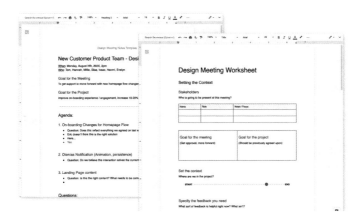

회의를 기록할 때 유용한 문서 양식. 워크시트는 필자의 웹사이트(*http://tomgreever.com/ resources*)에서 다운로드할 수 있다.

질문하자

한 가지 문제는 이해관계자가 보통 자신이 말하고자 하는 바를 가장 잘 표현해줄 단어를 모른다는 점이다. 마찬가지로 우리 디자이너들도 우리가 결정한 내용을 이해관계자에게 설명할 때 고충을 겪곤 한다. 일단 상대방이 발언할 기회를 줘야 한다. 상대방의 입에서 일을 추진하는 데 도움이 될 단어들이 나오게 이끌어야 한다. 마냥 상대가 발언하게 놔두고 다음으로 넘어가는 건 좋지 않다. 이해관계자가 좀 더 이야기하고, 다른 방식으로도 표현해보고, 자기 생각을 더 신중하게 표현해야 한다. 어떻게 해야 할까? 한 가지 방법은 바로 적절한 질문이다.

어느 상황에든 활용 가능한 질문 몇 가지를 공유하고자 한다. 다음 질문들은 이해관계자가 발언하는 비중을 늘리고, 여러분이 그들의 제안이나 피드백을 이해하는 데 도움을 준다.

"어떤 문제점을 해결하고자 하십니까?"

앞서 언급했듯이 이해관계자가 제안하는 바가 무엇을 성취하고자 하는지 명확하지 않을 때는 직접적으로 물어보는 게 좋다. 단도직입적으로 물어보자.

"이렇게 하면 어떤 이점이 있습니까?"

이 질문은 이해관계자가 왜 자신의 제안사항이 더 나은지 설명하도록 이끈다. 다른 옵션보다 낫다는 꼬리표를 미리 붙이는 게 아니라, 자신의 제안사항이 가진 이점을 냉철하게 설명할 수 있게 해준다. 이해관계자에게 설명할 기회를 주면 그가 자신의 의견이 옳은 솔루션이라고 생각하는 이유를 파악할 수 있을 것이다.

"무엇을 제안하시는 겁니까?"

이해관계자는 종종 뭘 어떻게 해야 하는지 생각해보지도 않고 그저 좀 바꿔야 한다고 말하곤 한다. 솔루션을 찾는 게 여러분의 소임이긴 하지만 이해관계자에게 설명할 기회를 주면 의도를 파악하는 데 도움이 된다. 또 이해관계자는 설명하면서 지금 논의 중인 문제점이 얼마나 복잡한지 깨닫게 된다.

"우리 목표에 어떤 영향을 미칩니까?"

이해관계자가 목표를 기억하더라도 항상 자신의 의견이 그 목표와 어떻게 연결되는지 염두에 두고 말하지는 않는다. 여러분은 이해관계자가 여러분의 디자인과 프로젝트 목표를 직접적으로 관련짓기를 바랄 것이다. 이해관계자는 여러분이 묻는 이 질문에 대답하면서 자신의 의견이 생각만큼 효과적이지 않을 수 있음을 생각해보게 된다.

"이걸 어디서 보셨습니까?"

다른 앱이나 웹사이트 등 무엇을 참고했는지 물어보면 이해관계자의 관점을 파악하기 쉽다. 여기서 요점은 실제로 구현된 게 아니라면 소용없다고 암시하려는 게 아니다. 이해관계자가 다른 앱이나 웹사이트에서 어떤 디자인 패턴을 사용한 걸 보고 그런 제안을 하는 건지 파악하고자 묻는 것이다.

위와 같이 질문하는 주된 목적은 이해관계자가 말하려는 바를 스스로 설명하게 함으로써 상대방을 잘 이해하는 것이다. 그리고 질문하기는 단순히 상대방이 말하려던 바를 명확하게 설명하게 해주는 것 이상의 이점을 가져다준다. 설령 상대가 말하는 바를 이미 파악했더라도 좋은 질문을 던지는 행위는 상대의 발언을 경청한다는 인상을 준다. 상대의 발언을 소화해서 다시 되짚어보고 질문해보면서 여러분이 이해한 내용을 한층 더 공고히 할 수 있다. 그러면서 서로 신뢰를 쌓아가고, 이해관계자는 자신의 의견이 존중과 이해를 받고 있다고 느끼게 된다. 상대가 말할 기회를 주는 행동만큼이나 듣는 행동은 추후 이해관계자가 여러분에게 동의해줄 가능성을 높여준다.

반복하고 바꿔 말하자

디자인을 상의할 때 사용하는 용어에 따라 대화를 만들어낼 수도,

망칠 수도 있다. 같은 용어를 사용하지 않으면 불가피하게 오해와 혼란이 생기고 서로 생각했던 부분을 놓치게 된다. 이해관계자는 우리가 쓰는 용어를 전부 알지도, 항상 사용하지도 않는다. 따라서 용어 사용에서 타협점을 찾음으로써 서로의 입장을 파악할 수 있다. 그러면서도 이해관계자가 디자인을 보다 적절한 방식으로 말하게끔 이끈다. 합의에 이르고자 한다면 모두 서로 이해할 수 있는 용어를 사용하도록 해야 한다. 경청할 때는 이해관계자가 여러분의 디자인에 관해 말할 때 어떤 단어들을 쓰는지 파악하고, 이해관계자에게 그걸 다시 반복해서 말해주면서 서로 같은 내용을 이해하는지 확실하게 확인하자.

바꿔 말하기: '마음에 든다'를 '효과가 있다'로

클라이언트가 의견을 제시할 때 자기 마음에 드는지 혹은 안 드는지(즉 개인적인 호불호)를 말하는 게 아니라, 효과가 있을지 여부를 말하는 방향으로 이끌어야 한다. 단순히 뭔가 마음에 안 든다고 말하기는 쉬운 법이다. 그런 주관적인 반응은 이해관계자가 생각하는 문제점을 해결하는 데 도움이 되지 않는다. 주관적인 의견인데 옳지 않다고 답할 수는 없기 때문이다. 사람들의 의견은 저마다 다른 법이다.

그보다는 '마음에 든다'를 '효과가 있다'로 전환할 기회를 찾아보자. 상대방이 말한 내용을 반복하되 효과성에 초점을 두는 쪽으로 바꿔 말해보자rephrase. 또한 상대가 전하려던 내용이나 부연 설명이 필요한 부분을 확인할 질문도 고려해볼 수 있다.

예를 들어 "지금 저기 있는 UI 컨트롤 위치를 바꾸길 바라는 거 같은데, 여기에 두면 어떤 면에서 효과가 없을 거라고 생각하세요?" 같은 질문을 할 수 있다. 사람들은 자신이 고려하던 부분을 효과성이라는 프레임에서 다시 들어보면 자신이 개인적인 호불호를 표현한다는 사실을 깨닫게 된다. 여러분이 이해관계자의 요청사항을 다뤄야 한다는 사실에는 변함이 없지만, 최소한 그 핵심 내용을 파악하고 어떻게 하면 좀 더 전문적으로 대응할지 이해할 수 있다.

이해관계자를 가르쳐야 한다거나 정정해야 한다는 의미는 아니다. 상대의 의견을 질문 형식으로 바꿔 말함으로써 상대가 좀 더 유익한 방식으로 표현하도록 이끌어야 한다. 만약 확신이 서지 않는다면 직설적으로 질문하자. 이해관계자가 보기에 여러분의 디자인에서 어떤 면이 효과가 없다고 생각하는지 말하게끔 유도하자. 여러분 역시 말할 때 '마음에 든다'라는 표현을 삼가고 항상 디자인의 효용성과 기능에 중점을 둬서 설명해야 한다.

상대방의 말을 듣고 다시 말하자

이해관계자가 보다 명확하게 표현하도록 돕는 또 다른 방법은 디자인과 UX 논의에 관련된 용어들을 사용해 여러분이 들은 내용을 다시 말해주는 것이다. 이해관계자가 디자인을 설명하는 데 '적절한 용어'를 다 안다고 기대할 수는 없다. 따라서 상대가 말하는 걸 듣고 서로 합의해서 쓸 수 있는 용어로 바꿔야 한다. "말씀하신 부분을 듣기로는…"이라고 답변을 시작하는 게 가장 좋다. 상대 의견을 듣고 있다는 점을 강조하고 이해했다고 말하면서도 좀 더 디자인 전문용어를 활용해서 상대 의견을 다시 한번 확인할 수 있다. 다음 예시를 참고하자.

> 이해관계자: 이 버튼을 선택하지 못한다고 나타낸 방식이 마음
> 에 안 드네요. 왜 비활성화해놨는지 모르겠네요.
> 도움말이나 툴팁같이 뭐라도 좀 더해야 할 거 같
> 아요.

> 디 자 이 너: 의견을 들어보니 이 분할 컨트롤segmented control이
> 맥락상 가장 좋은 선택이 아니라고 생각하시는 듯
> 합니다. 사용자 측에서 중간 버튼이 왜 꺼져 있는
> 지 모르기 때문이죠. 맞습니까?

왜 중간 버튼은 선택하지 못하게 돼 있을까? 이해관계자를 깔보는 투로 말하지 않으면서도 이걸 '분할 컨트롤'이라고 칭한다는 걸 알려주면 앞으로 서로 공통된 용어를 사용해서 논의하는 방향으로 이끌 수 있다.

이해관계자들이 말한 내용을 다시 말하면 대놓고 업신여기기나 소외감을 느끼게 하지 않고도 같은 용어를 사용하도록 논의 분위기를 조성할 수 있다. 상대에게 자신이 어리석어 보인다는 느낌을 주지 않고도 그들이 보다 적합한 용어를 받아들일 방법을 찾아야 한다. 그런 용어를 사용해서 상대방의 발언을 바꿔 말해줌으로써 이해관계자가 효과적으로 표현하도록 돕자.

이해관계자에게 좀 더 적합한 용어를 소개하면서 답변하는 방법으로 다음 예시를 살펴보자.

이해관계자: 저 버튼 위치를 여기로 바꿔야겠는데요.

디 자 이 너: 저희가 일부러 콜 투 액션을 폴드 위에 배치했습니다. 왜 옮겨야 한다고 생각하십니까?

이해관계자: 저 화살표가 보기 너무 어려워요.

디 자 이 너: 이 화살표 버튼disclosure은 흐려서 콘텐츠를 보는데 방해하지는 않습니다. 그 버튼이 사용자의 서비스 이해에 필요하다고 생각하십니까?

이해관계자: 이 메뉴는 사용하기 어렵네요.

디 자 이 너: 저희는 시스템상 기존 드롭 리스트를 사용하지만, 수요에 맞춰 컨트롤을 디자인하는 건 가능합니다.

경청하기에서 중요한 부분은 클라이언트가 말한 내용을 바꿔 말하며, 서로 같은 입장이라는 점을 확인하면서 가장 좋은 답변을 모색하는 것이다.

이제까지 다룬 내용을 살펴보자. 상대방의 말을 듣지 않거나 무슨 말인지 완전히 이해하지 않으면 효과적인 의사소통이 불가능하다. 경청하기에는 상대가 필요한 만큼 말할 시간 주기, 말하지 않은 내막 파악하기, 해결하고 싶어 하는 진짜 문제점이 무엇인지 알아내기 등 여러 암시적 기술이 있다. 또한 상대가 발언을 끝내고 나면 몇 초간의 정적을 두는 것도 한 가지 기술이다. 게다가 전면에 드러나는 명시적인 기술도 여러 가지가 있다. 결정된 내용을 기록하고, 명확히 해두기 위해 질문하고, 이해관계자의 발언을 듣고 다시 말하고, 바꿔 말하기를 통해 서로 같은 용어와 이해를 바탕으로 소통하자. 이런 경청의 기술은 더 잘 듣고, 소통하는 내용을 잘 이해하고, 최적의 답변을 제공하게 해준다. 자, 이제 여러분의 의견을 말할 준비가 됐다고 생각하는가? 아직은 아니다. 우선 적절한 마음가짐을 갖춰야 한다.

5장

적절한 마음가짐을 갖추자

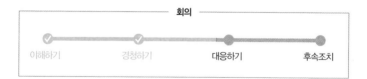

이제까지 여러분은 디자인 작업에 온 정신을 쏟아부었다. 그리고 이해관계자의 관점을 파악하려고 노력했으며, 여러분의 디자인이 효과가 있는지에 관해 이해관계자의 의견을 듣는 데 필요한 정신적 기술도 갖췄다. 여러분은 나무랄 데 없는 사용성 문제 해결 방안이나 디자인 패턴과 데이터를 열정적으로 발표할 준비가 됐다고 생각하기 쉽다(논리적으로 보면 그럴 만하다). 하지만 아직 아니다. 되돌릴 수 없는 불미스러운 상황을 맞닥뜨리기 전에 적절한 사고 방식을 갖춰야 한다. 명확한 설명을 뒷받침해줄 만한 태도를 갖춰야 한다. 그러려면 여러분이 스스로 역할과 정체성을 이해하고, 일단 "네"라고 운을 떼며 대답해야 한다. 또한 사람들이 여러분의 솔루션을 믿게 해줄 긍정적인 페르소나를 만들어야 한다. 적절한 사고방식을 갖추고 나면 일명 '감사 표현, 반복하기, 답변 준비하기'라는 패턴에 맞춰 답변을 세팅할 수 있다. 이 장의 목적은 명백하게 디자인을 설명하기 위해 준비된 마음가짐을 갖추는 것이다. 효과적인 답변을 위해서는 약간의 정신적인 훈련이 필요하다.

여러분의 역할을 이해하자

적절한 사고방식은 논의 과정에서 여러분의 역할을 이해하는 자세에서 시작한다. 필자가 볼 때는 사람들이 회의에서 디자이너의 역할을 착각하는 경우가 종종 있다. 우리는 보통 스스로 이런 회의에서는 피드백을 받는 입장이라고 여기며 비판을 받고, 작업한 디자인을 변호하거나 반박해야 한다고 생각한다. 많은 사람들이 이를 영업에 빗대어 표현하는데, 영업사원처럼 누군가에게 어필하고 물건을 구매해주길 바라는 상황과 비슷하다고 생각한다. 때로는 승자와 패자가 갈리는 전쟁에 비유하기도 한다. 하지만 이런 비유는 그리 적절하지 않으며 여러분이 성공적으로 의사소통하는 데 필요한 마음가짐을 갖추는 데도 그리 도움이 되지 않는다.

변경해야 한다면서 여기저기서 쏟아내는 의견을 그저 그대로 받아들이는 게 여러분이 할 일은 아니다. 논의를 긍정적으로 이끌고 훌륭한 디자인이라는 목표를 지켜내는 게 여러분의 역할이다. 피드백을 받기 위해 회의에 앉아 있다고 생각하겠지만 사실 여러분은 디자인에 관한 논의를 이끌려고 앉아 있는 것이다. 솔루션 방향을 상의하려고 할 뿐 참석자 모두에게 의견을 밀어붙이듯이 강요할 마음도 없다. 여러분은 다른 이의 의견을 듣고, 분석하고 파악해서 좀 더 나은 방향의 성과를 만들어내야 한다. 이해관계자가 제시하는 의견을 받아들이고 이전보다 나은 성과로 발전시켜야 한다. 이런 사고방식은 여러분이 이해관계자의 의견에 좀 더 객관적으로 대응하는 자세를 갖도록 해준다.

컨트롤하려고 하지 말자

여러분이 어떻게 생각하든 간에 디자인의 최종 결정권은 보통 여러분에게 주어지지 않는다. 디자인 과정에서 상당한 노력과 지식을 투입했지만 결국 끝에 가서 다른 누군가가 뒤집어엎기도 한다. 심지어는 여러분이 제안하는 솔루션에 팀 전체가 반대할 수도 있다! 이 사실을 깨닫는다면 사람들의 결정에 영향력을 행사할 정도의 설명을 한다는 게 얼마나 중요한지 알 수 있다. 여러분 의견에 동의하라고 다른 사람에게 강요할 수는 없다. 선택의 여지가 없으니 차선의 방도를 마련해야 한다.

여러분에게 최종 결정 권한이 없다는 걸 인지할 때 비로소 전략을 바꿀 수 있다. 사용자 경험 품질을 지켜내기 위해 얼마나 의사소통을 잘 해야 하는지 깨닫게 될 것이다. 전부 컨트롤하겠다는 마음을 내려놓으면 다른 사람들이 여러분 디자인을 가지고 왈가왈부할 때 기지를 발휘하고 개인적으로 받아들이지 않을 수 있다.

그렇다면 현실에서는 어떨까? 여러분이 작업한 게 여러분 소유물이 아니라는 자세를 취하고, 전부 다 컨트롤할 수 없다는 걸 인정하자. 최상의 사용자 경험을 창출하기 위해서는 다른 사람들의 도움도 필요하다는 걸 인정해야 한다. 여러분의 관점과 의견에서 한두 발자국 정도 물러서고 환상에서 벗어나서 이해관계자들을 대면하자. 그들의 관점에서 공감할 수 있을 때 이해관계자의 의견을 보다 자연스럽게 받아들일 수 있다. 이런 자세를 갖췄다고 스스로 확신이 든다면, 그때가 바로 다른 사람들과 여러분의 디자인을 논의할 준비가 됐다는 신호다.

이해관계자들이 여러분의 작업을 대변한다

디자인 논의를 활성화하려면 이해관계자가 다른 회의에 잘 대비하게끔 도와야 한다. 여러분은 단순히 회의 테이블에서 마이크를 돌리는 역할을 하는 사람이 아니다. 이해관계자가 여러분이 작업한 내용을 숙지해서 다른 자리에 가서도 잘 설명하도록 돕자. 이해관계자에게 필요한 도구와 용어도 제공해야 한다.

회의에 참석했던 누군가가 회의 이후에 다른 사람과 여러분이 맡은 프로젝트 관해 이야기를 나누는 일은 흔히 일어난다. 다른 회의에서 임원들에게, 복도에서 여러분의 프로젝트를 물어보는 다른 직원에게, 혹은 퇴근하고 집에 가서 배우자에게 말할 수도 있다.[1] 장소가 어디든 이해관계자는 다른 누군가로부터 왜 그렇게 디자인을 결정했냐는 질문을 받을지도 모른다. 만약 그가 다른 이에게 설명할 만큼 준비가 제대로 안 되어 있다면, 디자인을 변경하라는 요청을 받을 수도 있다. 이해관계자가 다른 사람에게 여러분이 작업한 부분을 자신 있게 설명하도록 도와야 한다.

디자이너가 참석하지 않는 디자인 회의

필자가 처음 디자이너로 일할 당시 필자의 매니저는 매주 영업, 마케팅, 고객 서비스 부서 등이 참여하는 임원 회의에 필자가 작업한 디자인을 가져가서 발표했다. 매니저의 패턴은 항상 동일했다. 항상 그 회의에서 수정할 사항들을 한아름 들고 돌아왔다. 필자가 다시 수정해서 보고하면, 그녀가 또 수정사항을 들고 돌아오는 상황이 반복됐다. 그 과정에서 필자가 본래 좋은 의도로 가졌던 아이디어 대부분이 버려지는 듯했다. 그렇게 디자인한 데는 나름의 근거

---

1   정말이다. 때때로 일어나는 일이다.

가 있었는데 이 과정에서 그 좋았던 근거들은 고려조차 되지 않는 듯했다. 필자는 매니저에게 솔직하게 말했고 매니저는 다음 회의에 직접 참석해보라고 제안했다.

회의에서 목격한 광경은 눈이 달린 사람이라면 누구든 필자의 디자인에 자기 의견만 내세우고 있는 상황이었다. 필자가 회의에 참석해서 직접 왜 그렇게 디자인했는지 차근차근 설명해주자 대부분의 목소리가 잦아들었다. 매니저가 디자인 과정을 전달하는 회의를 그렇게 흘러가게 놔둬서 일을 망쳤다고 말할 수도 있을 것이다. 사실이다. 하지만 필자는 매니저에게 작업을 설명하는 데 적절한 용어를 알려주고 숙지하게 해줬다면 그녀가 임원 회의에서 다른 사람들이 동의하게끔 필자의 작업을 잘 대변했을 거라는 교훈을 얻었다. 그녀는 디자인을 이해했다는 자신감도 없이 회의에 참석했으니 누가 뭐라고 피드백을 주든 그저 수긍해버릴 수밖에 없었다.

이해관계자에게 자신감 불어넣기

컨설턴트로서 참여한 프로젝트에서 필자의 클라이언트는 공학 부분 디렉터였다. 공학자다 보니 디자인 팀과 일해본 경험이 없었다. 필자는 우리가 마주할 프로젝트 과정을 미리 생생하게 그려봤다. 우리는 아마 사용자 및 비즈니스 사례의 이해를 이해한 뒤 프로젝트에 착수하고, 사용자 흐름 구성 단계로 넘어갈 것이다. 그리고 완성도 낮은 와이어 프레임과 목업을 만들 것이다. 클라이언트는 이 과정을 서류상으로는 동의하겠지만 매주 만나서는 우리 작업이 충분치 않다고 불평할 터였다. "그래서 디자인은 어디 있는 겁니까?"라고 물을 것이고, 필자는 다시 작업 절차를 설명해주고, 그는 동의하고, 다음으로 넘어가는, 그런 패턴이 머릿속에 그려졌다.

실제로 프로젝트에 착수하고 4주 차에 이르자 클라이언트는 단단히 화가 났다. "한 달간 아무것도 한 게 없네요!"라고 말했다. 필자는 충격받았다. 그는 회의마다 참석했고, 모든 사용자 흐름을 승인했으며 피드백을 줬다. 그런데도 "디자인은 어디 있는 겁니까?"라고 물었다. 그의 관점에서 보자면 앱 디자인을 위해 우리를 고용했는데 우리가 결과물을 주지 않는 모습이었을 것이다. 열띤 논의가 오가던 중 그는 "매주 나는 고위급 분들과 회의를 하는데 보여드릴 게 하나도 없단 말입니다"라고 말했다. 그게 사실은 아니지만(우린 항상 그가 윗선에 보고할 만한 무언가를 제공했다), 그가 스스로 사용자 흐름 같은 부분을 대표해서 보고하는 일에 자신감이 없다는 걸 깨달았다. 우리가 작업한 내용 중 무엇을 대변해야 하는지 그에게 제대로 설명하지 않았던 것이다.

그가 디자인을 진짜로 신경 쓰긴 한 걸까? 신경 쓰긴 했다. 하지만 그가 진짜로 신경 쓰는 건 주간 회의에서 동료나 상사에게 괜찮게 보이는 일이었다. 이걸 깨닫고 나서 우리는 그가 마치 자신이 직접 한 일처럼 자신 있게 발표하도록 매주 발표거리를 제공하는 데 집중했다. 그렇게 하지 않았더라면 아마 우리 프로젝트는 잘릴 위

힘에 처했을 것이다.

이 사례가 보여주듯 여러분이 맡은 역할 중 하나는 이해관계자가 다른 누군가에게 여러분이 한 일을 대신 설명해줄 도구와 관련 용어를 제공하는 일이다. 이해관계자에게 그들이 잘 대변할 수 있다는 자신감을 불어넣어준다면 그들은 여러분의 일을 지지해줄 것이다(이해관계자가 정말 잘 이해했다면 말이다). 그들이 여러분의 작업을 설명하는 데 필요한 도구와 관련 용어를 제공하는 게 여러분의 역할이다.

회의에 앞서 자존심을 점검하자

적절한 마음가짐을 갖기 위해 할 일은 회의실에 들어가기 직전에 여러분의 자존심을 점검하는 것이다. 자신이 생각하는 아이디어나 의욕에서 스스로를 분리해 다른 사람이 하는 제안에도 눈과 귀를 열고, 반대로 그들에게도 설명할 기회를 줘야 한다. 여러분만 좋은 아이디어를 갖고 있는 것도, 최적의 솔루션을 갖고 있는 것도 아니다. 또한 목표를 달성하는 데 한 가지 방법(여러분이 생각한 그 방법)만 있는 것도 아니다. 여러분의 자존심이 이해관계자에게 효과적으로 대응하는 데 방해가 될 수도 있다.

그럼에도 여기서 문제가 생긴다. 우리는 디자인 전문가이다 보니 우리가 최적의 솔루션을 제안해야 한다고 생각하기 쉽다. 이해관계자가 여러분이 지금 다루는 내용을 잘 안다고 믿어주길 바란다. 다른 사람들이 여러분의 전문성과 제안사항을 진지하게 받아들여야 한다고 여긴다. 반면에 여러분의 아이디어가 유일한 방법이라고 믿을 수만은 없다. 즉, 여러분의 아이디어가 **가장 좋다**는 믿음과 그게 **유일한** 아이디어는 아니라는 생각 사이를 미묘하게 줄타기한다. 다른 사람들의 제안사항과 아이디어를 진지하게 받아들이면서도 여러분이 믿음직한 의견을 제시해야 한다. 어려운 일이다.

자존심으로 인한 문제는 스스로 확인하기가 거의 불가능하다는 점이다. 자신이 자기중심적이라는 사실을 깨닫기가 쉽다면 세상만사가 훨씬 단순할 것이다. 자신의 솔루션이 **훨씬 나아서** 다른 사람이 제안한 내용에서는 어떤 가치도 못 찾겠다는 생각이 들 때 가장 주의해야 한다. 건전한 논의 과정에서는 설령 여러분이 동의하지 않더라도 다른 사람이 제시하는 아이디어에서 가치 있는 부분을 발굴할 때도 있다. 하지만 자존심이 여기 개입하게 되면, 어쩌면 발견했을 그 가치를 찾지 못하게 된다. 여러분은 옳고 상대는 틀렸다고 생각할 때 스스로 경계해야 한다. 상대에게 무조건 동의해야 한다는 말이 아니다. 상황을 신중하게 판단해야 한다는 의미다.

자존심 때문에 다른 사람의 아이디어가 지닌 가치를 미처 발견하지 못할 때 우리는 보통 핑계를 찾곤 한다. 예를 들어 "저들이 기술을 이해 못 하네"라거나 "저들이 어차피 우리 타깃 사용자는 아니야", "디자인에 관해 아무것도 모르네"라고 혼자 생각할 수도 있다. 다른 누군가의 아이디어를 이런 식의 선입견으로 치부해서 핑계를 대거나 평가절하해 버린다면 그땐 여러분의 자존심이 문제다. 여러분은 이런 식의 반응을 경계하고 가장 적절한 대답을 하는 방향으로 스스로를 다잡아야 한다. 만약 다른 사람의 제안사항에 동의하지 않는데 그 명분이 '내가 하는 걸 이해 못 해서'라면, 그렇게 독선적인 가정으로는 여러분의 의견을 제대로 변론할 수 없다. 자존심을 배제하고, 의견이나 선입견 대신에 현실과 논리를 기반으로 대답해야 한다.

자존심을 배제하면 덜 방어적인 태세를 취하게 되고 좀 더 적절하게 대응할 자세를 갖출 수 있다. 사실 필자는 여전히 매일 필자의 자존심을 저지하는 데 고군분투한다. 만능 비법이 따로 있는 건 아니고, 계속 의식적으로 노력하고 팀원들이 상기시켜 주기도 한다. 이는 훈련하면서 개선해야 하는 과제이다. 그러므로 회의에 들어가기에 앞서 여러분의 자존심을 스스로 점검하려고 최대한 노력하자. 훨씬 개방적인 자세를 취할 수 있다. 또한 성공적인 프로젝트 추진을 위해 지지를 얻어야 할 사람들에게도 좀 더 잘 대응할 수 있다.

'네'라는 말로 답변을 시작하자

사람들이 서로를 반대편으로 여기면 효과적인 의사소통에 걸림돌이 된다. 디자이너가 아닌 사람들과 디자인을 논의할 때 우리 대 상대편 같은 식의 이분법적 대결구도를 만들기 쉽다. 훌륭한 의사소통자라면 우리 모두 같은 목표를 향해 함께 달려가는 사람들이라는 걸 유념하고 그런 자세를 공고히 다져야 한다.

서로 이렇게 협력하는 분위기를 북돋는 데는 항상 긍정적인 대답, '네Yes'라는 말로 시작하는 게 가장 좋은 방법이다.

이 개념은 필자의 멘토이자 이전에 모시던 상사였던 데이브 퍼거슨Dave Ferguson에서 비롯됐다. 데이브와는 시카고 근교에서 수년간 함께 일했다. 데이브가 리더로 처음 일을 시작했을 때, 사람들은 그에게 실현 가능성이 낮은 아이디어들을 공유했다. 그는 그 아이디어들을 내치기보다는 '네'라고 말하는 쪽을 택했다. 데이브는 사람들이 자기 아이디어가 인정받을 때 좀 더 동기부여되고, 추진할 권한을 갖게 되고, 열정적으로 임한다는 걸 깨달았다. 설령 목표를 달성하지 못하더라도 원천봉쇄하기보다는 일단 추진해볼 권한을 주는 편이 훨씬 좋았다. 데이브는 "우리가 혁신적이고 창의적인 무언가를 만들고자 한다면, '네'라는 말로 대화를 시작해야 한다"라고 말했다.[2] 그는 경영 전문 잡지인 〈패스트 컴퍼니Fast Company〉에 수록된 캐서린 허드슨Katherine Hudson의 '내게 가장 훌륭한 교훈My Greatest Lesson'이라는 글을 참조했다. 이 글에서 캐서린은 "누군가 여러분에게 어떤 과제를 제시한다면, 해내지 못할 거라는 이유를 대려고 하지 말자. 대신 '네!'라고 대답하고 그다음에 어떻게 해결해 나갈지

---

2   Dave Ferguson, Jon Ferguson, Eric Bramlett. (2007). *The Big Idea*. Grand Rapids, MI: Zondervan. 180p.

생각해보자"라고 제안했다. 이것이 바로 '네'라는 말로 시작한다는 개념에 근간이 되는 원칙이다.

이 원칙은 즉흥 코미디에도 적용된다. 즉흥 코미디에서 규칙은 연기자들이 서로 동의해야 한다는 것이다. 다른 연기자가 애드리브로 즉흥 연기를 하면, 상대방은 그에 맞춰야 한다. 상대방이 '아니다'라고 거부하면, 달리 진행시킬 방도 없이 무대가 완전히 망하는 셈이기 때문이다. 이해관계자들과 갖는 회의 역시 즉흥적인 무대와도 같다. 그들이 긍정적인 방향으로 흘러가길 기대한다면, 항상 그들에게 긍정적인 대답, 즉 "네"라고 해야 한다.

'네'라는 긍정 답변

'네'라고 말을 시작하는 건 여러분이 누군가의 아이디어나 요청사항에 '네'라는 말과 함께 긍정적으로 답하는 행동이다. 이는 상대방이 잘못된 게 아니라고 생각하는 마음가짐이기도 하다. 상대방은 여러분만큼이나 좋은 아이디어를 생각해낼 수 있고, 프로젝트를 추진하는 과정에서 가치 있는 일원이기도 하다. 데이브는 이를 '예스 반사작용yes reflex'이라고 부른다.

우리 대부분은 불가능해 보이는 새롭거나 창조적인 아이디어에 일단 부정적으로 대답하는, 일명 '아니요 반사작용no reflex' 행동을 보이곤 한다. 하지만 바꿀 수 있다. 다음번에 누군가 새로운 기회를 제안하면, 일단 첫 번째로 '네'라는 단어를 입 밖으로 꺼내보자. '네'라고 먼저 말하는 마음가짐은 보기엔 불가능한 아이디어도 일단 살려두고 언젠가는 전체 또는 부분적으로라도 실현 가능성을 둘 기회를 준다. [3]

예스 반사작용을 연습하는 목적은 이해관계자가 제시하는 모든 요청사항에 굴복하거나 그들이 원하는 대로 하게 내버려두려는 게 아니다. 누구나, 우리 모두, 같은 목표를 위해 노력하는 같은 팀이라는 사실을 인지하고 최상의 솔루션을 위해 함께 일하도록 해준다. 데이브가 설명한 것처럼 예스 반사작용 자세를 갖춘다면 여러분은 다음과 같이 생각할 시간을 확보할 수 있다.

긍정적인 대답을 반사적으로 하는 일은 실제로 그 의견대로 하라는 게 아니다. '네'라는 대답 때문에 무언가 해야 하기 전에 실제로 그걸 어떻게 이행할지 파악할 시간을 가질 수 있다. 보통 우리는 '네'라고 하고 그 아이디어가 가진 이점과 필요한 책무 같은 부분을 고려해보는 시간을 갖는다. '네'라고 하면서 답변을 시작하면 그 해결책을 찾기 위한 원동력을 마련할 수 있다. 경계를 다 허물어버린 모호한 답변이 아니라, 어떻게 변화를

---

3   상게서

만들어낼 수 있을지 설명할 수 있다. **'아니다'라고 부정적으로 말하는 분위기에서 혁신은 거의 일어나지 않는다…**.[4]

상대방이 제안한 내용에 동의한다면 '네'라고 대답하기 훨씬 수월하다. 예를 들어 "네, 그 아이디어 좋네요. 이 컨트롤 부분이 버튼 대신에 텍스트 링크여야 한다는 점에 완전히 동의해요"라는 대답이 좋다. 아이디어를 제안한 당사자가 직접 그 일을 할 수 있다면 더욱 수월하다. "네, 한번 해봅시다! 추진해보시고, 새 디자인에 반영하게 기록관리documentation 쪽도 업데이트해 주세요. 좋은 아이디어네요!"라고 말하는 것이다.

하지만 동의하지 않는데도 긍정적으로 대답하기는 쉽지 않다. 여러분이 이해관계자가 해결하고자 하는 문제점을 이해한다면, 의견에 반대하는데도 '네'라고 대답하는 게 마치 "네, 이 UI 컨트롤 배치를 재고해야 한다는 의견에 완전히 동의해요"라고 말하는 것처럼 들릴 수 있기 때문이다. 상대방의 솔루션이 옳고 그 방식으로 실행하겠다고 말하라는 게 아니다. 다른 접근법이 문제점을 해결할 수도 있다는 가능성에 착안해서 그 문제점 자체에만 동의하라는 의미다.

긍정적인 대답은 여러분이 이해관계자의 요구를 충족시킬 수

---

4   상계서. 강조 부분은 필자가 선택해 사용함.

없다고 예상할 때 그들이 의사결정에 관여하도록 만드는 효과적인 방법이기도 하다. 이런 상황에서는 보통 직설적으로 '아니오'라고 말하고 싶을 수도 있다. 하지만 우선 '네'라고 말을 시작하고, 이해관계자가 무엇을 얻고 무엇을 잃는지 이해하도록 유도하는 게 더 좋은 방법이다. 예를 들어 상대가 제안하는 변경사항이 주어진 시간이나 예산 그 이상이거나, 모두 동의하더라도 불가능하다고 예상할 때 말이다. 이런 경우, '네'라고 시작하는 대답은 다음과 같이 대화를 이끌 수 있다.

"네, '장바구니에 담기' 인터랙션 부분이 업데이트돼야 한다는 점에는 동의합니다. 다음 주 출시 예정인데, 이걸 반영하려면 새로운 서치 템플릿 시행하려던 걸 연기해야 될 겁니다. 동의하십니까?"

자, 여러분은 답변의 첫발을 잘 내디딘 셈이고 상대방이 긍정적인 방향으로 이 과정에 관여할 기회를 제시했다. 대개 사람들은 여러분이 결정한 내용 전부를 이해하지는 못한다. '네'라고 대답하면서 그들을 의사결정의 일부로 자연스럽게 유도해서 프로젝트 과정에 도움이 되도록 이끌자.

"네, 우리가 작업한 기록관리가 있어야 할 자리에 없다는 점을 지적해주셨는데, 맞습니다. 그걸 고쳐야 합니다. 제가 프로젝트에서 그 부분을 감독하고 기존 문서를 검토하는 걸 도와주실 의향이 있으시다면, 그걸 추진하는 쪽으로 우선순위를 잡을 수 있겠네요."

아무런 책임도 지지 않으면서 아이디어를 내는 일은 흔히 볼 수 있다. 프로젝트에 관여하지 않는 사람들은 제한된 시각으로 이것저것 비판할 것이다. 하지만 솔루션에 일부 관여할 기회를 사람들에게 제공하면 사람들은 여러분을 돕거나 자신의 제안이 다른 사람들에게 어떤 영향을 미치는지 직접 확인할 수 있다.

때로는 더 논의할 필요도 없이 '네'라고 시작하는 행동 자체만으로도 수월하게 프로젝트를 추진하는 데 필요한 신뢰를 얻을 수 있다. 이해관계자들은 그저 여러분이 그들의 시간과 피드백을 중요시한다는 걸 알고 싶어 한다. '네'라고 시작하는 답변은 여러분이 경청하고 있음을 보여주고 상대방이 여러분을 신뢰할 가능성을 열어주는 효과가 있다. '네'는 마치 묘약이나 마법 같은 단어다.

이전에 기업 총수가 참석하는 회의에 들어갔을 때다. 사장은 디자인의 아주 세부적인 부분 하나를 가지고 꼬투리를 잡기 시작했다. 사용자 경험에서 중요한 부분이긴 했지만 사장은 배치, 문구, 색상, 인터랙션에 이르는 너무 구체적인 내용까지 파고들었다. 필자는 그가 우려하는 부분을 흔쾌히 해결하고자 했지만, 그의 피드백은 부적절해 보였다. 사장이 왜 그리도 이렇게 사소한 부분들까지 신경 쓰는가? 이에 대한 답을 찾는 대신 필자는 "네, 이 메뉴 부분 시행을 재고해야 한다고 말씀하신 데 동의합니다"라고 우선 말했다. 그러자 사장은 갑자기 꼬투리 잡는 걸 멈추더니 "좋습니다. 적절한 솔루션을 찾아낼 거라고 믿습니다"라고 말했다.

보다시피 사장은 실제로 디자인에 일일이 관여하고자 했던 게 아니다. 지나고 보니 그는 아마 그저 '말'하고 싶었던 것 같다. 뭔가 발견하고, 제안하려고 말이다. 사장도 세부적인 사항들을 다 끄집어내서 논의하는 게 그가 할 일이 아니라는 사실을 알고 있었다. 즉 처음에는 좀 이상하거나 염려스럽게 보였던 여러 제안사항들이 알고 보니 그저 격의 없이 이야기하는 수준이었던 것이다. 결국 필자가 사장에게 긍정적으로 대답함에 따라, 원하는 솔루션을 우리가 잘 개발할 것이라는 믿음을 주게 됐다. 사장은 우리가 그의 말을 경청하는지, 자신 의견을 고려하는지 알고 싶었던 것이다. 그날 회의 이후, 사장은 우리가 할 일을 알아서 하게 내버려뒀다. '네'라고 시작하는 발언이 이런 결과에 한몫했으며 회의를 잘 마치는 데 도움이 됐다.

행동으로 옮기자

'네'라고 시작하는 대답은 논의에서 바로 적용하기에 가장 간단한 행동 중 하나다. 여러분이 할 일이라고는 단 한 가지, 그저 '네'라고 말하고 발언을 시작하는 것이다.

　이게 좀 어색하다고 말하는 사람도 있다. 무슨 말인지 이해한다. 실제로는 동의하지 않는데 '네'라고 먼저 말해버리는 게 모순 같을 수 있다. 또 듣고 있는 상대방보다 말하는 자신이 더 어색하다고 느끼곤 한다. 하지만 이걸 수년간 행동에 옮겨본 입장으로서는 일단 습관이 되면 생각만큼 어색하지 않다. 익숙해지면 어색함은 줄어들고 좀 더 자연스럽게 느껴질 것이다.

　또 정말 '네'라는 단어를 써야만 하는지, 아니면 다른 긍정적인 반응을 전달하는 단어를 써도 될지 물어보는 경우도 있다. 이때 필자는 '네'라는 바로 그 단어를 쓰라고 조언한다. 여러분이 편하게 말할 수 있거나 가장 적절하다고 생각하는 그 어떤 말을 쓰든, 필자의 경험에 따르면 '네'라는 말이 다른 어떤 방식보다도 효과적이다. '네'라고 꼭 말해야 된다는 것은 아니지만, '네'라고 말한다면 훨씬 효과적으로 소통할 수 있다고 믿는다.

　사람들은 상대가 말하는 걸 반대하는데도 어떻게 '네'라고 말할 수 있는지, 그 요령을 물어보곤 한다. 여기서 한 가지 명확하게 말하자면, '네'로 발언을 시작하는 행동은 실제로는 반대하는데 '네'라고 잘못 말하는 게 아니다. 상대가 여러분의 대답에 동의하도록 유도하는 일종의 심리적인 전략이다.

Q. 변경할 의사가 없는데도 변경하겠다고 '네'라고 해야 하나?

A. 당연히 아니다. 그건 거짓말이다.

Q. 실제로는 동의하지 않는데도 의견이 같다는 식으로 말해야 하나?

A. 아니다. 그건 정직하지 못한 행동이다.

Q. 실제로는 완전 별로라고 생각하는 아이디어를 보고 상대방에게 좋은 아이디어라고 말해야 하는가?

A. 글쎄, 필자의 어머니는 더 좋은 아이디어가 딱히 없을 땐 차라리 아무 말도 안 하는 게 낫다고 말씀하시곤 했다. 필자가 볼 때도 이 경우에 '네'라고 대답을 시작하는 건 그리 바람직한 방법은 아닌 것 같다.

'네'라고 대답을 시작하는 건 반대하는 영역을 다루기 전에 동의하는 영역을 구분 짓는 일과도 같다. 어떻게 목표를 달성할지에 관해 서로 좀 다른 아이디어를 갖고 있을지라도 우리는 같은 팀이고, 같은 방향을 향하고 있다는 메시지를 전하는 것이다. 그리고 이는 상대방의 의견, 관점, 아이디어를 중시한다는 걸 전달하는 데 매우 효과적인 방법이다. 부담은 줄이면서도 '네'라고 시작하는 방법에는 수십 가지가 있다. 다음 예를 참고하자.

- 네, 아주 좋은 포인트를 지적해 주셨네요.

- 네, 의견 공유해주셔서 감사합니다.

- 네, 이 부분을 해결해야 한다는 점에 동의합니다.

- 네, 이 부분을 개선하는 데는 여러 방법이 있습니다.

- 네, 우리는 가장 좋은 방안으로 결정해야 합니다.

- 네, 왜 그렇게 말씀하시는지 알겠습니다.

한 가지 주의사항은 '네'라고 말하면서 동시에 바로 '하지만'이라는 단서를 덧붙이지 말자. "네, 하지만…"이라는 대답은 아니라고 부정하는 또 다른 방식일 뿐이다. 듣는 이 역시 그렇게 느낄 것이다. '하지만'이나 '그러나' 같은 말을 붙이지 않아도 충분히 말할 수 있다. "네, 하지만 저희 팀은 그 부분을 검토했습니다"라고 말하는 대신에 "네, 저희 팀은 그 부분을 검토했습니다"라고 말이다.

이 책에서 제시하는 여러 아이디어 중에서도 사람들에게 긍정적인 피드백을 받은 게 바로 이 부분이었다. 혹여 이 책에서 뭘 얻어 가는 게 딱히 없더라도 '네'라고 발언을 시작하는 것만큼은 기억하자. 위험 부담도 크지 않은 일이니, 한 번 실천해보고 어떤지 직접 확인하자.

'예스 반사작용'에 관해 다음을 유의하자.

- 여러분도 같은 팀이라는 사실을 상기시켜주고 협력을 촉진한다.
- 설령 어떻게 될지 확신이 들지 않더라도 일단 새로운 아이디어에 개방적인 자세를 취하게 된다.
- 적절하게 답변할 시간을 주면서 자유롭게 대화를 나누게 해준다.
- 제약사항, 자원 등을 감안해 아이디어를 고려해볼 기회를 제공한다.
- 이해관계자의 의견을 중요하게 여긴다는 점을 보여주면 신뢰를 얻을 수 있다.

긍정적인 페르소나를 만들자

이해관계자와 좋은 관계를 형성하지 않는다면 함께 일하기 훨씬 어렵다. 회의에 들어갈 때 여러분은 최악의 시나리오를 가정해 보고, 전투에 대비하고, 부정적인 피드백에 방어하려고 경계태세를 갖출지도 모른다. 방어적인 태도를 취하면 그게 여러분의 태도와 답변에 드러날 수도 있다. 그렇게 시간이 지나다 보면 여러분은 양면적이고, 무심하고, 심지어는 같이 일하기 힘든 사람이라는 오명을 얻게 될지도 모른다.

회의할 때 이해관계자가 여러분에게 관심을 갖고 주목하는 긍정적인 인격을 만들어야 한다. 호감이 가고, 다가가기 쉽고, 마음이 가는 사람이 돼야 한다. 이는 여러분이 가진 강점으로 다른 사람을 도와주는 데 흥미를 보여주는 쪽으로 자신을 나타내는 걸 말한다. 이해관계자의 지지를 얻는 데 필수적인 부분이다. 불평불만이 많고 방어적인 사람은 다른 사람의 동의를 얻어내지 못할 것이다. 그보다는 자신감을 갖고 미소 짓고, 진실성 있게 대응하고, 너무 심각하게 받아들이지 않으면서 상대방의 의견과 요구에 맞출 수 있어야 한다.

자만이 아닌 자신감을 가지자

자신의 일을 다른 사람들에게 보여줄 땐 자신감을 갖는 게 중요하다. 스스로에게, 그리고 자신이 작업한 디자인에 자신 있다면 사람들은 여러분을 좀 더 믿어주고, 재량을 펼치도록 용인해줄 것이다. 자신감이 부족하다면 불확실함을 드러내게 되고 여러분이 제시하는 솔루션에 이해관계자들이 의문을 제기하는 결과를 일으킨다. 한 가지 확실히 하자면 자신감은 자만하거나 여러분이 항상 옳다고 고집부리는 게 아니다. 작업한 내용을 말할 때 여러분의 능력이 가치 있다는 사실을 여러분의 말투, 보디랭귀지, 태도에 녹여내는 것이다. 즉, 자신감은 회의실에서 여러분만 유일하게 잘난 사람이 아니라는 걸 인지하면서도 자기 작업에 자신 있어 하는 자세를 의미한다.

자신감을 쌓고 싶다면 자신이 이 일을 맡은 데는 이유가 있다고 생각하자. 여러분의 상세한 포트폴리오, 이력서, 또는 관련 직무 경험 때문일 수도 있다. 이유가 무엇이든 이해관계자들은 이 일을 맡을 사람으로 여러분을 선택했다. 그 사실은 곧 일정 부분 여러분을 향한 신뢰, 그리고 여러분의 결정에 따를 의사가 있음을 시사한다. 그들의 신뢰를 얻기 위해 노력해야 하는 건 맞지만, 여러분은 이미 자신감을 갖고 소통하기에 좋은 위치에 서 있다.

미소는 자신감을 반영하며 소통할 수 있는 간단한 방법이다. 대부분 미소는 대개 행복감을 표현하는 행동이라고 생각하지만, 실은 행복 외에도 많은 감정을 전달한다. 예를 들면 동의, 즐거움, 감사, 유대, 그리고 자신감이다. 미소 지으면 상대방의 말에 공감하고, 상대의 시간과 관심에 감사하고, 난제를 해결할 능력이 있다는 자신감을 보여줄 수 있다. 자신감이 없는 사람들은 대개 웃지 않고, 걱정하거나, 화가 나 있거나, 무관심해 보인다. 자신감을 나타내고 싶다면 최대한 미소 짓는 표정을 보여야 한다. 이해관계자와 회의할 때 좀 어색하게 느껴지더라도 의식적으로 미소 지으려고 노력하자. 미소는 여러분의 자신감을 보여준다.

자연스럽게 행동하자

자연스럽게 행동해야 한다. 가식적으로 행동한다는 인상을 주는 사람을 좋아할 사람은 아무도 없다. 우리는 본연의 모습일 때 최선을 다할 수 있다. 그럴 땐 긴장을 풀고, 자연스럽게 행동하자. 그러면 좀 더 명확하게 사고하게 된다. 디자이너가 회의에서 잘난 척하는 경우가 너무 빈번하게 일어난다. 부정적인 피드백에 관해 스스로를 방어하려고 거드름을 피우기도 하는데, 그런 자세는 역효과만 낼 뿐이다. 그보다는 여러분의 강점을 이점으로 활용하고, 긴장을 풀고, 자연스럽게 행동하자.

　자연스럽게 행동하는 건 다른 사람의 긴장도 풀어준다. 여러분이 자연스럽게 행동하는 걸 보면 상대방은 좀 더 수월하게 여러분을 이해할 수 있다. 자신만의 방식으로 다른 사람들을 설득하자. 모든 사람은 각각 다르기 마련이므로 사람을 대하는 방식 역시 다른 법이다. 여러분은 어떻게 사람들을 미소 짓게 하는가? 필요할 때 어떻게 누군가의 관심을 끄는가? 어떻게 여러분의 배우자의 마음을 얻었고 초등학교 시절 학급 선거에서 당선됐는가? 과거에 크고 작은 성공을 이루고자 활용했던 방식을 활용해 여러분만의 인격, 페르소나를 만들어보자.

　어떤 사람은 유쾌하고 재미있는 사람이고, 어떤 사람은 상대에게 잘 맞춰줘서 상대가 대접받는 듯한 느낌을 받게 하는 데 탁월한 사람이다. 어떤 사람은 경청하고 필요한 후속조치를 취하거나 선물을 주고, 칭찬하고, 중요한 일정을 기억하는 걸 잘하는 편이다. 무엇을 잘하든 여러분에게는 영향을 미치고 싶은 사람에게 선천적인 재능을 활용할 기회가 있다. 상대방이 필요하다고 생각하는 곳에 그 타고난 기질을 활용하는 것보다 좋은 방법은 없다. 여기서 요점은 경직되지 말고, 자연스럽게 행동하자는 것이다. 여러분이 자연스러울수록 이해관계자들도 여러분의 진정성을 알아볼 것이다.

너무 심각하게 생각하지 말자

때때로 우리가 하는 일, 프로젝트, 과업을 너무 심각하게 생각해서 긴장을 풀지 못한 채로 대응을 잘 못 하게 되는 경우가 있다. 예를 들면 가볍게 제안하는 코멘트를 파악하지 못하거나 작은 친절함을 보이지 않으면서 마치 로봇처럼 행동하는 경우가 있다. 우리가 그저 '업무 처리' 모드를 수행하는 기계처럼 임하면, 편협한 비전을 갖고 주어진 과업 자체에만 지나치게 집중할 수도 있다. 우리가 몰두해서 무언가 멋진 걸 만들어낼 때는 그게 괜찮은 방법(그리고 실제로 효과적인 방법)일 수도 있다. 하지만 여러 사람의 지지를 받아야 할 때는 효과적이지 않은 방법이다. 여러분만큼 모두가 여러분의 일을 심각하게 받아들이지 않으니 조금은 긴장을 푸는 법을 터득하자.

또한 친절하고, 경쾌하고, 심지어 재미있는 사람이어야 할 필요도 있다. 간략하게 말하면 호감이 가는 사람이어야 한다. 적절한 유머도 좋은 방법 중 하나다. 유머는 껄끄러운 상황도 무장해제하게끔 만들기도 한다. 웃음은 긴장된 상황을 누그러뜨린다. 사소한 농담이나 경쾌한 말로 어색함을 없애는 것도 모두가 긴장을 풀고 회의에 집중하도록 돕는 좋은 방법이다.

물론 적절한 농담을 던지려면 선을 잘 지켜야 하는데, 이건 한 끗 차이다. 다들 초조해하고 언급하길 꺼리는 문제가 있다면 그걸 놀림감 삼는 게 좋을 수도 있다. 하지만 한 명을 지목해서 농담을 던지는 긴 그게 얼마나 웃기든 회의와 관련이 있든 간에 옳지 않다. 경험상 썰렁한 개그나 시시한 말장난 정도가 안전하고 효과적이었다. 설령 사람들이 "어우"라고 탄식해도 말이다.

필자는 스스로 코미디언이라고 생각하고 싶긴 하지만, 유머 자체를 조언해주는 건 필자가 다룰 수 있는 영역이 아니다. 하지만 적절한 유머를 활용하면 사람들을 웃게 하고, 무장해제하고, 대화를 조금은 즐거운 방식으로 이끌 수 있다는 건 알려줄 수 있다. 모두를 웃게 만든다는 게 요점이 아니다. 여러분이 스스로에게 긍정적인 마음을 갖고 다른 사람들과도 그 태도를 공유하는 게 목표다. 유머는 성공적으로 일을 추진하는 데 다른 사람들의 지지를 받아야 할 때, 여러분이 그들을 너무 심각하게만 대하지 않도록 해주는 훌륭한 방법이다.

여러분을 다른 사람에게 맞춰보자

마지막으로 제시할 기술은 바로 다른 사람들에게 맞춰보는 태도다. 다른 사람의 수요와 여러분 스스로를 맞춰보면 의사소통에 걸림돌이 되는 장애 요소들을 극복할 연결고리를 만들어낼 수 있다.

이에 정반대되는 행동은 자기중심적으로 본인에게만 초점을 두는 태도이다. 여러분이 회의실에 들어가기에 앞서 스스로 돌아보듯, 여러분의 마음가짐을 이해관계자 쪽에 맞춰서 그들이 여러분을 지지해주려면 무엇을 듣고 싶어 하는지 생각해보자. 여러분이 원하는 걸 얻으려고 그들을 이용하려는 이기적인 행동이 아니다. 이해관계자들과 (그리고 여러분이) 일을 성공적으로 추진할 방법을 어떻게 설명할지 진심 어린 자세로 고려해봐야 한다.

필자는 아내를 속상하게 하면, 용서를 받고 아내가 그 일을 잊어버리기까지 시간이 걸린다는 걸 안다. 하지만 그 과정을 조금 단축할 수 있다. 아내가 필자를 결국 용서하리라는 확신이 있으면 화해하기 위해 은근슬쩍 미소를 띠고 다가갈 수 있다. 또는 솔직하게 필자가 의도했던 바와 생각했던 바를 말할 수도 있다. 심각할 필요는 없고 농담을 건네거나 자신을 낮춰서 필자가 우스워 보일만한 개그를 통해 분위기를 좀 누그러뜨릴 수 있다. 이는 아내에게 맞추는 행동이다. 화해하려면 '아내가 나에게서 원하는 게 뭘까?'를 고민해야 한다. 이걸 알아내면 보통 더 빨리 화해할 수 있다.

적절한 마음가짐을 가지려면 다른 사람이 여러분을 어떻게 바라보는지 의식해야 한다. 긍정적인 인격을 갖도록 노력하는 일은 다른 사람의 지지를 받는 데 걸림돌이 되는 장애 요소를 극복한다는 점에서 중요하다. 여러분이 자신감을 갖고 미소를 짓고, 진정성을 갖고 행동하고, 너무 심각하게 행동하지 않고, 이해관계자의 수요와 기대를 맞춰보고자 노력할 때 이해관계자는 여러분과 힘을 모아 최상의 사용자 경험을 창출하기 위해 노력할 것이다.

5   참고로, 설거지를 하면 항상 효과가 좋다.

말할 때 쓰는 용어를 바꾸자

자, 이해관계자로부터 좋은 반응을 이끌어내는 데 초점을 맞춰서 여러분의 마음가짐을 바꿨다면, 이제는 여러분이 해야 할 말과 하면 안 되는 말을 기억하는 게 중요하다. 상대방에게 대답하기 전에 여러분의 말을 바꿔야 한다.

'여러분이 틀렸어요'

"여러분이 틀렸어요"라고 말하지 말자. 그 누구도 자신이 틀렸다고 (설령 틀렸더라도) 듣는 걸 좋아하지 않으며, 상대방을 방어적으로 만들 수도 있다. 기억하자. 여러분이 추구해야 할 방향은 긍정적인 태도를 취하고 '네'라는 단어로 시작하는 것이다. 동의하지 않는다고 직설적으로 말하면 불꽃 튀는 대화의 시발점이 될 수도 있다. 상대방의 의견에 동의하지 않는다면 다른 대안이나 다른 시각으로 바라보는 방식으로 의사소통하는 방법을 찾는 게 좋다. 단호하게 반대하거나 맞다고 생각하는 바를 강력하게 고집해야 할 때도 있겠지만, 보통은 이해관계자와 여러분을 적절하게 맞추는 게 더 좋은 방법이다. 노골적으로 반대하려고 시도하는 건 어렵고 위험을 감수할 만한 가치가 없다.

'디자인 관점에서 보면…'

이런 말로 운을 떼지 말자. '내가 볼 때는'이라는 말의 다른 버전일 뿐이다. 여러분의 관점이 중요한 게 아니라, 사용자의 관점이 중요하다. 게다가 위와 같은 말은 여러분의 디자인 전문성을 무기로 상대를 이기려는 것처럼 들린다. 물론 여러분의 관점이나 시각은 가치 있지만, 굳이 꼭 그걸 짚어줄 필요는 없다. 이해관계자도 여러분의 말이 여러분의 관점이라는 걸 이미 안다. 때로는 "저희가 이런 식으로 한 이유는…"이라는 의미에서 위와 같이 말할 수도 있다. 그런 경우에는 말해도 좋다. 여러분의 관점과 상대방의 관점을 분리하려는 게 아니기 때문이다. 결국 우리는 같은 팀이다. "디자인 관점에서 보면…"이라고 말하는 건 우리가 팀이라는 걸 공고히 하는 데 도움이 되지 않는다. 그러니 이 말은 삼가자.

'마음에 들어요'와 '마음에 안 들어요'

여러분이 무엇을 좋아하고 안 좋아하는지는 말하지 말고, 대신 무엇이 가능하고 불가능한지에 중점을 두자. 여러분이 초점을 둬야 할 관심사는 개발하는 앱의 사용성과 효과성이지 개인적인 선호도가 아니다. 즉, 여러분이 하는 발언에서 '마음에 든다'라는 단어 자체를 배제하자. 혹시 본인이 마음에 든다는 표현을 쓰거나 다른 사람들에게 어떤 게 마음에 드는지 물어본다면 그 행동을 멈추고 고치도록 하자. '마음에 든다'는 표현은 절대 사용하지 말아야 한다고 강조해도 과언이 아니다.

앱에서 구체적인 흐름이나 일반적인 사용성보다 시각적인 디자인 부분을 논의할 때면 이를 실천하기가 더 어려울지도 모른다. 만약 시각적인 디자인 부분을 검토하는 게 회의의 목적이라 해도 여전히 왜 마음에 드는지(혹은 안 드는지)보다는 왜 그 부분이 효과가 있을지(혹은 없을지) 말할 방법을 찾아야 한다. 예를 들어 구체적인 색상이나 스타일은 사용자 경험에 영향을 미칠 수 있으니 시각적인 효과가 브랜딩, 사용자 인식과 감정에 어떤 영향을 미치는지에 초점을 두고 말할 수 있다. 목표는 사용자 경험이 일관성 있고, 친절하고, 기분 좋도록 만드는 것이다. '마음에 든다'라는 문장을 피하려고 노력한다면 좀 더 효과적으로 답변할 수 있다.

과도한 전문용어 사용 줄이기

마지막으로, 특정 분야에서 사용하는 전문용어를 최대한 줄이자. 전문용어보다는 비전문가도 알아들을 수 있는 단어를 사용해서 모두를 이해시키자. UX 디자이너끼리 일하다 보면 그 범주 안에 국한해서 구체적인 절차(예: 애자일, 스크럼scrum, 스프린트sprints), 도구(예: 깃허브GitHub, 스케치Sketch, 액슈어), 요소(예: 아코디언accordi-on, 콜 투 액션CTA, 모달modal) 등 전문용어를 사용하는 데 익숙해질 수 있다. 많은 이해관계자들이 앱-웹 디자인 분야 용어를 이해하지 못하므로 답변하기 전에 한번 생각해보고 명확하게 전달되지 않을 수도 있는 용어들을 정제할 필요가 있다.

4장에서도 다뤘듯 전문용어를 쓰기보다는 이해관계자의 발언을 경청하면서 상대방이 사용한 용어를 활용하자. 상대방이 말한 내용을 반복하고 바꿔 말해보면 명확하게 소통할 수 있을 뿐 아니라 디자인에서 사용하는 용어를 알려줄 수 있다. 상대방에게 낯선 단어들로는 대화를 시작할 수 없다. 여러분이 쓰는 단어를 항상 의식하고 반드시 이해관계자들의 눈높이에 맞는 용어를 쓰도록 하자.

답변을 단계별로 구성하자

적절할 마음가짐을 갖췄으니 이제 답변할 차례다. 다른 사람의 이목을 끌고 그들이 무엇을 기대할지 알려줄 기회가 왔다고 생각해보자. 여러분의 답변을 들은 이해관계자가 가장 좋은 쪽으로 받아들이도록 해야 한다. 이를 위해 사전에 취할 수 있는 방안을 일명 '답변 사전 대응법'이라고 칭하겠다.

어떻게 답변하기로 결심했든 간에, 답변을 간소화하자. 장황하게 도입부를 늘어뜨리는 게 아니라 답변에서 단계를 두고 차례로 넘어가자. 여기서 필자는 일명 3단계, '감사, 반복, 대비' 방법을 추천한다. 세 가지 단계는 각각 간략한 답변으로 구성해도 충분하다.

감사를 표현하자

이해관계자에게 답변할 때 가장 먼저 할 일은 감사 표현이다. 상대방이 말한 내용에서 여러분이 말하고자 하는 바로 전환하기에 가장 정중한 방식이다. 감사 인사는 상대방의 발언을 중요하게 여기고 인정한다고 표현하는 행위다. 이해관계자의 시간과 관심에 우리가 얼마나 감사하는지를 알아봐주길 바라곤 한다. 이해관계자 덕분에 바로 우리가 이 훌륭한 일을 해내는 행운을 거머쥘 수 있었던 것 아닌가! 답변을 시작하는 이 단계에서는 최대한 간략하게 감사를 표하자.

반복하자

다음 단계에서는 이해관계자가 직전에 말한 내용을 요약하자. 노트에 기록한 내용 다 일일이 읊으라는 의미가 아니다. 칭찬하는 식으로 상대가 말한 내용을 간략히 설명하라는 의미다. 자연스럽게 '감사' 단계에서 다음으로 넘어가면서 여러분이 상대방의 발언을 경청했다는 점을 상기시킬 수 있다.

상대방이 마음의 준비를 할 여유를 주자

마지막으로, 이제부터 이해관계자가 준 의견에 답변하겠다고 말하자. 굳이 말할 필요 없을 만큼 당연해 보이지만(그리고 실제로도 당연하지만), 이렇게 논의의 흐름을 전환하는 건 자연스럽게 본론으로 넘어간다는 걸 모두에게 알린다. 불필요해 보일지라도 적절한 분위기를 형성하고 상대방이 들을 준비를 하게끔 만든다.

이해관계자에게 그저 이제 답변하겠다는 말만으로는 충분하지 않다. 답변의 주요 논점을 제시해야 한다. 즉, 이제부터 말하는 내용에서 다룰 내용을 암시하자. 답변한다는 행위 자체뿐 아니라 어떻게, 무엇을 말할지 알려줘야 한다. 미리 언질을 줘서 상대방이 놀라지 않게 하는 단계다. 그러고 나서 본론으로 들어간다.

다음 예시를 참고하자.

- "프로젝트에 관한 의견을 말씀해주셔서 감사합니다. 말씀해주신 부분은 정말 값진 내용들이고, 일련의 과정에서 저희와 함께해주셔서 감사합니다. 그럼 이제 말씀하신 부분으로 돌아가서 하나씩 다시 논의해보고자 하는데, 우선 저희가 이와 같은 결론에 어떻게 도달했는지 이해하실 수 있게 설명해드리겠습니다."
- "피드백 주셔서 감사합니다. 서로 같은 의견을 갖는 게 중요하다 보니 이 과정 전반에 함께해주셔서 감사드립니다. 이제 말씀하신 부분을 전부 하나씩 살펴보고자 합니다. 말씀하신 부분 중, 저희가 이렇게 결정한 근거를 좀 더 세부적으로 알려드리면 좋을 만한 중요한 내용들이 있습니다. 제 설명이 저희가 어떻게 이 문제점에 접근했는지 파악하시는 데 도움이 되리라 생각합니다."

이러한 멘트들은 어느 상황에서든 전반적으로 두루 쓸 법하다. 두 예시는 비슷한 분위기를 만들어내고, 함께 팀으로서 일한다는 동료 의식을 한층 공고하게 다진다. 또 이해관계자는 이제 듣게 될 내용에 관해 마음의 대비를 할 수 있다. 두 예시에서는 우리 아이디어가 고려할 만한 가치가 있다고 말했다. 이런 의사소통 방식이 쓸모없는 허튼짓처럼 보일 수도 있지만, 상대방이 무엇을 생각해봐야 하고 무엇을 생각하게 될지 말해주는 행위는 실제로는 굉장히 효과적이다. 사람들에게 여러분 말에 동의하게 될 거라고 말하자. 설령 동의하지 않는다 해도 괜찮다. 최소한 긍정적인 방향으로 논의의 장을 형성할 수 있다.

여기서 좀 더 구체적으로 피드백을 언급한 다른 예시를 소개한다.

- "기존 앱과 저희 새 디자인 사이의 차이점을 지적해주셔서 감사합니다. 저희가 고려해야 할 몇 가지 중요사항이 있다는 점에 동의합니다. 다만 디자인할 때 상당히 많은 부분을 고려했다는 점도 이해해 주셨으면 합니다. 이제 왜 저희가 그리드 뷰로, 뭘 작업했는지 말씀드리도록 하겠습니다."

- "장바구니에 담기와 결제하기 흐름에서 염려되시는 부분을 공유해주셔서 감사합니다. 저희가 이렇게 작업한 데는 굉장히 구체적인 사유가 있습니다. 말씀하신 부분 하나씩 설명해드리도록 하겠습니다. 저희 프로세스를 이해해주신다면 이 방식이 전환을 높일 것이라는 데 동의해주시리라 생각합니다."

- "홈페이지에 관한 의견 주셔서 감사합니다. 좋은 말씀 많이 주셨는데, 괜찮으시다면 제가 전부 하나씩 다루도록 하겠습니다. 저희가 고려한 레이아웃은 장기적인 비전과 앞으로 예상되는 이니

셔티브와 좀 더 연관이 있습니다. 그래서 이런 식으로 접근했다는 점을 이해해 주시는 게 중요하다고 생각합니다."

여기서는 디자인에 관한 변론만으로는 충분하지 않다. 적절한 사고방식을 갖추고, 긍정적인 자세로, 품위 있게 답변해야 한다.

본격적으로 답변하기 전에 이러한 사전 작업 과정은 효과가 있다. 이해관계자와의 간략한 디자인 논의 치고는 기억하고 챙겨야 할 게 많아 보일지도 모르지만 현실에서는 이 과정이 그리 길지 않다. 매우 순식간에 지나간다. 이렇게 단계별로 답변을 구성하는 방법을 실제 상황에 적용하고 입에 익혀서 자연스럽게 대화를 이끌자.

이 장에서 다룬 내용을 요약하자면 다음과 같다. 적절한 마음가짐을 갖추기 위해 다음 사항을 실천하자.

- 여러분의 역할은 그저 피드백만 받는 게 아니라 디자인 솔루션 논의를 이끄는 일임을 기억하자.
- 결과물을 통제하려는 태도를 버리고 다른 사람들도 프로젝트에 의견을 제시할 수 있도록 해주자.
- 회의에 들어가기 전에 자존심을 다잡고 다른 사람들의 아이디어에도 열린 자세를 갖도록 하자.
- '네'라는 말로 시작해 동의와 협력이라는 분위기를 형성하자.
- 긍정적인 인격을 갖춰서 다른 사람들을 설득하자.

- 사용하는 단어를 바꿔서 서로 의사소통이 잘 되지 않는 상황을 미연에 방지하자.
- 답변을 시작할 때 단계별로 전환하면서 본론으로 들어가자.

이제 여러분은 이해관계자에게 여러분의 관점을 이해시키는 데 가장 좋은 방안을 모색할 수 있을 것이다. 지금까지는 상대방의 지지를 얻는 데 활용할 몇 가지 전략을 다뤘다. 이제 본격적으로 답변을 구성하는 단계로 넘어가자.

6장

답변을 구성하자

이제는 본격적으로 이해관계자에게 답변할 시간이다. 이제까지 다룬 내용들을 전부 모아서 실전에 적용해야 한다. 답변은 곧 회의 목표에 초점을 두면서도 가장 적절한 답변이 되도록 대답을 잘 조합해 낸 결과물이다. 이해관계자들이 지지하고 동의해줘서 다음 단계로 넘어갈 수 있도록 잘 답변해야 한다. 이 목표를 달성하기 위해 여러분의 답변을 몇 가지 핵심 요소들로 나눠보자. 이렇게 나눈 핵심 요소들을 한 답변에 모으면 여러분의 논리를 가장 좋은 방식으로 표현할 수 있다.

다른 사람들과 디자인에 관해 이야기하고 상대방이 받아들이길 바라는 건 마케팅, 광고, 정치, 군사작전 등 다른 분야와 크게 다르지 않다. 듣는 대상이 원하는 행동을 취하길 바란다는 점에서 말이다. 다른 분야에서 활용하는 커뮤니케이션 패턴을 따라 해볼 수 있다. 여느 좋은 커뮤니케이션 전략이 그렇듯 우리는 목표와 그 목표를 달성하기 위한 전략, 그 전략을 이행하는 기술, 그 기술을 반영하는 메시지, 그리고 마지막으로 타깃의 답변을 이끌어내는 접근이 필요하다. 각 요소는 다른 요소에 반영되고 우리가 목표를 성취하는 데 도움이 된다.

이 장과 다음 7, 8장에서는 핵심 요소 각각을 세부적으로 살펴보고자 한다. 우선은 답변 전략을 정의하는 일부터 시작하자. 상대방의 동의를 얻는다는 목표를 달성하기 위해서는 여러분이 무엇을 말하고자 하는지부터 알아야 한다. 그리고 나서 그 답변 전략을 이행하는 데 필요한 네 가지 구체적인 기술을 살펴보자. 이 기술은 디자인 관련 논의에 특화된 내용으로, UX 분야에서 여러분의 일을 적절하게 설명할 수 있는 몇 가지 옵션을 제시한다. 7장에서는 UX 디자인 피드백에서 쓰는 가장 흔한 답변 유형 몇 가지를 살펴본다. 일종의 템플릿으로, 핵심 메시지를 파악하고 답변하는 데 출발점이 된다. 그리고 8장에서는 핵심 요소들을 전부 다루면서 이해관계자에게 직접적으로 동의를 구하는 답변을 구성한다. 필자는 이를 **모범답안**이라고 부르기도 한다. 일반적인 대화에서는 다소 부자연스럽다고 느껴져도 일단 이 본문의 여정을 함께해주면 좋겠다. 현실에서 자연스러운 흐름이 되도록 하려면 우선 각 핵심 요소를 살펴볼 필요가 있다.

거시적인 수준에서 말하자면 좋은 답변을 구성하기 위해서는 다음 사항을 실천해야 한다.

- **답변 전략을 정의하자.** 설득력 있으려면 무엇을 말해야 하는가?
- **전략을 반영하는 기술을 사용하자.** 위 전략을 어떻게 반영할 것인가?
- **일반적이고도 관련 있는 답변을 파악하자.** 지금 맥락에서 핵심 메시지는 무엇인가?
- **일반적인 답변 프레임을 활용하고, 동의를 구하자.** 이해관계자가 다음에는 무엇을 해주길 바라는가?

UX 답변 전략

이해관계자의 지지와 동의를 얻어서 프로젝트를 추진하는 게 목표라는 점을 이미 알고 있다. 말하는 내용마다 이 목표를 고려해야 하며, 목표에 중점을 둔 답변 전략을 세워야 한다. 필자가 1장에서 훌륭한 의사소통자이자 디자이너가 되도록 도와줄 것이라면서 제시한 세 가지 질문을 다시 떠올려보자. 답변 전략을 세우면서 다음 질문에 관한 대답을 생각해보고 이해관계자에게 말할 답변에 활용해야 한다.

- 여러분의 디자인이 어떤 문제점을 해결하는가?
- 여러분의 디자인은 사용자에게 어떤 영향을 미치는가?
- 여러분의 디자인이 왜 다른 대안보다 나은가?

세 가지 질문에 대한 답이 곧 이해관계자에게 말할 답변의 기반이 된다. 여기에 잘 대답할 수 있다면 목표를 이룰 수 있다. 대답을 중심으로 이해관계자들에게 말할 답변 전략을 구성한다면 그야말로 안성맞춤이며, 답변하는 데 활용할 기술을 계획하는 데도 토대가 될 것이다. 세 질문에 대한 답이 어떻게 답변 전략을 수립하는 데 기반이 되는지 하나씩 살펴보자.

한층 더 고귀한 동기에 호소하자

첫 번째 전략은 좀 더 상위의, 즉 더 고귀한 동기를 연결해 어필하기다. 답변할 때 전체적인 비즈니스 목표, 지표, 혹은 해결하고자 하는 문제점에 연결하도록 노력해야 한다. 여기서는 "그게 어떤 문제점을 해결하고자 하는가?"라는 질문의 답이 유용하다. 이는 1936년 출간한 세계적인 명저, 데일 카네기의 『데일 카네기 인간관계론』(현대지성, 2019)에서 효과적인 커뮤니케이션 단계로 소개된 말이다. 필자는 이 원칙이 디자인을 논의하는 자리에서도 효과가 있음에도 디자이너들이 커뮤니케이션에서 종종 놓치는 부분이라고 생각한다. 이해관계자가 가장 신경 쓰는 부분을 파악해서 여러분이 제안하는 사용자 경험에 연계해야 한다.

앱이나 웹사이트는 보통 사전에 합의해 수립한 목표, 지표, 주요성과지표 혹은 기타성과지표가 있기 마련이다. 여러분은 디자인으로 문제점을 해결하는 게 목표이고, 여러분의 디자인에 목표를 반영해야 한다. 1장에서 언급했듯이 시작 단계부터 문제점이 무엇인지 정의해야 한다. 성과를 측정하는 지표는 이해관계자 앞에서 여러분이 한 일을 변론하는 데 중요하다. 목표나 지표 중 아무것도 수립해둔 게 없다면 스스로 적어보고 이해관계자에게 보여주자. 프로젝트를 성공시키려면 목표와 지표 둘 다 필요하다.

이해관계자가 주는 디자인 피드백은 처음부터 이런 목표를 고려하지 않는 경우도 있다. 사람들은 보통 프로젝트 본래 취지는 생각하지 않은 채 한 가지만 보고 반응하곤 한다. 예술이나 디자인 부분은 결국 감성을 이끌어내고, 반응을 얻으려는 의도를 내포한다. 그러므로 이해관계자가 여러분의 작업을 보고 별생각 없이 뱉은 반응이 실패를 뜻하는 건 아니다. 그들은 그저 본래 목표를 생각하지 않고 있을 뿐이다. 프로젝트 목표를 논의의 중심에 놓고, 왜 다들 그 회의에 앉아 있는지 상기시키자. 논의가 앞으로 진전하는 방향으로 이끌어야 한다.

회의 취지에 맞는 대화 비중 늘리기

이전에 '장바구니에 담기 비율 증대'라는 목표로 온라인 상거래 웹사이트 쪽 업무를 맡은 적이 있다. 구체적으로 이를 달성하도록 좋은 인터랙션 방안 몇 가지를 만들었다. 온라인 상거래 분야에서 드러난 로지스틱스 문제점에도 맞춰 디자인했다. 이해관계자들은 사용자 경험을 다른 유명 사이트 몇 곳과 비교하면서 많은 질문을 제기했다. "왜 이 버튼은 이렇게 크죠? 인터랙션이 꼭 이렇게 특정 컨트롤을 사용해야만 했나요? 이 문구가 콜 투 액션에 정말 적합한 게 맞나요?" 등의 질문이었다. 디자인 외적으로 다른 지표 관련 질문들도 쏟아졌다. 예를 들어 "장바구니를 없애버리는 건 어때요? 전반적인 전환은요? 이런 건 상관없나요?" 등이 있다. 이런 논의가 오가면서 필자는 우리 목표를 이해관계자들에게 상기시켰고 이렇게 작업한 사항들이 왜 주요성과지표를 개선하는지 설명했다. 이렇게 사전에 합의된 지표가 없었다면 아마 회의에서 제기되는 의견을 일일이 다루다가 결국 엉망진창이 돼버렸을지도 모른다. 우리는 해결해달라고 요청했던 문제점, 정확히 그 문제점에 초점을 두고 디자인했다.

여러분의 디자인을 정당화하는 행동 이상으로 좀 더 고귀한 동기에 호소하는 방법은 여러분이 회의를 전반적으로 제어하게 해준다. 같은 팀과 했던 또 다른 회의에서는 매장 찾기 기능 가시성, 어떻게 매장 내 재고 확인이 검색 결과에서 나타나는지와 같은 주제로 이야기가 흘러갔다. 물론 전반적인 비즈니스를 생각하면 중요한 내용이지만 그건 장기적인 관점에서 해결해야 할 문제이지, 우리가 맡아서 작업하던 그 단계에서 해결하고자 하는 문제점이 아니었다. 필자는 회의가 삼천포로 빠지게 내버려두기보다는 그 이슈는 잠시 보류했다가 추후 단계에서 다시 다루자고 제안했다. 그제서야 우리는 회의를 원래 궤적에 다시 올려놓을 수 있었다.

보다시피 회의실에서 여러분이 부딪히는 난관이 실제로 늘 여러분이 달성해야 하는 목표에 도움이 되는 건 아니다. 그러니 일단 넘어가고 추후에 재논의를 제안하는 방법도 적절하다. 만약 여러분의 목표는 전환 개선인데 다들 로딩loading 표시가 스피너spinner여야 할지 상태 표시 바status bar여야 할지에 관해서만 얘기한다면 그 대화는 여러분에게 도움이 되는 내용이 아니라는 신호다. 스피너 이야기가 중요할 수도 있다. 하지만 거기에 연연하지 말고 넘어가도록 하자. 여러분의 디자인을 본래 목표, 유스 케이스, 앱 지표 같은 요소에 연결할 수만 있다면 디자인을 변론하는 데 이미 아주 좋은 위치를 점하고 있다.

사용자를 대변하자

두 번째 전략은 명확하게 사용자를 대변하기다. 너무 당연해서 자주 간과하기도 한다. 하지만 답변할 때는 단순한 립 서비스가 아니라 눈에 보이는 실질적인 방식으로 항상 사용자를 대변해야 한다. 그러므로 "여러분의 디자인이 사용자에게 어떤 영향을 미치는가?"라는 질문에 답함으로써 이해관계자가 여러분의 결정을 이해하게 만들어야 한다.

물론 우리는 사용자를 아주 많이 고려한다. 그래서 회의에서 '사용자'라는 지칭을 쓰곤 하는데, 우리의 역할은 그저 디자인 프로세스에서 사용자를 고려한 무언가를 개발하는 것만이 아니다. 실제로 이해관계자 앞에서 사용자들을 대변해야 한다. 회의실에서 우리는 사용자 집단의 대표와도 같다.

여러분의 답변은 곧 사용자에 관해 이미 아는 이야기를 클라이언트가 공감할 수 있도록 전달하는 기회다. 사용자에게 최상의 결정을 내리는 데 필요한 이해관계자의 공감 말이다. 시스템의 기술적인 부분에만 초점을 두기보다는 실제 현실에서 사용자들의 수요를 충족하는 일종의 인간적 관계human connection를 만들어내야 한다.

버튼을 추가하자

오늘날 웹 애플리케이션에서 매우 훌륭한 점은 일일이 새로 고침하거나 다시 로딩할 필요할 없이 페이지를 업데이트한다는 점이다. 필자는 이게 때로는 다른 옵션을 택했을 때 페이지가 변한 것을 확인하고 싶어 하는 사용자들에게는 문제가 될 수도 있다는 사실을 깨달았다. 페이지에서 변한 게 없으면 앱이 작동을 안 한다고 생각하기 때문이다. 우리는 그 앱에 사용자가 직접 선택하거나 해제할 수 있는 필터 세트를 만들었다. 페이지는 로딩 표시를 나타낼 필요도 없이 즉시 업데이트됐는데도 우리가 관찰했던 사용자 일부는 검색 결과가 업데이트됐다는 사실을 인식하지 못했다. 그래서 필자는 필터 패널을 닫는 '완료' 버튼을 하나 추가해서 사용자가 적용이 완료됐다고 인식하게 했다.

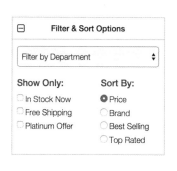 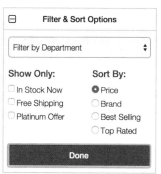

사실 패널을 닫는 기능을 할 뿐이지만, 완료 버튼Done을 추가함으로써 사용자가 스스로 컨트롤하고 있다는 인식을 높이고자 했다.

필자는 이 변경사항을 이해관계자들에게 보여줬을 때, 굳이 필요하지도 않은데 UI에서 자리만 차지하는 듯한 버튼을 왜 추가했는지 설명해야 했다. 이 사례에서 사용자를 대변하는 데 가장 쉬운 방법은 사용자 관찰 결과를 일반적인 용어로 설명하는 것이다.

"저희가 실시한 사용성 조사에서 사용자들은 검색 결과가 자동으로 업데이트된다는 사실을 인지하지 못했습니다. 그래서 검색 완료를 명확히 확인해주는 이 '완료' 버튼을 추가했습니다."

더 좋은 방법은 사용자가 겪는 실제 상황을 스토리(또는 유스케이스)로 설명하는 것이다.

"앱에서 쇼핑할 때 사용자들은 주의가 산만해지기도 하므로, 필터링이 완료됐다고 표시해줄 필요가 있습니다. '완료' 버튼이 이 역할을 수행해 줌으로써 사용자가 스스로 필터를 제어한다는 인식을 갖도록 해줄 수 있습니다."

하지만 이보다도 사용자 수요와 구체적인 경험을 연계하면서 다른 사용자들도 대표할 수 있을 법한 유스 케이스를 말해주는 게 더 나은, 혹은 가장 좋은 방법이다.

"사용자 중에는 자녀와 함께 앱 인 스토어를 사용하던 부모가 있었는데, 업데이트 진행 과정을 확신하지 못하고 불만스러워하면서 여러 차례 계속 탭 했던 사례가 있습니다. 이 '완료' 버튼을 삽입하면 해당 사용자는 좀 더 신속하고 명확하게 검색 결과 제품군을 확인할 것입니다."

1장에서 언급했듯이 사용자 관찰과 사용성 조사 결과는 이해관계자와 효과적으로 의사소통하고 사용자를 변호하는 데 상당히 중요하다. 한 번도 만나보지도, 관찰한 적도 없는 누군가를 대변할 수는 없다. 따라서 실제로 사람들이 여러분의 프로젝트를 어떻게 받아들이는지 파악하기 위해 필요한 무엇이든지 해야 한다. 앱이나 웹사이트 디자인에 의미 있는 부분을 발견하려고 아주 많은 사례를 관찰할 필요는 없다. 사용자를 대변하는 데 이해관계자들과의 회의에서 발견한 통찰을 적용해서 왜 여러분의 디자인이 최상의 사용자 경험 창출에 적합한지 변론할 수 있다.

효과를 보여주자

세 번째 전략은 세 번째 질문, "여러분의 디자인이 왜 다른 대안보다 나은가?"에 답하고 지지를 얻는 것이다. 그러려면 여러분의 답변은 제안하는 솔루션이 이해관계자가 제시하거나 고려할 법한 다른 대안에 비해 어떻게 나은지 보여줘야 한다.

앞서 언급했듯 이 부분이 바로 디자이너들이 디자인을 변론할 때 자주 놓치는 부분이다. 물론 문제점을 해결하고 사용자에게 더 쉽게 만들고자 작업했을 것이다. 하지만 다른 사람들이 왜, 어떻게 그 디자인이 가장 좋은 방안인지 이해하게 만드는 기술은 상대적으로 부족한 편이다. 여러분 디자인에 담긴 가치를 전달하려면 효과를 보여주는 게 중요하다.

여러분의 답변은 그저 왜 여러분의 디자인이 더 나은가만 논하는 게 아니라 시각적으로 왜, 어떻게 그 디자인이 차이를 만들어내는지 보여줄 기회다. 백문이 불여일견이라고 하지 않는가? 답변할 때 구체적으로 각 디자인에 있는 차이점에 초점을 두고 왜 여러분이 선택한 디자인이 가장 나은지, 이해관계자들에게 정확히 왜 그 디자인이 제일 나은지 보여줘야 한다. 차이점을 파악하고 시각화하는 능력은 여러분이 결정한 디자인 내용을 명확하게 설명하는 데 중요한 기술이다.

프로토타이핑을 하자

사용 가능한 수준이 될 때까지 파악하기 어려운 부분 중 하나가 바로 사용자 흐름이다. UX 디자이너들은 벽에 포스트잇을 붙이고, 앱에서 사용자를 유도하는 방식을 논의한다. 또 살을 더 붙여서 정적 목업static mockup을 만드는 데 많은 시간을 쏟는다. 그런데 회의실 벽에 대고 기획했던 것과 실제 여러분의 손에 쥐게 된 것과는 대개 느낌이 아주 달라진다.

이전에 필자가 작업했던 한 모바일 앱은 변수가 많아서 특별 프로모션에 가입하는 사용자 흐름이 매우 복잡했다. 사용자들이 특정 URL을 타고 넘어왔는가, 아니면 이메일을 보고 클릭했는가? 사용자는 유료 구독 회원인가? 사용자는 온라인 계정을 갖고 있나? 로그인된 상태였는가? 이런 일련의 변수들이 어떻게 조합되는지에 따라 사용자는 수십 개의 흐름 패턴으로 다르게 연결됐을 것이다. 초반에는 디자인하는 우리가 봐도 사용자 흐름이 혼란스러웠다. 팀에서 솔루션을 합의하고 난 뒤 필자는 우리가 그 문제를 너무 복잡하게 생각한다는 사실을 깨닫고 좀 더 심플한 접근방식을 제안했다. 하지만 이해관계자들은 과연 심플한 접근 방식이 모든 유스 케이스를 커버할지 확신하지 못했다.

필자는 벽에 포스트잇을 붙여가며 논의하는 대신 프로토타입 모드로 바로 들어가서 앱이 어떻게 작동해야 하는지를 보여주는 프레임별 데모를 간략하게 만들었다. 그 결과, 다들 차이점을 눈으로 확인하자 마치 번뜩 깨달음을 얻은 듯 바로 동의했다. 기존의 사용자 흐름은 우리가 실제 손에 쥐어보니 혼란스럽고 오류가 나기 쉬웠다. 하지만 새로 수정한 흐름은 보다 간결하고 명확했다. 사실 너무 간단해서 이전에는 미처 생각하지 못했다는 게 믿기 어려울 정도였다. 그저 말하는 걸로는 충분하지 않기 때문에 설득력이 강한 주장이라고 해도 이해관계자들에게 확신을 주기 어려웠을지도 모른다. 필자는 실제로 솔루션의 효과를 보여줘야 했다. 명확하게 디자인을 설명하는 데 중요한 전략은 여러분의 디자인을 시각적으로 보여주는 것이다.

기술이 곧 행동이다

답변 전략이 무엇인지 파악했으니, 이제 다음 단계로 넘어가 그 전략을 잘 전달하게 도와줄 기술을 살펴보자. 디자인을 논하는 답변에서 필자는 다음 다섯 가지 기술을 제안한다.

- 비교해서 보여주자.
- 대안을 제시하자.
- 선택권을 주자.
- 다른 사람들도 의견을 달라고 요청하자.
- 결정을 보류하자.

　다섯 가지 기술을 적용하는 데 한 가지 방법만 있는 건 아니다. 상황에 따라 단 하나만 사용할 수도, 전부 다 사용할 수도 있다. 어떤 방식이 여러분의 작업에 가장 적절하고 동의를 얻는 데 도움이 될지는 여러분이 결정해야 한다.

비교해서 보여주자

가장 첫 번째 기술은 비교해서 보여주기로, 여러분이 제안하는 디자인과 이해관계자가 제안하는 변경사항을 하나씩 보여줘서 차이점을 보여주는 것이다. 목표는 직접 시각적으로 보여줌으로써 의심의 여지를 남기지 않고 어떤 접근 방식이 가장 좋은지 나타내는 것이다. 그런데 디자인 관련 회의에서 우리가 사용하는 단어들은 사용자 경험에 미칠 영향을 적절하게 설명해주지 않는 경우가 빈번하다. 디자인 변경사항을 신속하게 적용할 방법을 찾고 두 가지 옵션을 서로 나란히 놓는 것이 방안이 될 수 있다.

필자는 보통 아이디어 두 개 모두 스크린샷을 찍어서 디자인 소프트웨어로 화면 가운데 큰 선으로 구획을 나눈 뒤 양쪽에 스크린샷을 배치한다. 어떤 피드백이 나올지 이미 가늠할 수 있기도 한데, 논의를 위해 디자인 시안 두 개를 모두 준비한다. 이해관계자가 이미 지난번 회의에서 바꿔야 한다고 주장했을 수도 있으므로 차이점을 시각화해서 보여주면서 변론한다. 여러분이 어떤 방식을 택하든, 화면을 바꾸거나 창을 클릭할 필요 없이 한눈에 옵션 두 가지를 비교할 수 있게 보여주자.

모든 옵션을 보여주자

필자가 이전에 맡았던 한 웹사이트는 위, 아래 두 단계로 내비게이션이 나뉜 포맷이었다. 아래쪽에 필터가 모여 있었는데, 그런 방식도 유용하긴 하지만 우리가 설정한 프로젝트 목표에 해당되는 디자인이 아니었다. 그건 그저 "필터 다 배치해서 보여주자!"라고 말해서 나온 결과에 지나지 않았다. 하지만 우리의 디자인 목표 중 하나는 모바일 양식상 수직 브라우저 공간상에 최대한 많은 콘텐츠(이 프로젝트에서는 뉴스 헤드라인이었다) 배치였다. 그래서 우리는 헤드라인이 깔끔하게 잘 보이게 콘텐츠 블록 디자인을 최적화했다. 또 콘텐츠 태그나 기자 이름 등 여러 부분들을 제거했다. 필자는 이렇게 작업하던 중 아랫부분 내비게이션이 공간을 너무 많이 차지한다는 걸 깨닫고는 하나의 수평 메뉴상에 전부 들어가도록 다시 디자인했다. 필터들을 드롭 다운 메뉴로 옮기고 우선 메인 레벨 필터 일부만 보이도록 배치했다.

프로젝트에서 수직 브라우저 공간에 헤드라인을 맞추는 게 중요한 목표였기 때문에 내비게이션이 한 단계에서만 이루어지게 다시 디자인했다.

필자의 클라이언트가 이걸 보고서는 "사용자들이 필터를 바로 보지 못하면 어떤 걸 필터링하는지 어떻게 압니까?"라면서 반대했다. 하지만 필자는 우선순위가 수직 브라우저 공간 내 콘텐츠 배치 극대화라는 걸 알고 있었기에 필터를 어떻게 찾는지에 관해 논쟁하기보다는 차이점을 파악할 수 있게 직접 보여줬다. 디자인 시안 둘 다 스크린샷을 찍어서 한가운데 선 하나 그려놓고 양쪽으로 나란히 배치했다. 그렇게 하니 차이점이 한눈에 들어와서 새 디자인이 앱 프로젝트 목표 중 하나를 달성하는 걸 보여줄 수 있었다. 이 방식은 효과적이었고 시각적으로 더 나은 방식으로 소통함으로써 디자인 내용을 설명하는 데 드는 시간과 에너지를 절약했다.

클라이언트나 이해관계자가 디자인을 수정해야 한다고 제안한다면, 여러분은 최소한 수정하는 시도를 해보고 결과를 보여줘야 한다. 먼저 상대방이 우려하는 부분을 해결하고 더 나은 방식이 무엇인지 보여줘야 한다. 상대방이 제안한 내용 자체만 보여준다면 이해관계자는 여러분이 기존에 제안한 디자인을 참고하지 않고 자신이 제안한 게 올바른 선택이라고 믿을 수도 있다. 즉, 두 디자인 사이의 차이점을 기억하지 못할 수도 있다. 그러나 한 화면에 두 디자인 시안을 나란히 놓고 비교하면 어떤 부분을 수정했는지 확인 가능하고 어느 쪽 디자인이 문제점을 해결하는지가 명확히 보인다.

대안을 제시하자

두 번째 답변에 활용할 기술은 다른 방식으로 상대방의 수요를 충족할 만한 대안을 제공하는 것이다. 3장에서 이해관계자들의 반응을 예상해보고 상황마다 사전에 준비해둔 대안을 활용하는 기술을 이미 살펴봤다. 이제는 실제로 적용해서 문제점을 해결하는 방법에는 여러 가지가 있다는 걸 보여줄 차례다. 비슷한 아이디어가 떠올랐거나, 여러 디자인 아이디어 중 완성하지 않은 것이 있을 수도 있고, 상대방의 제안과 유사하면서도 좀 다를 수도 있다.

이해관계자가 사용자 맥락, 인터페이스 디자인에 충분히 맞춰가면서 제안하는 경우는 드물다. 설령 이해관계자의 제안사항이 아주 훌륭할지라도 비판적으로 생각해보고 그 과정에서 가치를 더해 더 나은 아이디어로 발전시키도록 하자. 이해관계자의 아이디어를 관계없다고 평가절하하거나 여러분의 아이디어가 더 가치 있다고 여기라는 말이 아니다. 이해관계자가 제안하는 의견을 진지하게 고려해보고 여러분의 전문성을 더해서 한 단계 더 진보하는 방향으로 발전시켜야 한다. 디자인 전문가로서 가장 많은 가치를 더할 수 있는 단계다.

이해관계자 다수는 최종 사용자에게 통하는 방식으로 디자인을 수정하자고 제안할 때 적절한 용어를 사용하지 않는 경향이 있다. 필자가 겪은 경험을 바탕으로 말하자면, 사람들이 일반적인 단어를 쓰면서 솔루션을 설명한다면 그들은 가장 좋은 솔루션이 뭔지 잘 모르는 상태에서 필자가 대안을 제시하면 긍정적으로 반응할 여지가 있다는 신호와도 같다. '버튼'이라는 단어를 써서 말하지만 버튼이 복잡한 디자인 문제점을 해결하는 데 적절한 대안인 경우는 거의 없다. 버튼을 추가하는 대신 좀 더 적절한 UI 컨트롤을 선택해보거나, 다른 위치에 배치해보거나, 버튼을 좀 더 희미하게 만들어보자. 이해관계자가 말한 것보다 더 적절한 방식으로 그 제안을 실제 디자인에 반영해보는 방법은 항상 있기 마련이다.

이해관계자: 헤더 부분에 큰 버튼 하나 넣으세요.

디 자 이 너: 네, 무슨 말씀 하시는지 알겠습니다. 저는 풀 사이즈 버튼 대신 텍스트 링크를 사용하고 아이콘을 하나 추가해서 강조해주는 게 좋다고 생각합니다. 풀 사이즈 버튼은 메뉴상 다른 옵션들과 서로 부딪힐 것 같습니다. 텍스트 링크를 쓰면 저희가 다른 데서도 쓰는 유틸리티 링크 와도 일관성을 갖추게 됩니다.

사실 대부분의 이해관계자는 우리가 솔루션을 들고 와서 그들이 생각하는 문제를 해결해줄 능력이 있다고 기대한다. 사실 그들이 우리에게 금전적인 대가를 지불하는 것은 이러한 이유 때문이다. 이해관계자의 피드백을 듣고 다른 방식으로 반영할 때 보복 같은 게 돌아올지 모른다고 두려워하지 말자. 설령 이해관계자가 여러분의 의견을 뒤엎으려고 하더라도, 여러분은 디자인 과정을 보여주고 여러분의 디자인을 고려해야 한다고 유도하고 있다. 품위 있게 대안을 제안한다면 이해관계자는 여러분이 항상 그들의 제품을 가능한 한 최상의 제품으로 만들고자 노력하는, 믿을 만한 파트너라고 신뢰할 것이다.

선택권을 주자

세 번째 기술은 이해관계자들에게 그들이 원하는 것과 그들이 제안하는 것 사이에서 선택의 기회를 제공하기다. 여러분은 이해관계자가 선택한 방향으로 가면 어떤 부분을 잃게 되는지 보여주고 싶을 것이다. 즉, 이해관계자가 감내해야 하는 부분이 무엇인지 보여줘야 한다. 이해관계자가 제안한 내용보다 감내해야 할 부분이 더 중요하다면 이 방법은 상당히 효과적이다.

소비자 행동이라는 측면에서 보면 손실에 관한 두려움은 획득에 관한 기대보다 더 강력하다. 그래서 유효기간이 있는 쿠폰, 얼리버드early-bird 할인, 시간 한정 행사를 하는 것이다. 좋은 기회를 놓칠 수도 있다는 손실에 관한 두려움은 제품이 정말 필요한지 이성적으로 사고하는 것보다 우선적으로 작용한다. 클라이언트에게 서둘러 결정하게 만들기보다는 이런 행동 패턴을 활용해서 전체적인 사용자 경험 측면에서 디자인 우선순위를 깨닫도록 돕는 게 좋다. 그들이 제안한 대로 가면 잃게 되는 것은 무엇인가? 잠재적인 손실이 될 부분을 십분 활용하면 굉장히 효과적일 것이다.

이 기술은 부모가 저녁 식사 때 자녀에게 "이 야채 다 안 먹으면 디저트 안 줄 거야"라고 말하면서 결정을 강요하는 식으로 통제 권한을 쥔다는 게 아니다. 대신, 이해관계자들에게 솔직하게 그들의 제안사항이 주는 시사점을 알려주는 일이다. 결정하는 모든 것이 다른 사항에도 전부 영향을 준다는 걸 알려줄 필요가 있다. 이걸 잘 활용해서 이해관계자들과 의사소통해야 한다.

필자는 이걸 루빅스 큐브Rubik's Cube[1]에 비유하곤 한다. 마치 누군가 회의에 와서는 "이 부분 빨간색이면 좋겠네요. 여러분이 여기를 돌리면 내 쪽이 빨간색이 되겠네요"라고 하는 것 같기 때문이다. 우리는 "네, 빨간색 좋습니다. 저도 이쪽이 빨간색이면 좋겠지만, 이걸 바꾸면 다른 면에도 영향을 미치기 때문에, 제가 이 큐브 전체를 맞춰야 한다는 점을 알아주시면 좋겠습니다"와 같이 대답해야 한다. 대다수의 사람들이 자기 아이디어가 디자인에서 중심을 차지하고 도드라지길 바라다보니 상대방의 제안이 전체적인 사

---

1   옮긴이_ 여러 개의 작은 정육면체가 모여 하나의 큰 정육면체를 구성하는 형태로 여러 방향으로 돌리면서 각 면을 같은 색깔로 맞추는 큐브

용자 경험에는 부정적인 영향을 미칠 수도 있다는 점을 지적할 수 있다.

다음과 같은 답변 예시를 살펴보자.

- **"새로운 콜 투 액션을 추가하면 로그인 양식이 페이지 아래로 더 내려갈 겁니다."** 이해관계자가 로그인 양식을 더 위로 옮겨달라고 명백하게 요청했다면, 콜 투 액션 추가는 정반대의 효과를 가져올 수 있다.

- **"저걸 추가하려면 시간이 좀 걸리기 때문에 만약 추가한다면 대시보드 그래프**dashboard graphs**와 개시할 수 없을 겁니다."** 대시보드 그래프가 이 단계에서 우선순위이고 이해관계자의 제안사항은 상대적으로 덜 중요하다.

- **"메뉴에 새 옵션을 삽입하면 기존 아이템들이 배치된 공간이 줄어들게 됩니다. 환경설정이나 히스토리 중 하나를 삭제해야 합니다."** 새 옵션은 기여하는 바가 적거나 사용자 경험을 방해하는 반면 환경설정과 히스토리는 핵심 요소다.

- **"이 텍스트 링크를 버튼으로 바꾸면 페이지상에서 다른 버튼들과 부딪힐 겁니다. 그런데도 변경한다면 서로 조화를 이루도록 다른 버튼들을 제거하거나 전부 바꿔야 합니다."** 다른 버튼들은 가장 이목을 끌 수 있도록 의도적으로 디자인된 것이며 버튼을 하나 더 추가하면 시각적으로 너무 큰 부담이 될 것이다.

- "메시지를 오른쪽 열로 이동하면 여러 옵션이 딸린 제품들을 지원하지 못하게 됩니다. 이런 제품들을 지원하던 걸 다 없애야 할까요?" 여러 옵션을 선택해야 하는 제품들도 지원해야 하므로 메시지를 옮기는 건 불가능하다.

- "여기에 로고를 삽입하면 사용자 프로필과 관련된 태스크를 수행하는 데 방해가 될 수 있습니다. 로고를 넣어야 한다면 사용자 프로필 태스크 부분 디자인을 더 작고 절묘하게 리팩터링[2] 하는 방향을 제안하고 싶습니다." 사용자 프로필 태스크가 이 뷰에서 핵심인 만큼, 여기에 로고를 넣는 건 사용자 경험에 전혀 득이 되지 않는다.

답변 예시들은 무엇을 얻고 잃게 될지를 강조하고 있다. 이는 이해관계자가 프로젝트의 다른 우선순위들을 감안하면서 자신의 피드백을 바라보고, 결정에 관여하며 적절한 정보를 인식하도록 해준다. 상대방의 결정과 비슷해 보이는 방향으로 변경해서 상대가 동의하게 만들 수 있다면, 그렇게 하자. 반면 변경하면서 무엇을 잃게 될지 생각해 보고, 연결고리를 파악하고, 사용자 경험에 부정적인 영향을 미칠 것이라고 생각한다면 상대방에게도 알려주자.

2   옮긴이_ 현재 앱 구조의 문제점이나 품질 강화 방안을 진단하고 개선하는 작업

다른 사람에게도 의견을 내달라고 요청하자

네 번째 기술은 다른 사람들에게 도움을 부탁하고 결정하는 데 한마디씩 의견을 내달라고 요청하는 것이다. 그동안 여러분이 좋은 관계를 형성하고, 아군이 돼줄 사람들과 네트워크를 형성하고, 회의에 참석해달라고 부탁하는 데 들였던 시간과 에너지를 활용할 시점이다. 회의실에는 여러분에게 동의해줄 다른 사람들이 있고, 여러분은 직접적으로 의견을 말해달라고 부탁하고 싶을 것이다. 합의 분위기를 형성하는 건 여러분이 작업한 디자인을 변론하는 데 힘을 실어주고 이해관계자가 다른 전문가들이 여러분에게 동의한다는 사실을 깨닫게 해준다. 다른 사람들이 여러분에게 동의한다는 걸 보여주면서 이해관계자에게 이 흐름에 합류하라는 메시지를 전할 수 있다.

이런 분위기는 여러분이 디자인을 변론하면서도 굳이 이해관계자 피드백에 동의하지 않는다고 대놓고 말해야 하는 어색한 상황을 겪지 않게끔 해준다. 다른 사람들에게 의견을 달라고 요청하면서 여러분이 짊어진 짐을 조금 내려놓기 때문이기도 하다. 이와 동시에 다른 사람들이 동의해줄 때 상대방이 틀렸다고 완전히 비난하기보다는 긍정적인 분위기를 유지할 수 있다는 이점도 있다. 다른 사람들의 동의를 강조하면서 이해관계자에게 직접적으로 반대해야 하는 상황은 모면할 수 있다.

다른 사람들에게 한마디씩 의견을 달라고 부탁할 때는 항상 직접적으로 요청하고 중립을 유지하는 태도가 중요하다.

직접적으로 요청하자

회의에 참석해 앉아 있는 사람들의 이름을 부르고 어떻게 생각하는지 물어보자. 지목하지 않고 참석자 전체에게 피드백을 달라는 식으로 요청하면 다른 사람의 의견에 반대하는 말을 하는 사람은 거의 없을 것이다. 각 참석자의 의견을 물어보고 싶다면, 예를 들어 "데이비드, 이 부분은 어떻게 생각하세요?"라거나 "이전에 데이비드가 이 부분에 흥미로운 의견이 있었던 걸로 기억합니다. 데이비드, 괜찮으시다면 공유해주시겠어요?"라고 물어보자.

중립을 유지하자

다른 참석자에게 피드백을 요청할 때는 이해관계자의 제안사항에 관한 여러분의 속내를 드러내는 방식을 피하자. 네, 아니오, 같은 단답형 질문보다는 '의견,' '관점,' 또는 '시각'과 같은 단어를 쓰면서 단답형이 아닌 질문을 던지도록 하자. 다른 사람들의 생각이나 반응을 일반적인 방식으로 요청하자. 예를 들어 "데이비드, 수전이 제시한 의견에 동의하십니까?"라는 식으로 대결을 붙이는 대신에 "데이비드, 이 부분에 관해 당신의 의견을 들어보고 싶습니다"라고 말하는 게 좋다.

중간 입장을 유지하자

필자가 맡았던 가장 큰 클라이언트들 중 한 곳에서는 두 개의 UX 팀이 특별 프로젝트에서 처음으로 같이 일하게 된 적이 있다. 두 팀 모두 각자 다른 관점이 있었고, 좀처럼 의견을 굽히지 않았다. 필자는 중간에 끼어서 서로 부딪히는 우선순위를 두고 대화를 이끌어야 했다. 구체적인 색상이나 세부적인 요소 배치 같은 UI 세부사항으로 인해 더욱 합의에 이르기 어렵겠다는 생각이 들었다. 한쪽 팀 리더는 목소리가 더 크고 고집도 더 셌다. 그의 지지를 얻으면 결론에 이르기 더 쉬워 보였다.

초반에 필자는 작업한 디자인을 그에게 말한 적이 있고, 그게 가장 좋은 솔루션이라는 의견에 서로 동의했다. 다른 관계자들과 다 같이 회의할 때, 필자는 그를 지목해서 그의 의견을 공유해달라고 요청했다. 그는 시니어 급이었고 좀 더 자신 의견을 크게 내는 편이었기에 필자가 굳이 대놓고 반대하는 부분들을 세세하게 다룰 필요도 없이 나서서 디자인을 변론해줬다. 그는 필자의 디자인을 적극적으로 옹호했고, 필자는 상대적으로 복잡한 회의 상황에서 한 발자국 거리를 두고 원했던 사용자 경험 방향을 사수했다. 다른 사람에게 의견을 말해달라고 부탁하는 건 최상의 사용자 경험을 위해 지지를 얻기에 훌륭한 방법이다.

결정을 보류하자

앞서 소개한 기술들을 다 활용했는데도 회의에서 대화를 긍정적인 방향으로 이끄는 데 실패했다면, 결정을 잠시 보류하기를 추천한다. 여러분 팀이 사용자 경험에 부정적인 영향을 미칠 수도 있는 결정을 하게 되기 전에 기다리는 쪽을 택하자. 단 몇 시간일 수도, 며칠이 될 수도 있다. 한 발자국 잠시 떨어져서 생각을 정리하고 더 나은 솔루션을 모색하자. 그 당시에는 좋은 아이디어 같아 보여서 성급하게 결정을 내렸는데 나중에 실제로 실행해보면 형편없는 경우가 너무 자주 발생한다. 여러분이 올바른 결정을 내리고 이해관계자가 제안한 솔루션이 적절한지 확인해보기 위해 시간을 잠시 갖고 생각해보겠다고 하면 누구든 수긍할 것이다. 그러니 잠깐의 공백을 요청하자.

우선 '네'라고 운을 떼면서 결정을 잠시 보류하자고 제안하자. 예를 들어 "네, 무슨 말씀이신지 알겠습니다. 저희가 적절한 솔루션을 찾아야 하니 몇 시간 정도 좀 더 고려해보고 오늘이 가기 전에 다시 연락을 드리는 건 어떠신가요?"라는 식으로 이야기해보자. 결정을 잠시 보류한다고 여러분의 업무 추진 과정을 늦추는 건 아니다. 어쨌든 디자인을 다시 검토해보는 건 좋은 일이니 회의하는 순간에도 이해관계자들이 주는 피드백을 취합하고 받아들일 마음의 준비를 해두는 게 좋다. 이 기술을 간과해서 나중에 시간을 낭비하는 불상사가 생기지 않도록 하고, 회의할 때는 여러분의 디자인을 전달하는 데 에너지를 집중하자.

회의 중 휴식

필자가 소규모 팀에서 일할 때였다. 한 명이 제안한 내용이 브레인
스토밍을 불러일으키더니 문제점에서 동떨어지는 방향으로 흘러갔
다. 결국 나중에는 알아보기도 어려울 정도의 솔루션으로 변질되고
말았다. 물론 필자의 개인적인 의견이지만, 대화가 흘러가는 걸 보
고 있자니 여러 사람이 생각을 보태서 흡사 프랑켄슈타인 같은 솔루
션을 만들어갔는데 결코 이상적인 모습이 아니라는 결론에 이르렀
다. 필자가 개입해서 뭔가 조치를 취해야만 했다!

필자는 이렇게 여러 명이 모여서 디자인하는 건 도움이 되지 않
고, 결정을 내려야 한다고 말했다. 계속 토론하느라 모두의 시간을
낭비하기보다는 잠시 회의를 멈추고 다들 자기 자리로 되돌아갔다
오게 하는 쪽을 택했다. 쉬는 동안 필자는 회의실에 남았다. 대여섯
명이 필자의 스크린을 만지면서 어깨너머로 간섭하는 일 없이 혼자
좀 더 유용할 만한 대안 여러 가지를 빠르게 고안해냈다.[3]

시간이 다 됐을 때 필자는 회의 참석자들을 다시 불러서 생각해
낸 옵션들을 보여줬다. 그중 하나가 잘돼서 약간 수정한 뒤 마침내
출시로 이어졌다. 일이 더 잘못 흘러가기 전에 잠시 멈췄던 덕분에

---

3   내 스크린 좀 만지지 마시라!

최종 결과로 더 좋은 제품을 만들어낼 수 있었다. 단 몇 분이라도 결정을 잠시 보류했더니, 회의하면서 제기된 아이디어들을 폄하하지도 않으면서도 사용자에게 최상의 경험을 제공할 솔루션을 생각해볼 시간이 생겼던 것이다. 게다가 필자는 다시 작업하고 논의할 뻔한 상황에서 모두의 시간과 에너지를 구한 셈이다.

그러나 항상 이런 식으로 회의를 멈출 필요는 없다. 여기서 요점은 디자인을 옳은 방향으로 해내려면 그릇된 결정을 해서 막다른 벼랑으로 내몰리는 상황까지 가도록 내버려두기보다는 잠시 시간을 (단 몇 분이라도) 갖는 게 더 낫다는 점이다. 다음 회의까지 결정 보류를 제안해볼수 있는데, 그러면 더 좋은 솔루션을 알아볼 여유가 생긴다. 서두르지 말고, 결정을 잠시 보류하자고 제안하는 걸 절대 두려워하지 말자.

효과적인 의사소통자가 되려면 회의하면서 사람들에게 신속하게 대응하는 법을 배워야 한다. 그 요령을 기르는 유일한 방법은 연습하고, 전략을 세워서 기억하고(앞서 언급한 세 가지 질문에 대한 답), 언급한 기술들을 상황에 적절하게 적용하는 것이다. 이 장에서 다룬 전략들을 반영한 답변은 여러분이 작업한 디자인을 평가하는데 기반이 되므로 굳게 마음먹고 행동으로 실천해야 한다. 연습하면 할수록 더 나아질 것이다.

한 가지 좋은 소식은 잘 세운 전략과 쉽게 적용할 수 있는 기술 외에도 디자인 논의 대다수가 비슷한 테마와 아이디어를 중심으로 돌아간다는 사실이다. 따라서 회의마다 비슷하고 일반적인 답변을 기억해놓았다가 두고두고 써먹을 수 있다. 다음 7장에서는 일종의 템플릿처럼 여러분이 디자인을 정당화하는 데 활용할 수 있는 메시지를 소개한다.

7장

메시지를 선택하자

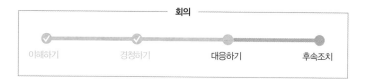

회의

이해하기 — 경청하기 — 대응하기 — 후속조치

이제 답변을 구성하는 단계에 왔으니, 그동안 다룬 내용을 되짚어
보자. 이 책에서 우리의 궁극적인 목표는 이해관계자들의 지지다.
이 목표를 이루기 위해 우리의 디자인이 문제점을 해결하고, 사용
자가 더 쉽게 이용하고, 다른 대안들에 비해 낫다는 사실을 전달해
야 한다. 이전 장에서는 소통할 때 활용해야 할 여러 기술들을 살

퍼봤다. 이제 기술들을 각 맥락에 맞춰 적용할 메시지를 파악해야
한다.

모든 프로젝트가 각기 다르고 클라이언트마다 원하는 것이 다
르지만, 필자는 결정한 디자인을 설명할 때 몇 번이고 계속 쓰는 패
턴이 있다는 걸 깨달았다. 필자가 프로젝트를 설명할 때 같은 부분
을 자주 언급하길래 참고하려고 취합해뒀다. 어떤 건 비슷하거나
서로 연관이 있긴 하지만, 이런 패턴은 디자인을 논의할 때 효과적
인 답변을 만들어내는 데 좋은 기반이 된다.

여러분이 활용할 수 있는 몇 가지 주요 메시지가 있다. 앞서 다
룬 전략과 기술을 유념하면서 여러분의 상황에 가장 잘 적용되는 메
시지를 찾고 특정 상황에 맞춰서 수정하면 된다. 이 장에서는 여러
분이 회의에서 디자인을 설명할 때 일반적으로 활용할 수 있는 방식
들을 소개한다.

순서에 특별한 기준은 없지만 비즈니스, 디자인, 연구, 한계점
이라는 네 가지 카테고리로 구성했다.

비즈니스

여러분의 디자인을 변론할 때 가장 좋은 방법은 디자인과 비즈니스
수요 연결이다. 일반적으로 통용 가능한 세 가지 문구는 다음과 같다.

- '목표를 이루는 데 도움이 된다.'

- '유스 케이스를 용이하게 한다.'
- '브랜딩과 일맥상통한다.'

'목표를 이루는 데 도움이 된다'

이해관계자는 항상 여러분이 제시하는 솔루션을 비즈니스 목표에 연결하는 걸 환영하는 편이다. 이게 바로 여러분의 디자인을 좀 더 상위에 있는 고귀한 동기로 어필하면서 변론하기에 효과적인 방법이다. 보통 디자인으로 해결하고자 하는 문제점이 프로젝트나 비즈니스 목표와 같기 때문에 '어떤 문제점을 해결하는가?'라는 질문에 답할 수 있다. 그 논리가 어디서 나왔든 간에 여러분의 디자인은 기업이 목표를 이루는 데 기여하고자 한다는 점을 항상 강조하자.

어떻게 특정 디자인이 그 목표에 영향을 미칠지를 확실히 알기는 어렵다. 특히 작은 인터랙션 한 부분은 앱 전체 사용에 영향을 미치지 않을지도 모른다. 여기서 중요한 점은 확실하게 아는지 여부가 아니다. 우리가 매번 어떤 것이 목표 달성에 기여하는지 확실히 안다면 사실 만나서 회의할 필요도 없다. 여러분의 디자인이 최소한 가고자 하는 방향으로 향하고 있다고 믿고 자신감을 가져야 한다.

이걸 효과적으로 해내려면 여러분의 솔루션이 어떻게 특정 문제점을 해결할지 잘 연결해서 설명해야 한다. (1장에서 언급했듯) 여러분이 제시하는 솔루션마다 해당되는 문제점을 이미 적어뒀을 것이다. 여러분의 전략 중 하나는 비즈니스 목표라는 좀 더 고귀한 동기에 어필하기임으로 이 부분을 잘 연결해서 명확하게 전달할 수 있어야 한다. 이때 주된 패턴은 '[디자인]은 [이유] 때문에 [목표]에 영향을 미칠 것이다'가 된다. 보다 구체적으로는 다음 예시를 참고하자.

- "사용자가 보다 많은 제품들을 보게 되도록 '관련 아이템'을 제품 설명 위로 옮기면 제품 관여도가 증가할 것입니다."
- "홈 스크린 제일 상단에 '최근 제품'을 놓으면 사용자가 좀 더 쉽게 접근해서 데이터를 최신으로 유지하게 되므로 데이터 품질이 향상될 것입니다."
- "로그인하라는 조건을 없애면 사용자가 회원가입을 건너뛸 수도 있고 로그인을 하지 않더라도 여전히 프로모션을 볼 수 있으므로 중도 포기 abandonment 비율을 감소할 것입니다."

이해관계자가 전부 동의한다는 의미는 아니다. 여러분은 '암호 기억하기'에 토글 스위치 toggle switch 를 사용하면 사용자가 로그인해서 관여를 높일 거라고 생각할 수도 있다. 반면 이미 써봐서 믿을 수 있는 체크 마크 checkmark 가 더 효과적인 솔루션이 될 거라고 생각할지도 모른다. 이런 식으로 말하면 사람들이 자동으로 여러분에게 동의해줄 것이라고 기대하라는 의미가 아니다. 디자인에 계획과 목표를 세우고 이해관계자들과 의사소통해야 한다. 가능한 한 자주 여러분의 디자인 내용을 비즈니스 목표와 목적에 연결해야 한다.

'유스 케이스를 용이하게 한다'

여러분이 하는 모든 일은 특정 유스 케이스, 사용자 스토리, 기능 세트feature set와 관련이 있으므로 위 문구는 어느 디자인에서도 가장 명확하고 일반적인 설명이 돼줄 것이다. 이해관계자는 여러분이 구조를 짜고 결정하는 논리를 형성할 때 어떻게 이런 기술적인 부분을 사용하는지 모를 수도 있다. 여러분의 결정이 어떤 유스 케이스에 도움이 되는지 짚어주면서 이해관계자가 수긍하도록 설명할 수 있다.

우리는 2차secondary 혹은 에지 케이스edge case를 최소한 줄이거나 제한해서 주요 유스 케이스 한 개로 최적화하려고 노력한다. 예를 들어 앱에서 어느 사용자든 계정 정보 유지를 권장하지만 그게 앱의 주목적은 아니다. 큰 범주의 콜 투 액션보다는 드롭 다운 메뉴에 계정 관리 기능을 포함하는 데 영향을 미친다. 이렇게 타당한 이유를 설명하면 이해관계자들에게 각기 다른 수요와 기능에도 불구하고 주요 유스 케이스에 항상 최적화된 상태라는 걸 확실하게 보여줄 수 있다.

유스 케이스를 위해 디자인하는 게 명확해 보이기는 해도 실제로는 단체로 모여서 앱의 주요 사용 특성을 아예 무시해버리는 결정을 내리게 되는 일이 얼마나 잦은지 모른다. 여러분은 이미 여러분의 디자인이 유스 케이스와 관련이 있음을 알고 있다. 혹시 놓친 건 아닌지 다시 한번 점검해보도록 하자. 이런 행동은 결정이 내려진 이후에도 기록돼 있는 유스 케이스와 비교해서 다시 한번 되돌아보 거나 검토하는 데 도움이 된다.

'브랜딩과 일맥상통한다'

필자는 가끔 필자가 작업한 디자인을 오로지 해당 기업의 브랜딩 지 침으로만 정당화한다는 걸 깨달았다. 기업은 만들고자 하는 구체 적인 기업 이미지가 있고 앱은 그 이미지를 잘 반영해야 하므로 디 자인이 그 이미지 그대로인 경우가 있다. 구체적인 인터랙션보다는 색상, 폰트, 용어 사용 쪽에서 그런 경향이 두드러진다. 하지만 직 접 말해서 알려줘야 한다. 브랜드 지침이 규정하는 대로 디자인을 해서 그런 스타일을 택했다면 이해관계자에게 설명하자.

앱 디자인은 기업이 브랜드 정체성을 전달하는 좋은 채널이다. UX 프로세스에 해당하지 않는 부분이기도 하지만 일부 기업에서 는 버튼, 드롭 다운 목록, 체크박스 같은 세부요소들에 적용할 자체 스타일이 없는 경우도 있다. 이때 기업이 여러분이 만든 스타일 지 침을 갖고 브랜딩 규범과 시각적인 정체성을 긍정적으로 발전시키 도록 기여할 수 있다. 보통 마케팅 분야 관계자는 인터페이스 컨트 롤 부분을 고려하지 않는다. 마케팅 측에서 만드는 기준은 대부분 광고나 인쇄물 같은 마케팅 분야의 수요를 바탕으로 한다. 앱 인터페이스를 디자인할 때 기업의 규범을 반영하는 데 어떤 부분에서 고충이 있었는지 알려주면 UX에 중요한 다른 요소들을 다루는 방식으로 논의의 장을 이끌 수 있다. 결과적으로는 더욱 성공적으로 협력하고 보다 포괄적인 브랜딩 가이드를 만들 수 있다. 이해관계자도 좋아할 결과물이다.

디자인

여러분이 왜 그렇게 디자인했는지에는 분명 이유가 있다. 디자인 근거를 설명할 때 필자는 주로 다음 세 가지 메시지를 활용한다.

- '일반적인 패턴을 사용한다.'
- '사용자의 이목을 끈다.'
- '사용자를 위한 흐름을 형성한다.'

'일반적인 패턴을 사용한다'

많은 기업들이 비즈니스 문제점을 해결하기 위해 널리 알려진 기존 패턴에 맞는 디자인 시스템, 패턴 라이브러리, 스타일 지침을 사용한다. 이상적이게도 이런 패턴이나 요소들은 이미 개발과 테스트를 거쳤고 관련 기록도 상당 수준 축적돼 있다.

그 외에도 디자이너들은 새롭게 쓸 만한 디자인 패턴이 있는지 알아보려고 다른 사이트, 앱, 기기를 살펴보기도 한다. 그리고 자연스럽게 타깃과 맥락에 가장 적합한 패턴을 선택한다. 어떤 맥락을 바탕으로 디자인했는지 제대로 파악하기도 어려운 경우에는 사용하는 데 위험이 따를 수 있다. 하지만 널리 알려진 패턴이기 때문에 일부러 그 패턴을 선택했다고 설명하면 여러분의 디자인을 주장하는 데 도움이 된다.

이해관계자들은 UI 디자인에서 말하는 '패턴'이라는 콘셉트를 잘 모를 수 있으니 이 용어를 쓸 때는 이해관계자가 소외됐다고 느끼지 않게끔 주의하자. 사용자 경험에서 일관성이 중요해서 특정 맥락에서 패턴을 변경하면 파급효과처럼 앱에 있는 다른 부분들도 다 수정해야 한다는 걸 이해하게끔 설명하자. 패턴은 한 부분만 개별적으로 분리해서 결정할 수 있는 게 아니다. 패턴을 쓰면 사용자에게도 도움이 되고 개발하는 데도 보통 더 수월하다.

디자인 패턴은 일관성을 부여하고 어떤 인터랙션이 일어날지 사용자가 미리 예상하도록 도와야 한다. 하지만 특정 패턴을 선택하지 않았을 경우의 시나리오를 나타내는 확실한 데이터도 없이 어떤 패턴이 더 효과 있을지 논의하는 건 의미가 없다.

'사용자의 이목을 끈다'

우리가 작업하는 디자인 중에는 그 어느 이유보다도 직감에 이끌려 작업하게 된 부분도 있다. 그리고 달리 설명할 방도가 없을 법한 디자인 상당 부분을 이 사실 자체로 충분히 설명할 수 있다는 걸 알았다. 사용자가 어디를 보는지, 어떻게 (읽지는 않고) 대충 훑어보는지, 어떨 때 한 곳에서 다른 곳으로 이동하는지 등 사용자의 행동을 파고드는 심리학적인 접근도 많다. 그렇게 얻은 지식은 색상, 여백 negative space[1], 밸런스, 타입 사이즈 같은 기술적인 요소를 통해 디자인에 구체적으로 구현하게 된다. 보통 이런 직감에 기반한 아이디어는 상당히 주관적이기도 하고 다른 사람에게 정당화하기 어렵다. 하지만 스크린에서 나타나는 요소들의 전체적인 조합이 사용자를 A지점에서 B지점으로 이동하게 만든다는 걸 설명하기에는 충분하다.

다음 몇 가지 예시를 소개한다.

- "사용자가 헤드라인 먼저 읽고 그다음 액션으로 넘어가게 탭할 수 있도록 헤드라인과 콜 투 액션을 정렬했습니다."
- "컨테이너가 중복되도록 했는데 이는 사용자가 스크롤하면서 컨테이너가 연결돼 있다는 느낌을 갖게 할 수 있습니다."
- "타깃이 주로 페이지를 훑어보는 방식을 따라서 좌측에서 우측, 상단에서 하단으로 요소들을 정렬했습니다."
- "녹색이 추진 또는 성공을 의미하므로 녹색을 사용했으며, 이렇게 대비를 준 부분이 사용자 시선을 끌 것입니다."

---

1   옮긴이_ 둘러싸여서 보이는 선이나 형상을 제외한 여백 또는 빈 공간

이해관계자가 우리가 왜 그런 결정들을 내렸는지 파악하도록 하려면 디자인 요소와 사용자 행위 간의 관계를 이해시키는 일이 중요하다. 미관상 좋아 보이려고 페이지에 이것저것 넣는 게 아니라, 사용자가 적절한 디자인 요소가 배치된 상황에서 앱을 사용하도록 환경을 조성하려는 노력임을 이야기해야 한다. 우리가 내리는 결정은 웹사이트나 앱에서 궁극적인 목표인 사용자 행위를 토대로 한다.

'사용자를 위한 흐름을 형성한다'

우리는 사용자 흐름을 만들어내는 데 많은 시간과 공을 들인다. 한쪽 벽에 포스트잇을 가득 붙여가면서 사용자가 앱을 이용하는 데 가장 좋은 흐름이 무엇인지 찾으려고 노력하느라 며칠, 길게는 몇 주를 보낼 때도 있다. 그렇게 고안해낸 계층구조hierarchy는 디자인에 반영되고 전체 디자인 구조에도 영향을 미친다. 그런데 유스 케이스와 에지 케이스, 그리고 오류를 정의하고 막다른 페이지를 제거했는데 나중에 이해관계자가 이런 흐름에 방해가 되는 수정을 제안해서 다시 드로잉 보드drawing board로 돌아와야 할지도 모른다. 때로는 미처 깨닫지 못한 사이 이런 불상사가 발생하기도 한다. 또 완전히 다른 부분에 영향을 미칠 수도 있는 부분을 수정하게 되기도 한다. 좋은 의도였지만 잘 모르는 이해관계자의 갑작스러운 수정 요구에 여러분도 모르게 기존에 기획한 흐름에서 벗어나버린다. 여러분의 디자인이 사용자 흐름에 영향을 미치는지 세심하게 살펴봐야 한다. 여러분이 왜 그런 결정을 했는지 이해관계자들이 이해도 하지 않은 채 흐름을 망가뜨리지 않도록 하자.

- "결제하기 흐름이 각각의 연속적인 컨트롤이 정확히 같은 곳에 위치해 있어서 사용자가 일직선으로 다음 단계로 넘어가도록 디자인했습니다. 만약에 제안하신 대로 수정한다면 사용자가 다음 단계로 넘어가기보다는 3단계에서 흐름이 흐트러지고 아예 멈추고 다시 뒤로 돌아가야 하는 결과가 될 수도 있습니다."

- "회원가입 흐름은 일단 이메일 주소만 기입하면 되는 걸로 디자인했습니다. 한 번에 모든 필드를 요구하지 않고 사용자가 나중에 개인 계정 정보를 추가하게 해서 중도 포기 비율을 줄일 수 있기 때문입니다. 이 단계에서 필드를 더 추가한다면 인증 관련 규칙으로 과정이 복잡해지고, 입력하다 오류가 생겨서 오류부터 수정해야 된다면 사용자 흐름이 망가질 것입니다."

연구

데이터, 사용자 테스트, 기타 다른 연구 결과를 활용하는 건 여러분의 디자인을 정당화하는 데 가장 설득력 있는 방법이다. 다음 세 가지 일반적인 답변 메시지를 제시하고자 한다.

- '데이터가 이를 입증한다.'

- '테스트 결과에서 이렇게 나타났다.'
- '다른 연구 결과도 이를 뒷받침한다.'

'데이터가 이를 입증한다'

여러분의 디자인을 뒷받침할 데이터를 활용하는 건 곧 이해관계자의 지지를 얻을 절호의 기회다. 여러분의 디자인이 의도하는 효과를 가져온다는 인과성을 가장 과학적인 방식으로 보여줄 수 있기 때문이다. 데이터 활용은 간과하려고 해도 할 수가 없을 정도로 중요하다. 기업들은 충분한 데이터를 보유했음에도 시간이나 기술이 부족해서 그걸 추려내서 의미 있는 결론으로 도출하지 못하는 경우가 매우 많다. 따라서 여러분이 다루는 맥락에 유용한 데이터를 찾아서 디자인 내용을 변론하는 데 활용하자.

필자를 포함해 디자이너들은 대개 퍼센트와 소수점 숫자가 가득한 스프레드시트 문서를 이해하는 데 고충을 겪곤 한다. 바라건대 여러분에게는 그 숫자들에 담긴 의미를 찾아내는 일을 도와줄 누군가가 있을 수도 있고, 입맛에 맞는 형식으로 데이터가 나타난 슬라이드 문서를 찾을 수도 있다. 도움을 줄 수 있는 사람들은 보통 제품 총괄이나 프로젝터 매니저들이다. 하지만 데이터를 샅샅이 검토하고 여러분의 디자인 요소들과 사용자 행동 사이의 연결고리를 찾아내는 일은 자신이 오롯이 해내야 할 가능성이 매우 높다. 쉬운 일은 아니지만, 한 가지 좋은 소식은 분명 큰 보상이 따르는 일이라는 점이다. 데이터는 거의 모든 이에게 확신을 주는 무기다.

이때 활용 가능한 데이터에는 두 가지 유형이 있다. 첫 번째는 기존에 있던 데이터로, 이미 가지고 있고 지금 결정하는 데 활용할 수 있다. 다른 하나는 해석한 데이터로, 디자인을 변경하고 전후를 비교한 뒤 수집하는 데이터다. 첫 번째 데이터의 경우, 데이터를 보고 예측할 수 있다. 여러분의 솔루션이 목표를 달성하게 도와줄지 확신할 수는 없어도 기존의 데이터를 활용해서 최선의 예측을 할 수 있다. 두 번째 유형의 데이터는 가정을 한 이후를 의미한다. 즉, 디자인을 한 번 수정해보고 관련된 데이터 수치가 좋아졌는지 해석할 수 있다. 이런 정보를 확보한다면 무엇이 '옳은'지 훨씬 분명하게 드러난다.

데이터는 이해관계자를 설득하는 데 정말 강력한 아이템이다. 그러므로 옳지 않은 데이터는 옳지 않은 선택으로 이어진다는 점 또한 인식해야 하며, 데이터를 활용할 때 매우 신중해야 한다. 데이터는 보통 사용자가 '무엇'을 했는지 말해주지만 '왜' 그렇게 했는지는 말해주지 않는다. 우리는 무엇을 했는지를 보면서 왜 그렇게 했는지를 추론하고자 노력하는데, 이런 행동은 자연히 가설을 수반한다. 만약 그릇된 가설을 세워서 디자인을 변경하게 되면 문제를 해결하기보다는 더 많은 문제를 만들어내고 말 것이다. 따라서 데이터를 토대로 결정하는 방법은 너무 많은 가설을 세우지 않고, 적절한 맥락에서, 전체적으로 프로젝트를 보고 쓸 때만 진정으로 효과적이라는 점을 유념하자.

필자의 이전 매니저는 데이터 중심적인 사람이었다. 그녀와 필자는 몇 시간 동안이나 여러 디자인 시안을 두고 상의하곤 했는데 어느 한쪽을 뒷받침하는 데이터가 등장하기만 하면 논의가 멈춰버렸다. 필자는 제안서를 뒷받침할 데이터를 갖고 있을 때 그녀가 동의한다는 점을 깨달았다. 설령 직접적인 연관이 없더라도 필자의 주장을 뒷받침할 숫자 데이터를 늘리고 싶은 충동이 들기도 했다. 이게 바로 데이터의 문제점이다. 거의 모든 사람에게 데이터로 확신을 줄 수 있는 반면, 데이터는 쉽게 조작되기도 한다. 여기서 우리의 목표는 단순히 동의를 얻고 우리 하고 싶은 대로 디자인하는 게 아니라는 점을 기억해야 한다. 최상의 사용자 경험을 창출하고 이해관계자가 그 목적을 달성하는 데 기여하는 것이 목표이다. 자신의 주장을 뒷받침하겠다고 제멋대로 데이터를 왜곡하는 행동은 장기적으로 봤을 때 효과적인 방법이 아니다.

이해관계자의 이목을 끌기 위해서는 여러분이 데이터를 활용했다는 사실을 강조하는 문구로 답변을 시작하는 게 중요하다. 예를 들면 다음과 같다.

- "저희가 분석한 결과에 따르면…"
- "저희는 …을 알려주는 데이터를 갖고 있습니다."
- "저희가 이 함수를 추적하고 있고…"

보통은 추가적으로 토론할 필요 없이 데이터가 무엇을 나타내는지 자신감 있게 언급하는 태도만으로도 충분하다.

- "저희 분석에 따르면, 사용자의 64%가 사용자 흐름상 이 지점에서 감소합니다."
- "저희는 연락처를 요구하는 게 전환에 가장 큰 장애물이 된다는 점을 나타내는 데이터를 갖고 있습니다."
- "저희는 이 함수를 추적하고 있으며, 이렇게 수정한 뒤 관여 비율이 급격하게 감소한다는 점을 발견했습니다."

설령 당장 수중에 없더라도 항상 데이터를 공유할 준비가 돼 있어야 한다. 필자는 보통 데이터는 별도의 파일이나 필자가 검토했던 보고서에 그대로 두는 편이지만 이해관계자가 요청하면 공유할 준비를 해놓는다. 보통은 가능만 하다면, 회의 이후 원하면 보내주겠다는 말만으로도 충분하다. 하지만 이해관계자가 바로 이해하도록 회의하는 그 자리에서 바로 간단하게라도 데이터를 시각화해서 보여주는 게 최선의 방법이다. 많은 사람들이 눈으로 보기 때문에 차트, 이미지, 간단한 표를 보여주면 논의하는 사안에 데이터가 중요하다는 걸 이해하는 데 분명 도움이 된다.

시각적인 데이터를 보여주는 건 주장을 펼칠 때 아주 효과적인 방법이다.

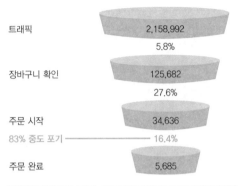

트래픽	2,158,992
	5.8%
장바구니 확인	125,682
	27.6%
주문 시작	34,636
83% 중도 포기 ——— 16.4%
주문 완료	5,685

시각적인 데이터를 보여주는 건 주장을 펼칠 때 아주 효과적인 방법이다.

어떤 유형의 데이터가 이해관계자들과 가장 연관이 있는지 결정해서 데이터상의 측정치를 개선하는 데 여러분의 디자인을 최대한 활용해야 한다. 데이터와 디자인을 빈틈없이 연결하고 올바른 가설을 세운다면 데이터를 활용하는 방법이 매우 설득력 있을 것이다.

'테스트 결과에서 이렇게 나타났다'

우리는 종종 사람들이 우리의 디자인을 사용하는 걸 지켜보고, 그 관찰에서 깨달은 부분이 디자인 결정에 영향을 미치곤 한다. 이런 연구 결과가 디자인 결정에 영향을 미치는 시점을 파악하면 이해관계자와 소통할 때 도움이 된다. 사용성 조사 결과를 잘 접목해서 좋은 디자인을 보여주면, 여러분의 아이디어가 실제로 사람들에게 효과가 있다는 걸 보여줄 수 있으므로 작업한 디자인을 주장할 때 매우 효과적이다. 이 방법은 원 데이터raw data가 제공하는 기계적인 느낌보다는 실질적으로 인간적인 요소를 반영해 스토리를 만들어내는 방법이다. 이해관계자에 따라 사용자의 실제 스토리를 활용하는 게 숫자나 차트보다 훨씬 더 효과적일지도 모른다. 6장에서 사용자를 대변하기 위한 기술을 언급한 바 있는데, 이를 활용하면서 이해관계자에게 사용자들의 스토리를 들려주고 여러분의 디자인에 동의하게 만들자.

여러분의 디자인에 정당성을 부여하려고 사용자 관찰 결과를 활용할 때, 몇 가지 문제점이 있다. 사용자 관찰은 매우 주관적이고 여러분이 기억하는 내용을 바탕으로 하므로 클라이언트와의 회의 용도로 문서화하기가 어렵다. 사용자 관찰 결과를 이해관계자에게 전달할 때 보통 우리는 머릿속에 남아있는 몇 가지 기억을 끄집어내서 말하는 경향이 있다. 예를 들어 "저희가 지난주 사용성 조사를 실시했을 때 사람들이 '네'와 '취소' 버튼 디자인이 너무 비슷해서 헷갈려한다는 사실을 발견했습니다"라고 말할 수 있다. 사용자 관찰 결과를 토대로 설명함에도 불구하고, 머릿속에 기억하는 부분과 조사하고 얻은 결론이 흐릿해질 수 있다. 그럼에도 사용자와 상호작용하고 거기서 얻은 교훈을 디자인에 반영해 개선한다는 걸 나타내기에는 효과적인 방법이다. 이 사실만으로도 이미 충분히 가치가 있다.

사용자 테스트에서 얻은 아이디어를 전달하기에 가장 좋은 방법은 일부 사용자의 말을 인용 문구로 슬라이드에 담거나 테스트 세션 중 발견한 문제점을 영상으로 찍어 보여주는 것이다. 몇 초 정도의 짧은 영상으로 편집하고 사용자 조사에서 가장 관련 있는 내용들만 하이라이트로 묶어두자. 이런 방식은 시간을 절약하고 핵심만 보여주면서도 상대방이 실제 사용자 세션을 직접 볼 기회를 제공한다. 물론 사전 준비가 다소 필요하긴 하지만 이해관계자에게 왜 여러분이 그렇게 디자인했는지 정확하게 보여주는 유일한 방법이다. 누군가 수정을 제안한다면 그 범위에 따라 사용자 인용 문구나 영상이 추가로 필요할 수도 있다. 시간이 있다면 아예 사용자 세션 한두 개 정도는 풀 버전을 보여주는 걸 추천한다. 필자는 심지어 이해관계자가 사용자 세션을 보는 게 처음인 경우도 자주 봤다! 실제 사용자가 앱을 사용하는 모습을 보여주면 이해관계자가 사용자에게 공감할 수 있는 연결고리가 생긴다. 또한 사용자를 위해 앱을 개선해야 한다는 동기를 부여할 수 있다.

새 유스 케이스

"보통 제가 환자 정보를 바로 알지 못하다 보니 여기서 환자 내역을 입력하는 게 어려워요…. 나중에 다시 돌아가서 정정해야 되고 가끔은 까먹게 돼요."

짧은 영상이나 사용자가 언급한 말을 인용하는 건 이해관계자가 실제 사용자를 간접적으로라도 만나볼 수 있는 효과적인 방법이다.

'다른 연구 결과도 이를 뒷받침한다'

디자인을 논의할 때 필자는 다른 연구(보통 외부 연구 데이터)를 자주 인용하는 편이다. 블로그, 책, 팟캐스트를 둘러보는 데 많은 시간을 들이기도 하고, 때로는 제3자 기관의 데이터 자료에 접근하거나 내부 데이터 분석가에게 연락하기도 한다. 보통 이런 정보는 의식하지 못하는 사이에 필자의 사고방식에 영향을 미친다. 매번 새로운 우수사례를 발견하고, 그러면 필자도 모르는 사이에 작업에 반영하게 된다. 심지어는 이해관계자에게 말하고 그 자리에서 필자의 결정 과정을 분석할 때까지 깨닫지 못하는 경우도 빈번하다. 보통 "저는 최근에 …라는 점을 발견했습니다"라고 말하기도 하는데, 그러면 그 데이터 자료로 다시 돌아가서 되짚어봐야 한다.

그래서 필자는 프로젝트 폴더에 유용한 연구 자료를 저장해두거나 공유 문서에 다른 사람들도 볼 수 있게끔 관련 목록을 올려두는 게 습관이 됐다. 필자는 다른 연구 자료를 검색해보고, 나중에 필요하면 살펴볼 수 있게 링크, 인용구, 데이터를 별도 파일에 복사해둔다. 보통 필자가 기록하는 건 타이틀, 저자, URL이고 프로젝트에 관련 있는 부분을 써놓거나 연구 결과를 간략하게 요약해두기도 한다. 이렇게 하면 클라이언트가 요청할 때 참고자료로 신속하게 보내줄 수 있어 다른 연구에 관해 주장을 펼치는 게 훨씬 수월하다.

실제로 사람들이 반대하는 것도 아닌데 증거 삼아 자료를 보여줘야 하는 경우는 드물다. 대부분 이해관계자는 다른 자료에 관한 설명을 곧이곧대로 받아들이고 여러분이 하는 설명을 믿고 넘어간다. 분석 결과를 활용하는 경우처럼, 이는 여러분이 데이터를 부풀리거나 기억을 왜곡하는 위험을 안고 있다. 따라서 확인 가능한 출처가 없다면 다른 연구 결과를 인용하는 걸 추천하지 않는다. 때때로 여러분이 가지고 있던 관점이 어떤 연구나 조사 결과를 기억할 때 강력한 영향을 미치기도 한다.

여러분이 결정한 디자인을 정당화할 때 가능한 모든 참고자료를 갖고 있어야 한다. 좀 더 중요한 이해관계가 달려 있는 경우에는 여러분이 작업한 디자인이 최상의 선택이라고 확신을 주는 데 유일한 방법일 수도 있다. 하지만 만약 이해관계자가 여러분이 준비한 연구 목록에 맞서 의견을 펼칠 준비가 미처 돼 있지 않다면 부당하게 느껴질 수도 있다. 주의하지 않으면 자칫 자료를 무기 삼아 공격하는 것처럼 느껴질 수 있다. 그럴 때는 이해관계자에게 우선 생각해보고 나중에 말할 기회를 주거나, 여러분 자료를 사전에 검토할 수 있게 미리 연구 관련 자료를 보내주거나, 회의할 때 자료를 가져가도록 하자. 여러분 역시 상대방이 각종 자료로 기습공격을 당한다고 느끼게 하고 싶지는 않을 것이다.

햄버거 메뉴 아이콘 제거하기

필자가 이전에 맡았던 모바일 프로젝트에서는 주요 내비게이션에 너무 흔한 '햄버거 메뉴 아이콘'을 사용했다. 다시 디자인하는 동안 필자는 클라이언트가 이 아이콘에 온갖 메뉴를 다 담는 걸 그만두도록 설득하려고 여러 번 시도했다(결국 실패했지만 말이다). 필자는 그 햄버거 아이콘이 '메뉴'라는 이름값을 할 만큼 효과적이지 않다는 점을 보여주는 연구 결과를 토대로 제안했다.

햄버거 메뉴 아이콘

하지만 설명만으로는 설득하는 데 충분하지 않았다. 그래서 필자는 회의를 준비하면서 해당 주제와 관련 있는 자료를 최대한 많이 수집했다(그중 몇 개는 필자의 관점과 상반되는 내용이었다). 그리고 별도의 브라우저 탭으로 분류해뒀다. 해당 안건 아이템 순서가 오면 일단 필자가 제안하는 디자인을 보여주고 탭을 클릭해서 자료를 보여주면서 간단하게 설명했다. 이렇게 하니 클라이언트는 필자의 준비성에 감탄했고 우리는 햄버거 아이콘 변경 방향을 다시 논의할 수 있었다. 그리고 결론을 내리는 데 참고할 수 있게 두 가지 방안으로 A/B 테스트를 만들었다. 연구 자료를 준비하지 않았다면 이렇게 다시 논의하지 못했을 것이다.

여러분의 디자인을 뒷받침하고자 외부 연구 자료를 사용할 때는 다음 사항을 유념하자.

* 나중에 찾을 수 있게 별도의 파일로 연구 자료를 저장해두자.
* 제목, 저자, URL/링크, 날짜를 적어두자.
* 여러분의 프로젝트와 어떤 연관이 있는지 간략하게 요약해두자.
* 이해관계자가 요청하면 보여줄 수 있도록 참고자료 목록을 만들어두자.
* 균형 잡힌 정보를 고루 갖추는 차원에서 다른 관점을 담은 자료도 찾아보자.
* 이해관계자도 생각해보고 대답할 수 있는 기회를 주자.

제약사항

일을 추진하다 보면 결정을 내리고 정당화하는 때도 있고, 제약사항이 있다고 주장해야 할 때도 있다. 여러분의 역량 밖에 있는 변수가 생기기도 하고, 디자인이나 프로그래밍 기준에 맞춰야 하다 보니 항상 클라이언트가 원하는 걸 해줄 수는 없다. 이런 제약사항을 다룰 때 일반적으로 활용할 수 있는 답변 문구로는 다음 세 가지를 들 수 있다.

- '자원이 충분하지 않다.'
- '기술적으로 제약이 있다.'
- '기준에 맞춰야 한다.'

'자원이 충분하지 않다'

디자인 분야에서 유감스러운 현실은 기업이 바라는 바를 대개 앱이나 웹사이트에서 실현해야 하는데, 필요한 자원을 전부 갖고 있지는 않다는 사실이다. 예산이 충분하지 않거나 그 디자인을 구현해낼 인력을 다 갖추고 있지 않은 경우도 있다. 이런 제약사항을 고려하는 건 의사결정 과정에서 중요한 부분이다. 가능하지도 않은 부분에 너무 많은 시간을 할애하는 건 그리 효율적인 방식이 아니기 때문이다. 보통 제약사항이 예산이나 인력 문제이긴 하지만, 다른 분야에 비해 특히 웹/앱 디자인 영역에 영향을 미치는 네 가지를 소개한다.

지원 부족

지지가 충분하지 않거나 인프라가 부족하거나 추가 필요사항을 처리하는 절차가 미흡할 수도 있다. 설령 프로젝트에 착수한다 해도 그걸 추진해나갈 내부적인 지원이 부족하다. 고객 서비스가 추가

요청을 처리할 수 있게 세팅돼 있지 않아서일 수도 있고, 재무부서에서 결제를 시행하지 않거나 품질 보증Quality Assurance, QA 담당 측에서 또 다른 앱을 테스트할 여력이 없을 수도 있다. 조직에서는 여러분이 하고 싶은 걸 추진할 만한 자원을 갖추지 않고 있을 수도 있다. 이런 부분은 디자인 과정에서 고려하고 명확하게 다뤄야 할 부분이다.

인력 부족

시간과 주어진 제약사항을 고려했을 때 실제로 일을 추진할 디자이너나 개발자가 부족한 상황을 의미한다. 아주 단순하게 말하자면, 여러분이 하고 싶은 걸 해내려면 인력도 더 필요한데 그 인력이 없다. 예산 문제가 아니라 채용의 문제일 수 있다. 딱 맞는 역량을 갖춘 인재를 채용하지 못했거나 있어도 빨리 채용하지 못할 수도 있다. 인력 부족이 단기적인 문제처럼 보일 수도 있지만 일단 일을 할 사람이 충분하지 않다는 사실은 디자인 과업 범위를 조정하는 데 정당한 사유로 작용할 수도 있다. 여러분이 맡은 디자인이 현재 및 향후 인력 상황에 어떤 영향을 받게 되는지 항상 고려하도록 하자.

예산 부족

구현해야 하는 서비스나 기술을 추가할 예산이 없는 경우를 의미한다. 지금 가진 예산이 얼마이든 대부분 충분하지 않다. 제품에 추가해서 한 단계 발전시킬 만한 장치나 최근 인기를 얻고 있는 새로운 서비스 같은 건 항상 있기 마련이다. 하지만 예산이 부족하면 재정적 한계에 맞춰서 디자인해야 한다. 여러분의 디자인을 설명할 때 이런 사유를 명확하게 알려야 한다.

시간 부족

주어진 요구사항을 고려하면 디자인을 작업할 시간이 부족한 경우다. 시간이 부족하면 보통 갖고 있던 아이디어를 정해진 기한 내에 해낼 수 있을 정도로 맞춰 줄이게 된다. 즉 아이디어의 실행 수준을 낮추는 행위이며, 이는 매우 중요하게 소통해야 하는 부분이다. 어느 이해관계자든 다들 가장 원대한 최상의 앱을 최대한 빨리 만들어내고 싶어 한다. 그렇다 보니 많은 팀들이 최소 기능 제품으로 시작해서 계속 그 정도 수준에서 반복해 작업하는 경향을 보인다. 이론상으로만 보면 단계마다 적절한 수준으로 작업하므로 이해관계자에게 시간이 부족하다고 말해야 하는 상황이 발생할 일이 없다. 하지만 현실에서는 주어진 일정에 맞추려고 아이디어를 줄이게 된다.

이해관계자에게 위와 같이 자원 문제로 제약이 있다고 말하면 정신을 바짝 차리고 동의해주거나 부적절한 문제점에 분개할지도 모른다. 어느 쪽이든, 여러분에게는 긍정적인 결과를 가져다줄 수 있다. 이해관계자가 현실적인 상황을 파악하고 여러분의 의견에 동의해줄 수 있다. 그러다 보면 여러분이 일을 추진하는 데 필요한 자원을 확보해주려고 하는 수 없이 여러분 대신에 나서게 될 수도 있다. 여기서 관건은 최종 결과물이 아니라 여러분이 처한 현실과 제약사항을 잘 설명하는 능력이다. 항상 한계가 주어진 범위 안에서 디자인해야 한다.

'기술적으로 제약이 있다'

디자이너들은 하늘 아래 무엇이든 만들어낼 수 있다고 생각하고 싶겠지만, 현실에서는 기술적 제약에 부딪힌다. 그러므로 가능한 수준에서 작업하고 그렇게 디자인한 내용을 설명해야 한다. 디자인을 할 때는 이런 기술적 제약을 미처 예상하지 못하고, 이행 단계에 이르러서야 수정해야 하는 상황을 마주하게 된다. 필자가 맡았던 이해관계자는 자신이 기대하는 바가 있었는데, 그걸 실행하려면 일정 부분 희생해야 한다는 걸 깨달았다.

때로는 이런 제약사항이 복잡하지 않고 명확해서 이해관계자의 요구사항을 받아줄 방법이 달리 없을 때도 있다. 앱 디자인에서 흔히 일어나는 대표적인 예는 기기 스크린 사이즈다. 모든 요청사항을 다 받아서 처리해줄 공간이 없다. 이외에 좀 더 기술적인 제약도 있다.

예를 들어 필자는 이전에 모바일 웹 앱을 맡은 적이 있는데 클라이언트는 브라우저로 기기 카메라에 접근할 수 있길 바랐다. 기술적으로 가능하긴 하지만 폭넓은 지지가 있었던 것도 아니고, 작업 범위에서 그걸 배제해버리는 게 더 수월했다. 여러분이 결정하기에는 역량 밖인 기술적 변수도 있을 수 있다. 서버가 처리하지 못할 수도 있고, 넣고 싶은 기술이 저렴하지 않거나 쉽게 포함하기 어려운 기술일 수도 있다. 이런 경우 그 디자인 아이디어가 좋다고 하더라도 뒷받침할 기술이 없다면 그 아이디어는 고려할 수 없다고 설명하는 게 좋다.

물론 간단한 문제는 아니다. 너무 기술적인 영역이어서 디자이너나 개발자가 아닌 사람들을 이해시킨다는 게 제일 어려운 일이 될 수도 있다. 이해관계자는 이런 제약사항을 좋아하지 않고 (혹은 이해하지 못하고) 경쟁 기업 쪽에서는 해내는 걸 여러분은 못해내는 것 같아 실망할지도 모른다. 임원 중 누군가는 여러분에게 다른 누군가는 할 수 있다는 걸 보여주려는 듯 어딘가 전화를 걸어서는 "우리는 왜 그렇게 못하죠?"라고 물어볼지도 모른다. 하지만 발생하는 제약사항은 현실이고, 이해관계자에게 이 현실을 알려줘서 결정할 때 고려하도록 만들어야 한다.

'기준에 맞춰야 한다'

때로는 이해관계자가 여러분에게 바라는 부분이 여러분이 세워둔 기술적 기준이나 사회적 기준에 반하는 경우도 일어난다. 해당 앱이 모든 브라우저, 기기, 사용자에게 작동하길 바라므로 개발하는 측면에서 일정 부분 정해진 '룰(기준)'을 따라야 한다. 그렇다 보니 이런 기준에 디자인을 맞춰서 수정해야 하는 상황도 생긴다.

한 예로 접근성accessibility을 언급할 수 있다. 우리가 보통 따라야 하는 기준은 누구나 사용할 수 있는 앱을 개발할 때 선택하는 컨트롤 종류나 인터랙션이 일어나는 방식 같은 부분을 결정할 때 영향을 미친다. 보통 처음에는 한계를 두지 않고 디자인을 시작하지만 모든 사람에게 앱이 작동하길 바라다 보니 이행 단계를 거치면서 점점 가능한 영역에 디자인을 맞추게 된다. 오늘날 거의 모든 것이 기술적으로 가능하긴 하지만, 그렇게 모든 기술을 갖다 쓰는 게 항상 바람직한 것도 아니므로 (혹은 그렇게 하는 데 너무 많은 시간이 걸릴지도 모르고) 이런 기술적인 요구사항을 신경 쓰면서 적절한 수준에서 이해관계자의 기대치를 조절해야 한다.

또한 기본 HTML 컨트롤 유형을 흔한 사례로 들 수 있다. 이해관계자는 맞춤형 데이트 피커custom date picker를 원하는데, 그걸 개발하고 유지하는 건 영역 밖의 문제일 수 있다. "알아서 해결하라"라고 하는 게 항상 바람직한 결정은 아니므로 왜 표준 컨트롤을 쓰는 게 사용자뿐만 아니라 기업의 순이익에도 더 나은지 설명하는 게 좋다. 때로는 인터랙션이 많은 페이지 부분에서는 다 처리하려면 프로그래밍 기술이 필요하다. 이런 경우 만약 여러 기기나 브라우저에서 작동하는 앱을 개발하는 것이 목표라면 너무 복잡하게 만들지 않아야 할 것이다. 이렇듯 우리는 앱에 반영한 기준들이 앱 개발 과정, 장기적인 휴대성 및 접근성에 이롭다는 걸 보여주고자 한다. 따라서 이런 기준 사항은 디자인을 결정할 때 영향을 미친다.

웹 vs 네이티브 앱

비영리 기관의 웹 기반 모바일 앱 컨설팅을 맡았을 때였다. 각 주요 모바일 브라우저에서 앱이 작동하긴 했지만 클라이언트는 좀 더 원래 모바일 앱처럼 작동하길 바랐다. 그래서 그 팀에서는 인터랙션과 패턴을 디자인했는데, 그 디자인은 네이티브 모바일 앱에는 맞지만 네이티브 브라우저 기능에 중복되고 일부 웹 기준을 벗어날지 모를 스타일이었다. 이는 이행상의 기술 문제를 드러냈을 뿐 아니라 인터랙션상의 혼선도 초래했다. 예를 들어 상하 스크롤 작동이 제대로 안 되고 브라우저 사용자가 좌우로 넘기는 방식으로만 웹사이트를 이동할 수 있는 문제 말이다. 첫 번째 이행 단계에서 클라이언트 측에서는 맞춤형 행동 부분을 전부 보류하고, 이미 검증돼 믿을 수 있는 HTML과 자바스크립트를 유지하기로 했다.

자, 이제 프로젝트는 달라도 보통 디자인 논의가 어떤 비슷한 논리와 설명으로 흘러가는지 어느 정도 눈에 보일 것이다. 의사소통을 하는 디자이너로서, 답변할 때 밑거름으로 활용할 일반적인 문구들을 목록으로 만들어두면 한결 수월해진다. 이걸 템플릿으로 활용하면 어느 맥락에서든 답변을 구성하는 데 도움이 된다.

이 장에서는 이해관계자의 지지를 얻는 데 초점을 두고 행동을 취할 수 있는 전략과 그 전략을 자주 활용할 수 있는 메시지를 다뤘다. 이제 다음 단계는 모든 걸 다 취합해서 목표를 달성하기 위한 하나의 공식으로 연결할 차례다. 합의에 이를 수 있도록 여러분의 디자인을 명확하고 효과적으로 설명하기까지 이제 딱 한 단계 남았다. 이제 이상적인 답변을 만들어보자.

8장

동의를 이끌어내자

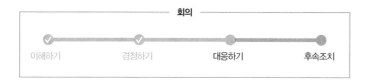

이제까지 답변을 구성하는 데 유용한 여러 기술과 디자인 피드백에 대응할 때 가장 일반적으로 통용될 법한 방식을 살펴봤다. 이걸 다 합쳐서 성공적인 답변 공식을 만들어낼 수 있다.

이해관계자에게 확신을 주려면 디자인 피드백에 답변할 때 많은 부분을 고려해야 한다. 필자는 UX를 논의할 때 이해관계자 앞에서 주장을 펼치는 데 도움이 될 만한 다섯 가지 원칙을 세워뒀는데, 각 원칙의 앞 글자만 따서 일명 'IDEAL 답변 공식'이라고 부르겠다.

Identify: 문제점을 정의하자

이해관계자는 여러분이 다루고 있는 문제점에 초점을 둬야 한다. 그렇지 않으면 대화가 순식간에 의도와는 다른 방향으로 흘러갈 수도 있다. 모두 동의하도록 만들려면 여러분의 디자인이 어떤 문제점을 다루고 있는지 간략하게라도 설명하자.

Describe: 솔루션을 설명하자

해결하고자 하는 문제점과 여러분의 디자인을 연결하자. 작업한 부분과 문제점을 해결하는 방식을 명확하게 연결하자. 솔루션을 명확하게 제시하지 않으면 쓸모없고 효과 없는 디자인일 뿐이다.

Empathize: 사용자에게 공감하자

이해관계자들은 여러분이 작업한 제품을 사용할 사용자를 간과하곤 한다. 여러분이 사용자를 대변해야 하므로 책임감을 갖고 노력해야 한다. 디자인의 중심에는 사용자가 있다는 점을 상기시켜 주면서 여러분의 솔루션이 사용자를 위해 어떻게 문제점을 해결하는지 설명하자.

Appeal: 비즈니스에 어필하자

문제 해결만으로는 충분하지 않다. 비즈니스나 조직이 성장하는 데 기여하겠다는 동기도 필요하다. 그러므로 여러분의 디자인이 비즈니스 목표, 수치, 주요 성과지표에 어떤 영향을 미치는지 설명해야 한다. 비즈니스와 여러분의 디자인을 연결해 그 가치를 보여주자.

Lock: 동의를 이끌어내자

명확하게 주장을 펼친 다음에는 직접적으로 이해관계자에게 동의를 구하자. 결론 없이 모호하게 회의를 마치고 싶지는 않을 것이다. 그러니 "동의하십니까?"라고 직접적으로 질문하자. 이해관계자가 여러분의 질문에 대답해야 하는 상황으로 유도하고, 궁극적으로는 프로젝트를 진전시키도록 만들자.

아이디어에서 이상적인 답변으로

프로젝트를 진전시킬 수 있도록 이해관계자의 동의를 구하는 건 이 책의 전체적인 목표이기도 하다. 서로 동의하지 않으면 이해관계자에게 말하는 모든 것이 한낱 아이디어에 불과하다. 멋진 프레젠테이션을 하고, 소통하고, 자신감을 가지고 회의실을 뜰 수 있다. 하지만 그 팀에 속한 모두가 지지하지 않으면 여러분의 프로젝트는 성공할 수 없다. 동의를 해줘야 비로소 아이디어를 이상적인 무언가로 실현할 수 있으므로 이해관계자의 동의를 이끌어내는 게 중요하다.

이 책에서 우리는 이해관계자의 지지를 얻는 방법과 솔루션에 관한 동의를 얻는 방법을 상세하게 살펴봤다. 어떤 솔루션 자체를 두고 관계자 전원으로부터 동의를 얻지는 못한다고 해도 여러분이 제안하는 솔루션 방향으로 추진해봐도 좋겠다는 지지를 얻을 수는 있다. 일단 여러분이 솔루션을 추진하는 데 동의한다면 세부사항에 동의하는지 여부는 그리 중요하지 않다.

직접적으로 물어보자

동의를 구하려면 직접적으로 이해관계자에게 의사를 물어봐야 한다. 가장 간단하게는 "동의하십니까?"라는 질문이다. 상대방이 다음 단계로 넘어가기 전에 자신이 답변해줘야 한다고 느끼게끔 만들자. 구체적인 답변(동의)을 구하고 있다는 점을 명확히 해야 한다.

이제 다음으로 넘어가야 된다는 분위기가 형성되지 않으면 그전에 논의하는 디자인 내용은 그저 격의 없이 공유하는 아이디어 수준에 머물기 쉽다. 하지만 아직 동의를 얻지 못했다면 논의의 흐름이 다음 주제로 넘어가게 놔두지 말자. "다음 아이템으로 넘어가기 전에 여쭙고 싶은데, 이 아이템은 추진하는 걸로 다들 동의하시는 건가요?"라고 물어보자. 누군가는 회의 이후 잊어버릴 수도 있기 때문에 다음 회의에서 또 토론하지 않으려면 이렇게 구두로 받는 확답이 중요하다.

이점이나 위험요소를 강조하자

직접적인 질문 외에도 이해관계자가 여러분이 원하는 대답을 말하도록 유도하는 질문을 하자. 즉 여러분이 보기에 적절한 선택을 질문으로 변환해서 이해관계자가 하는 수 없이 동의하는 대답을 하게끔 만들자는 의미다. 반대할 때 있을 법한 부정적 영향이나 동의할 때 기대할 수 있는 긍정적인 이점을 강조하면서 질문할 수 있다. 예를 들어 "이쪽 필드들을 삭제해서 전환 부분을 개선해야 한다는 데 동의하십니까?"라고 질문할 수 있다. 이런 경우 여러분의 솔루션이 전환을 개선한다는 점을 강조하는 동시에 상대방에게도 다시 한번 상기시킬 수 있다.

대답하게끔 만들자

마지막으로, 이해관계자에게 동의하는지 직접적으로 묻는 행동은 이해관계자 역시 직접적으로 답변하게 만든다. 때로는 이해관계자가 솔직하게 말하지 않으면 목표 달성을 위해 정확히 뭘 해주길 바라는지 명확하게 말하게끔 만들어야 한다. 만약 상대방이 반대한다면 그 이유를 알아야 하고, 이견이 없도록 해야 한다. 직접적이면서 사용자 경험에 미치는 영향을 강조하는 식으로 질문할 때 이해관계자는 자신의 입장을 분명하게 전달할 대답을 할 수밖에 없다. 이해관계자가 확신이 없으면 여러분이 다음 단계로 넘어가는 걸 동의해줄 수도 있다. 그렇지 않다면 계속 토론하면서 모두의 수요를 충족할 수 있는 적절한 솔루션으로 진전시킬 수 있다. 어느 쪽이든 여러분은 상대방에게 확실한 대답을 들을 수 있다.

다섯 가지 원칙을 여러분의 답변에 적용하자

지금까지 소개한 모든 내용을 적용해서 하나의 논리 정연한 답변을 만들어낼 차례다. 즉, 여러분의 답변은 다음 사항들을 포함해야 한다.

- '감사, 반복, 준비' 패턴을 활용해 단계별로 자연스럽게 답변한다.
- 스스로 생각해봐야 할 세 가지 질문에 답하고, 그 대답을 이해관계자에게 제시할 답변에 반영한다.
- 주장을 펼칠 때 필요한 소통의 기술을 활용한다.
- 디자인을 논의할 때 두루 적용할 수 있는 답변 문구를 활용한다.
- 이해관계자의 동의를 얻고 계속 추진하기 위한 지지를 얻을 수 있도록 IDEAL 답변 원칙을 적용한다.

몇 가지 사례를 소개한다. 다섯 가지 IDEAL 답변 원칙을 적용해서 이해관계자의 피드백에 답변하는 예시를 보여줄 것이다. 일반적인 상황과 답변을 보여주면서 어떻게 이해관계자에게 여러분이 결정한 디자인 내용을 명확하게 설명할 수 있는지 보여주고자 한다. 이제부터 소개하는 사례는 필자가 이해관계자와 실제로 겪은 이야기일 수도, 허구로 만들어낸 것일 수도 있다. 실제 현실에서 이런 시나리오가 일어나는지 확답을 해줄 수도, 부정할 수도 없다! 등장하는 디자인 패턴이나 UI 컨트롤 관련 이름은 정보보호 차원에서 변경한 이름임을 밝혀둔다.

너무 복잡해지지 않도록 예시에서 제품이나 대화의 세부적인 맥락 부분까지 묘사하는 건 지양했다. 이제 소개하는 예시들은 예시 자체만 읽어봐도 내용을 파악할 수 있을 만큼 일반적인 내용이다. 각 사례에 나오는 세세한 피드백 내용보다는 이해관계자의 요구에 맞추면서도 어떻게 디자인 솔루션 가치를 제시하는지 살펴보길 바란다.

콘텐츠 컨트롤	
감사, 반복, 준비	페이지에서 콘텐츠를 직접 분류할 수 있게 하자는 아이디어를 주셔서 감사합니다. 게시물이 나타나는 방식에 좀 더 컨트롤을 부여하길 원하신다는 점 잘 알았습니다. 저희는 콘텐츠 크리에이터들이 어느 정도 일관성을 유지할 수 있도록 일부러 컨트롤 범위에 제한을 뒀습니다. 이제 가장 좋은 방법을 함께 상의해보면 될 것 같습니다.
문제점 파악	저희가 해결할 과제는 사용자가 최신 콘텐츠를 제일 상단에서 볼 수 있다는 걸 알게끔 각 화면이 시간 순으로 분류돼야 한다는 점입니다. 이는 게시물 목록을 항상 최신 콘텐츠로 유지하고 모든 콘텐츠 크리에이터들이 매주 새 콘텐츠를 올리도록 만들 수 있는 방식입니다.

솔루션 설명	콘텐츠를 다 직접 분류할 수 있게 해주는 것보다는 언제든 스트림 상단에 게시물을 고정하는 기능을 추가하는 방안을 제안하고 싶습니다. 새로운 콘텐츠는 고정하면서 기존 콘텐츠는 대체하는 방식으로 말입니다. 특별히 아이콘을 하나 추가하거나 시각적인 단서를 추가해서 해당 아이템이 상단에 고정됐다는 걸 나타내도록 하겠습니다.
사용자 공감	이렇게 하면 콘텐츠 스트림이 시간 순으로 정렬됐다는 걸 사용자도 계속 인식할 수 있다고 생각합니다. 시각적인 단서를 제공하면 사용자들은 고정했던 콘텐츠가 스트림에서 제거됐다는 걸 알 수 있을 것입니다.
비즈니스 어필	이 방식은 최근 콘텐츠가 더 오래 노출되게 함으로써 다른 게시물 사이에서도 부각시킬 수 있습니다. 그러면 콘텐츠를 재정렬해야 하는 위험 부담 없이 게시물을 배치하는 데 크리에이터 자신이 컨트롤하고 있다는 느낌을 더 줄 것입니다.
동의 유도	한 번에 한 콘텐츠만 선택하게 하는 게 괜찮은 솔루션이라고 보십니까? 아니면 여전히 누구나 스스로 콘텐츠를 분류할 수 있게 하는 게 낫다고 생각하십니까?

장바구니에 담기

감사, 반복, 준비	이 프로젝트에 관한 의견 공유해주셔서 감사합니다. 의미 있는 의견을 주시고 여기에 이르기까지 저희와 함께해주셔서 감사합니다. 이제 말씀하신 부분을 하나씩 짚어보고자 합니다. 저희가 결정했던 몇몇 부분은 서로 논의하고 설명하다 보면 동의하실 부분이라고 생각합니다. 우선 새 '장바구니에 담기' 인터랙션 부분부터 말씀드리겠습니다.
문제점 파악	저희가 해결하고자 하는 문제점은 사용자가 이 인터페이스를 처음 봤을 때 버튼이 두 개 있어서 혼란스러워한다는 것과 각자 의미하는 게 뭔지 몰라서 어떤 버튼을 눌러야 할지 모르고 헤맨다는 점입니다.

솔루션 설명	'장바구니에 담기'라는 이름을 붙여서 하나의 버튼으로 합치는 게 저희 솔루션입니다. 사용자가 처음부터 바로 다 결정할 필요 없이, 버튼을 누르면 여러 옵션이 나타나고 그때 두 번째 선택을 하면 되는 방식입니다.
사용자 공감	저희 사용자들은 직장에서 주문하는 경우가 많다는 사실을 유념해주시면 좋겠습니다. 예를 들어 복도를 걷다가 전구가 나간 걸 보고 그 자리에서 주문해야 하는 바쁜 매니저일 수도 있습니다. 그가 꼭 집중하게 만들 필요 없이, 즉 아주 심플한 옵션만 보여줌으로써 너무 많이 생각할 필요 없게 해주는 방식이 필요합니다.
비즈니스 어필	탭은 추가됐지만 아이템을 장바구니에 담는 선택 과정은 훨씬 더 간단해지기 때문에 저희 솔루션이 전환을 높일 거라고 기대하고 있습니다. '장바구니에 담기'는 일반적인 상거래 어디서나 쓰이는 메시지이므로 그게 무슨 의미인지에 관해서는 의문의 여지가 없습니다. 간단히 말씀드리면, 더 많은 사용자들이 '장바구니에 담기'를 누르게 될 것입니다.
동의 유도	기업은 보통 기존 표현을 계속 사용하는 걸 선호한다는 점을 알고 있습니다. 하지만 이런 새로운 방식이 다음 제품 출시에 반영돼야 한다고 생각합니다. 기존 이행 방식과 함께 A/B 테스트를 실시해서 결과를 직접 비교하는 방안도 고려해볼 수 있습니다. 올해 전환 증대라는 목표를 달성할 수 있길 바라며, 이 방식이 목표를 달성하는 데 가장 중요한 방법이라고 생각합니다. 동의하십니까?

과도한 브랜딩	
감사, 반복, 준비	로고 및 색상 관련해 의견 주셔서 감사합니다. 좀 더 개선하려면 몇 가지 변경해야 한다는 의견에 동의합니다. 여기서 해결해야 할 과제에 관해서는 마케팅 부서가 주도하고 있다 보니 저희가 최종 결정에 낼 수 있는 목소리는 작은 편입니다. 그러나 이 자리에서 몇 가지 논의할 부분이 있다고 생각합니다.

문제점 파악	마케팅 측에서는 캠페인을 만들고 인식을 제고해서 이 프로젝트를 다른 제품 라인과는 별도로 브랜드화 하고 싶어 합니다. 제가 볼 때 이 부분에서 문제점은 사용자들이 이런 하위 브랜드들 간의 차이점을 이해하지 못할 것이라는 점입니다. 사용자들은 효용성 때문에 앱을 쓰는 것이지 브랜드가 붙은 추가 서비스 때문에 쓰는 게 아닙니다. 또한 로고나 태그라인같이 추가적인 요소를 배치하는 것은 방해가 됩니다.
솔루션 정의	저희는 이 공간에 로고를 사용하는 걸 피하고 대신 색상 사용 및 메시지 전달을 위한 문구에 좀 더 집중하는 솔루션을 제안합니다. 이런 특정 뷰에서는 작은 아이콘들을 넣어서 추가 서비스 영역을 나타내거나 새로운 색상으로 돋보이게 하면서 문구 라인을 넣을 수도 있습니다. 이는 사용자들에게는 최소한의 영향을 미치면서도 엄청난 공간 절약 효과를 가져올 것입니다. 그러기 위해서 저희가 우선 마케팅 부서에 가서 이 솔루션 부분을 함께 검토해보도록 하겠습니다.
사용자 공감	사용자 관점에서 볼 때 이런 하위 브랜드는 의미가 없습니다. 사용자들의 주된 관심사는 태스크 완료 및 계획 이행입니다. 로고를 이런 식으로 배치하면 앱을 효과적으로 쓰는 데 장애물이 될 수 있고 궁극적으로는 사용 속도를 늦추는 결과를 초래하게 됩니다. 사용자가 가능한 한 신속하게 앱 흐름에 맞춰 사용하지 못하면 이건 비단 사용자에게 좋지 않을 뿐 아니라 유료 서비스 전환에도 위험요소로 작용할 수 있습니다.
비즈니스 어필	이 프로젝트의 목표는 사용자 흐름 속에서 추가 서비스를 위한 새로운 수익 흐름을 만들어내는 것입니다. 마케팅 측에서 이 기회를 활용해서 새 제품을 만들고 싶어 한다는 점은 알고 있습니다만, 브랜드를 접목한 접근방식은 사용자에게 가치를 주지 않을 뿐 아니라 혼란을 일으키거나 사용 속도를 둔화시킨다고 생각합니다. 다시 말해서, 그 방식은 실제로는 이 채널에서 수익을 창출하려는 노력을 오히려 저해할 수도 있습니다.

동의 유도	브랜딩 지침 몇 가지를 제거하는 방안은 마케팅 측과 한 번 논의해주시길 요청드리고 싶습니다. 저희가 마케팅 부서에게 몇 가지 대안을 알려주고 사용자 관점을 이해할 수 있게 도울 의향도 있습니다. 저희가 추가 서비스를 위한 브랜딩 요소를 줄이는 데 주력해야 한다는 솔루션에 동의하십니까?

복잡한 메인 메뉴	
감사, 반복, 준비	의견 감사합니다. 이 변경 부분에 관한 생각 공유해주셔서 감사드리고, 메인 메뉴에 이런 새 옵션들을 추가해야 한다고 제안하신 점은 잘 알겠습니다. 이런 새로운 기능들이 좀 더 눈에 잘 띄게 하려면 논의를 통해서 좀 더 나은 솔루션을 모색할 수 있을 것 같습니다.
문제점 파악	제가 볼 때 문제점은 메뉴에 자꾸 새로운 옵션을 추가하면서 뭘 어떻게 해야 할지 헤맬 정도로 이것저것 다 담고 있다는 점입니다. 이 아이템들은 영구적인 게 아니라 시간제한 프로모션이다 보니 사용자가 메뉴에서 이걸 찾아볼 가능성은 낮습니다.
솔루션 설명	제가 제안하고 싶은 솔루션은 시스템 안내나 검색 제시 문구처럼 다른 중요한 메시지들이 배치된 콘텐츠 자리에 프로모션 내용을 강조해서 표시하는 데 집중하는 것입니다. 새로운 행사가 생기면 그 구역에 배치하고 다른 공간은 이미지나 다른 콘텐츠를 위해 쓰는 방식입니다.
사용자 공감	저희는 사용자들이 메인 메뉴에 배치된 옵션의 양을 보고 놀라는 일이 없기를 바랍니다. 옵션의 양보다는 사용자들이 하고 있는 태스크 맥락과 밀접하게 관련이 있는 메시지를 추가해서 옵션의 질을 제고할 수 있습니다.
비즈니스 어필	이런 아이템들을 메인 메뉴에 배치한다면 사람들이 메뉴에서 원하는 걸 찾을 가능성이 낮아질 수 있다 보니 역효과를 불러일으킬 수도 있습니다. 이것들을 페이지상 기존 구역에 전략적으로 배치하면 행사 내역이 사용자들 눈에 더 띌 것이고, 사용자의 관여도 증가할 것이라고 생각합니다.

동의 유도	기존 구역을 활용하는 쪽으로 추진해보고 다음 회의에 몇 가지 예시 목업을 준비하고자 합니다. 이 방식이 가시성을 높이고 사용자 경험도 향상한다는 점에 동의하십니까? 아니면 사용자가 다른 옵션들 사이에서 방향을 잃고 헤맬 수도 있는 위험 부담을 안더라도 메뉴에 추가하는 게 더 낫다고 생각하십니까?

브랜드 배너	
감사, 반복, 준비	앱 헤더에 로고를 추가해야 한다는 의견 주셔서 감사합니다. 사용자 경험에 브랜드를 입히고 싶어 하신다는 점은 잘 알겠으며, 그게 중요하다는 점에 동의합니다. 이제 어떻게 가장 좋은 방식으로 이행할 수 있을지 논의해보고자 합니다.
문제점 파악	이런 앱이 가진 과제는 바로 사용자가 탐색하면서 일일이 다 접근하기에는 공간이 제한적이라는 사실입니다. 저희는 사용자들이 최대한 집중력을 잃지 않고 태스크에 집중하길 바랍니다.
솔루션 정의	헤더에 로고를 사용하지 않기로 결정한 이유는 바로 사용자에게 실제로는 그 어떤 기능도 제공하지 않기 때문입니다. 로고를 넣지 않으면 탐색 옵션 부분에 공간이 더 생기고, 사용자들에게도 인터페이스가 한결 더 간결해지게 됩니다.
사용자 공감	로고는 사용자가 앱에 접속한 이후 직접적으로 가치를 부여하지 않습니다. 이미 서비스를 이용하고 있는 사람에게 서비스를 제공하는 해당 브랜드가 무엇인지 한 번 더 알려주는 기능에 불과합니다. 집중력을 잃게 하는 시각적인 요소가 하나 줄어들면 사용자로서는 보다 수월하게 집중해서 앱을 사용할 수 있습니다. 인터페이스를 더 간결하게 만들수록 사용자 경험은 더욱 향상될 것입니다.
비즈니스 어필	브랜딩은 중요합니다. 그러므로 저희가 앱에서 쓰는 색상, 용어, 인터랙션 전반을 전체 브랜드에 맞춰 작업했습니다. 또한 이미 '소개' 페이지에 로고도 있고, 다른 제품군에 연결되는 링크도 제공하고 있습니다. 사용자들은 서비스를 이용하려고 회원가입한 사람들이므로 이미 저희 브랜드를 알고 있는 사람들입니다. 게다가 로그인 화면에서도 로고가 명확히 표시되고 있습니다.

동의 유도	마케팅 사이트는 실제로 로고와 브랜드에 관해 소통하기에는 최적의 공간인 반면, 앱 자체는 사용자가 태스크에 집중할 수 있도록 해주는 데 최적의 공간입니다. 따라서 저희는 사용자들이 로그인한 상태에서 저희 앱을 쓰는 데 집중하게 만들되, 더 필요한 경우에는 앱 말고 다른 공간에 명확하게 브랜딩을 표현하는 방안을 제안합니다. 동의하십니까?

연락처 필드	
감사, 반복, 준비	우선 시간 내서 참석해주시고 새 디자인에 관한 생각을 공유해주셔서 감사합니다. 몇 가지 변경하자고 제안하셨는데, 무슨 말씀인지 잘 알았습니다. 서로 동의할 수 있도록 이제부터 하나씩 짚고 넘어가면서 좀 더 논의하고자 합니다.
문제점 파악	제일 먼저 말씀하신 건 회원가입 양식에 연락처 기입 필드를 추가해야 한다는 부분이었습니다. 저희가 여기서 신경 쓴 부분은 전환 증대입니다. 따라서 이 목표에 최적화된 방향으로 디자인했습니다.
솔루션 정의	저희는 몇 가지 근거를 기반으로 연락처 필드를 삭제했습니다. 첫째, 고객이 유입된 방식으로 고객에게 연락하는 게 가장 적절합니다. 온라인으로 회원 가입했으니 전화보다 이메일이 더 확실한 연락처입니다. 둘째, 회원가입 양식에 필드가 적을수록 사용자로서는 많이 생각할 필요 없이 신속하게 가입 태스크를 완료할 수 있기 때문에 전환이 증가합니다. 마지막으로, 한 연구 결과를 인용하자면 회원가입 양식에 연락처 필드가 있으면 필수 기입이 아니어도 전환이 30% 이상 감소하는 영향을 미칠 수 있습니다.
사용자 공감	대다수의 사용자들은 광고 전화를 받고 싶지 않아 연락처를 공유하는 걸 꺼리고 있습니다. 게다가 많은 사용자들이 온라인 회원가입 양식에 왜 핸드폰 번호가 필요하다고 하는지, 연락처 필드 자체만으로 의심하기도 합니다.

비즈니스 어필	기업 측에서는 기록 보관 차원에서 사용자 연락처를 수집하고 싶어 한다는 점은 알고 있습니다. 하지만 회원가입 양식에서 연락처 필드를 없애면 전환 증대라는 이번 목표에 좀 더 부합한다고 말씀드릴 수 있습니다. 사용자 전환 이후에도 얼마든지 점진적인 계정 정보 추가를 유도할 수 있습니다. 이 방식이 신규 고객을 더 유치할 수 있고 관계가 형성되는 처음부터 신뢰를 형성할 수 있습니다. 필드를 제거하면 비즈니스 목표를 달성하면서도 좋은 사용자 경험을 창출할 수 있습니다.
동의 유도	양식에 연락처 필드를 포함하지 않는 방향에 동의하십니까? 아니면 전환 감소라는 위험 부담을 안고서라도 필드를 넣어야 한다고 생각하십니까?

과도한 메시지 표시	
감사, 반복, 준비	오늘 시간 내주시고 의견 주셔서 감사합니다. 비즈니스 쪽으로 관점을 갖고 계시는데, 몇 가지 말씀하신 부분들을 논의하면서 제 의견도 말씀드릴까 합니다. 중점을 둬야 할 부분 자체를 봤을 땐 서로 의견이 같다고 생각합니다.
문제점 파악	이 디자인으로 해결하고자 하는 문제점은 사용자가 절약하는 금액을 안내하는 부분입니다. 저희가 접근한 방식은 그저 많이 생각할 필요 없이 이 아이템들을 구매하면 얼마나 절약할 수 있는지 표시하는 데 초점을 두고 있습니다. 현재 해결할 과제는 작은 공간에 너무 많은 메시지들을 담고 있다는 점입니다. 가격, 할인율, 할인 금액, 무료배송, 그리고 '득템' 플래그[flag] 표시까지 있습니다. 게다가 여기에 타이머 표시, 재고 수량, '시간 한정 할인' 표시도 넣어야 한다는 요청을 받은 상황입니다.

솔루션 정의	저희 솔루션은 어떤 메시지가 언제 나타날지에 관해 일종의 규칙을 적용해서 사용자가 한 번에 너무 많은 메시지를 받지 않게 하는 것입니다. 예를 들어 할인율과 할인 금액을 둘 다 보여주는 게 아니라 둘 중 하나를 선택하는 방식입니다. 3달러밖에 안 되는 할인 금액보다는 30% 이상이라는 할인율을 표시해 줍니다. 그리고 할인이 24시간도 남지 않은 경우에만 타이머를 표시해 주고, 재고량이 일정 수준에 도달했을 때만 남은 수량을 표시해 줍니다. 이렇게 메시지 흐름을 구성하는 게 한 번에 모든 메시지를 주는 것보다 구매자에게 가치를 가장 잘 전달하는 방법입니다.
사용자 공감	구매자들은 세부사항을 전부 읽고, 계산해보고, 어떤 아이템이 가장 가격 대비 좋은지 파악할 시간이 없습니다. 너무 많은 메시지를 보여주면 구매자 입장에서는 어떤 메시지를 집중해서 봐야 할지 판단이 서지 않아 혼란스러울 것입니다. 저희가 접근하는 방식은 어떤 메시지를 구매자에게 보여줄지 컨트롤할 수 있어서 사용자의 부담을 줄여주고 아이템을 구매하는 데만 집중하도록 돕습니다. 이는 곧 신속한 구매 결정으로 이어질 수 있습니다.
비즈니스 어필	각 아이템에서 가장 중요하고 관련 있는 메시지에만 집중한다면 구매자 입장에서는 정보를 읽고 구매하는 게 더 쉽기 때문에 판매 및 수익이 증가할 가능성이 더 커질 것입니다. 즉, 보이는 메시지 양을 줄이면 사용자는 보다 신속하게 구매 결정을 할 수 있으며, 이는 곧 전환 증가라는 결과를 가져올 것입니다.
동의 유도	서로 다른 메시지를 너무 많이 포함하지 않고 필요한 것에만 초점을 맞추는 가치 제안value proposition[1]이 바람직한 선택이라고 생각합니다. 구매자에게 보여줄 가치를 보다 간소화하기 위해 메시지에서 선택과 집중이 필요하다는 점에 동의하십니까?

1   옮긴이_ 자사의 제품이나 서비스가 고객에게 어떤 가치를 제공할 것인지 표현한 것

감사, 반복, 준비	사례 목록 화면에 관한 의견 공유해주셔서 감사합니다. 여러 가지 좋은 피드백 주셨는데, 앞으로 어떻게 하면 좋을지 서로 동의할 수 있게끔 말씀 주신 의견 하나씩 짚고 넘어가고자 합니다.
문제점 파악	말씀 주신 의견 중에는 그래프를 보면서 직접 리포트를 조절하고 싶다는 부분도 있었습니다. 그 점이 앱에 큰 이점으로 작용한다는 말씀에 동의합니다.
솔루션 정의	저희는 이 아이디어가 프로젝트의 현재 단계 범위를 벗어나기 때문에 일부러 제외했습니다. 실제로 잘 이행하려면 추가적인 기능성 및 디자인 작업이 필요합니다.
사용자 공감	이 기능이 일부 사용자들에게는 유용할 수 있다는 점은 이해하지만, 대다수의 해당 앱 사용자들에게는 이런 개인 맞춤형 기능 수준까지 필요하지는 않습니다. 또한 맞춤형 설정이 없다면 인터페이스가 더 간결해질 수 있습니다.
비즈니스 어필	만약 저희가 케이스 뷰case view를 가장 간단한 방식으로 작업하고 마무리하는 데 주력한다면 기존 일정 내에 핵심 기능 세트를 완료할 수 있을 것입니다. 그러고 나서 나중에 사용자들에게 추가적인 피드백을 받을 수도 있고 아이디어 이행 방안도 기획할 수 있습니다.
동의 유도	저희가 그 기능을 잠시 배제하고 다음 단계로 넘어가도 괜찮으시겠습니까? 아니면 기존 과업과 일정을 재조정하길 바라십니까?

감사, 반복, 준비	대시보드 의견 주셔서 감사합니다. 네, '전체'라는 새 위젯을 만들면 유용할 수 있다는 점에 동의합니다. 기존 디자인에는 없었으므로, 이제 가장 좋은 솔루션 방향을 논의해보면 좋을 듯합니다.

문제점 파악	저희가 디스플레이 쪽 권한은 별로 없기 때문에 그래프가 앱 전체 너비를 차지할 수밖에 없다는 게 문제입니다. 그리고 이미 현재 상태, 후속조치follow-up 내용을 보여주는 위젯이 있어서 위젯을 또 하나 추가하기에는 주어진 공간이 넉넉하지 않습니다. 현재 위젯 배치는 후속조치가 늦어지는 가능성을 낮추는 쪽으로 앱을 최적화한 디자인입니다.
솔루션 정의	새 위젯이 지금 우선순위라면, '현재 상태' 위젯이나 '후속조치' 위젯을 새 '전체' 위젯으로 대체하는 걸 제안합니다. 디자인을 변경하지 않고도 새 위젯을 기존 구역에 배치할 수 있고, 또 새로운 위젯을 추가하지 않고 인터페이스를 깔끔하게 유지할 수 있습니다.
사용자 공감	저희가 이미 내부 사용자 수요를 검토해봤는데, 이 첫 번째 버전에서 사용자들은 현재 있는 위젯이 가장 필요하다고 했습니다. 여기서 하나 더 추가해서 부담을 안기지 않는 게 좋을 것 같습니다. 게다가 이 대시보드에서 사용자들이 필요하다고 말한 수요를 반영해서 충족시켜주고 싶습니다. 해나Hannah 씨가 현재 디자인을 기반으로 직원들을 교육하려는 걸로 알고 있습니다.
비즈니스 어필	좀 더 실용적으로 볼 때 위젯을 다른 위젯으로 단순히 바꾼다면 작업 완료 시점이 다소 늦어질 것 같습니다. 새 위젯에 맞는 디자인을 갖춰야 하고 개발자 측도 다시 관여해야 하기 때문입니다. 저희 관점에서 볼 때 출시 일정이 일주일 정도, 아니면 그 이상 늦어질 수 있을 것 같습니다. '전체' 위젯이 좋긴 하지만, 후속조치 가속화라는 전체적인 목표를 달성하는 데는 도움이 되지 않습니다. '전체' 위젯 때문에 기존 위젯들 중 하나를 제거해버린다면, 위젯들 간 달라진 배치에 초점을 맞춰야 하므로 이번 저희 목표도 수정해야 할 것이라고 말씀드리고 싶습니다.
동의 유도	기존 위젯들 중 하나를 없애고 '전체' 위젯을 추가하길 바라십니까? 만약 그러시다면 업무 추진 일정을 조정하고, 변경 후 사용자 검토도 다시 해보고, 그다음에 다시 설정한 목표가 어떻게 부합하는지 논의해봐야 합니다.

감사, 반복, 준비	오늘 시간 내주시고 새 디자인 피드백을 공유해주셔서 감사합니다. 제안사항 다 기록해서, 하나씩 다루도록 하겠습니다. 저희 디자인에서는 비즈니스 수요와 사용자를 모두 고려하고 있습니다. 하나씩 설명드리면 저희가 이렇게 작업한 사고 과정을 이해하시는 데 도움이 될 거라 생각합니다.
문제점 파악	첫 번째로 제안하신 내용은 병력 양식상 입력 필드 수정이었습니다. 여기가 바로 앱에서 가장 높은 중도포기율을 보이는 지점입니다. 사용자의 약 40%가 이 섹션을 완료하기 전에 포기하는 것으로 나타났습니다. 저희는 사용자가 이 섹션을 완료하게 만드는 방안을 고심했습니다.
솔루션 정의	필드 레이블이 일반 사용자들에게는 혼란스럽다는 가정을 기반으로 솔루션을 고안했습니다. 따라서 제일 먼저 레이블을 사용자에게 좀 더 친숙한 용어로 업데이트했습니다. 그리고 콜센터 직원 일부를 상대로 검토한 결과, 사용자 다수가 자신의 병력 세부사항을 모른다는 사실을 알았습니다. 그러므로 세세하게 병력 관련 내역을 전부 입력하라고 요구하면 사용자들은 사이트를 벗어나게 됩니다.
사용자 공감	사용자들이 더 쉽게 사용할 수 있도록 만들기 위해 일부러 필수 입력 필드 다수를 제거했습니다. 그리고 사용자 자신이 어떤 부분을 알고 있고 어떤 정보를 나중에 입력할지 정하게 했습니다. 이렇게 하면 사용자들이 정보를 완벽하게 다 입력하지 않아도 일단 이 단계를 완료할 수 있습니다. 나중에 로그인했을 때 추가 입력을 요청하거나 처음 정보 입력을 완료하고 며칠 후 이메일 알림을 보낼 수도 있습니다. 사용자는 자신이 컨트롤하고 있다는 인식을 갖게 되고 다음 단계로 넘어갈 가능성이 높아질 것입니다.

비즈니스 어필	더 많은 사용자들이 다음 단계로 넘어갈 수 있기 때문에 정보 제출 비율이 훨씬 높아질 것입니다. 그뿐 아니라 사용자 일부는 그저 다음 단계로 넘어가려고 거짓 정보를 입력한 경우도 있었다는 점을 고려하면 이 솔루션으로 더 정확한 정보를 수집할 수 있습니다. 게다가 굳이 도움을 받지 않고도 앱을 사용할 수 있게 되기 때문에 콜센터 전화 건수도 줄어들 것입니다. 이는 콜센터 운영 관련 비용 면에서도 이득이라고 생각합니다. 이 방식이라면 저희가 이미 사용자 데이터를 갖고 있게 되므로 나중에 필요할 경우 사용자가 접속했을 때 추가로 정보를 입력해달라고 요청할 수 있습니다.
동의 유도	저희는 프로필 입력을 완료한 사용자 숫자가 크게 증가하기를 바라고 있습니다. 그리고 말씀드린 이 솔루션이 그 목표를 달성하는 데 최선의 방법이라 생각합니다. 동의하십니까?

이해관계자에게 답변할 내용을 미리 유형화해놓는 게 자연스러운 대화를 하기에는 부자연스러워 보일 수도 있다. 이 장에서 제시한 다섯 가지 원칙으로 구성된 IDEAL 답변 공식은 답변할 때 다뤄야 할 중요사항을 전부 다룰 수 있는 일종의 구조적 틀과 같다. 언급한 다섯 가지 요소를 기계처럼 나눠서 말해야만 한다거나 너무 엄격하게 적용하게 만들려는 목적이 아니다. 필자는 일하면서 주장을 펼칠 때 중요 부분들을 잊지 않고 다 다루는 데는 IDEAL 답변 공식이 유용하다는 점을 깨달았다. 여러분이 답변할 때 이걸 똑같이 따라서 답변하는지의 여부는 그리 중요하지 않다. 전달해야 하는 내용을 전부 확실히 다루는 게 더 중요하다. 다시 한번 말하자면 요점은 이해관계자의 요구에 맞추고 여러분의 디자인을 가장 잘 설명할

수 있는 방식으로 답변하는 일이다. 앞서 제시한 양식을 활용해서 이해관계자들과 소통하고 최상의 사용자 경험을 창출하자.

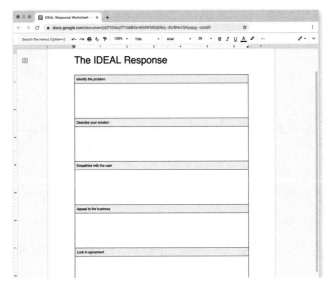

IDEAL 답변 공식 양식은 필자의 홈페이지(*http://tomgreever.com/resources*)에서 다운로드할 수 있다.

9장

후속조치를 취하자

회의가 끝나도 처리할 게 아직 남았다. 회의만큼이나 회의 직후도
중요하다. 그러니 서둘러 회의실을 떠나지 말자. 잠시 머물면서 사
람들과 회의 내용을 상의하고 회의 당시에는 드러나지 않았던 의견
을 들어보자. 비공식적이지만 여러분 편이 돼줄 수 있는 사람들과
일대일로 이야기를 나눠보고 신속하게 후속조치를 취하자. 회의 직

후 시점이 사용자 경험에 악영향을 미칠 수도 있는 결정을 막기 위한 최선의 변론을 할 수 있는 기회이다. 설령 이미 결정이 내려진 것 같더라도 바로잡을 수 있는 기회이기도 하다. 회의 직후에 해야 할 일이 무엇인지 하나씩 짚어보자.

- 회의실에 남아 참석자들과 이야기 나누기
- 기록한 내용을 보면서 신속하게 후속조치 취하기
- 핵심 내용을 짚어보고 불필요한 내용은 거르기
- 도움이 돼줄 만한 관계자 찾기
- 명확하지 않은 점이 남아 있다면 결정 내리기

회의 이후 대화를 나누자

이유가 어찌 됐든 사람들은 항상 다른 사람들 앞에서 자기 생각을 말하지 않는다. 보통은 상사가 발언권을 가져서 그렇기도 하고, 때로는 자기 의견이 인기가 없거나 위험할 것 같아서, 또는 분위기를 망치고 싶지 않기 때문이다. 그런 경우 사람들은 대개 회의가 끝날 때까지 기다렸다가 여러분을 회의실 한쪽으로 불러 세우고 자신의 생각을 전하려 할 것이다. 사실 결정은 회의가 끝난 직후에 이뤄지는 경우도 많다. 회의 직후는 아직 못다 한 이야기를 매듭짓고 여러분에게 필요한 지지를 얻을 좋은 기회다.

회의 이후 몰려드는 사람들

때로는 회의실 밖 복도가 가장 생산적으로 논의할 수 있는 장소가 될 때도 있다. 한 번은 임원과 회의를 한 적이 있는데, 이전에 이미 합의했던 디자인을 이행하는 방안을 검토하는 회의였다. 회의 자체는 순조로웠다. 진행을 방해하는 장애물도 딱히 없었고, 별다른 문제도 없었다. 하지만 회의가 끝나고 임원이 회의실을 나가자마자 다른 참석자 모두가 필자의 주변에 몰려들어 못다 한 이야기를 늘어놓기 시작했다.

그중 한 명은 다음 회의에서 필자를 지지해줄 테니 자기에게 앞으로 계속 진행 상황을 알려달라고 부탁했다. 그녀는 필자가 성공적으로 일을 추진하길 바란다고 했다. 다른 한 명은 임원이 허락하지 않아도 본인은 결정된 사항을 계속 추진하도록 승인하고 싶다고 말했다. 그는 프로젝트에 진전이 있길 바랐고 필자를 위해 발 벗고 나서줄 의향이 있었다. 그리고 또 다른 한 명은 이전 다른 회의에 참석하지 않은 걸 사과하면서 자신의 의견을 직접 필자와 공유하고 싶어 했고, 프로젝트 추진에 좀 더 관여해보겠다고 말해줬다. 이런 대화는 필자가 회의가 끝나고 바로 사라져버렸다면 일어나지 않았을 것이다.

회의가 끝나고 나서도 몇 분 정도는 회의실에 남아서 참석자들과 이야기를 나누고, 참석해줘서 고맙다는 인사도 전하고, 어떤 일이 일어나는지 지켜보자. 원격으로 참석했다면 화상회의가 끝나고도 잠시 남아 있거나 참석자에게 메시지를 보내서 어땠는지 알려달라고 부탁하자. 단언하건대, 실제 회의 시간만큼이나 회의 밖에서도 많은 일이 처리된다.

신속하게 후속조치를 취하자

회의가 끝나면 가능한 한 빨리(이왕이면 회의 직후 1시간 이내 또는 당일 중) 팀 전체에게 후속조치 연락을 취하도록 하자. 완벽하게 작성할 필요는 없다. 여기서 후속조치의 목표는 시적으로 멋진 문장을 쓰는 게 아니라 기능적인 의사전달이다. 회의가 끝나고 누군가가 이미 회의에서 합의한 디자인 결정사항을 잊어버리거나 반대하는 일이 발생하기 전에, 즉 참석자들과 여러분의 기억이 아직 생생할 때 후속조치를 취해야 한다.

여러분에게는 해당 회의가 우선순위이므로 신속하게 후속조치를 취하면 합의가 이뤄지기 전까지는 그 회의에서 다뤄진 안건에 집중하겠다는 의지를 참석자들에게 보여줄 수 있다. 신속한 후속조치는 참석자를 존중하는 행동으로, 쉽지 않은 일이라는 걸 나타내면서도 참석자들에게 진행 상황을 알려주고 그의 시간을 최대한 활용한다는 점을 보여주기 때문이다. 또 여러분이 경청하고 있다는 메시지도 전달할 수 있다. 여러분은 아마 참석자들이 쏟아낸 피드백을 전부 무시해버리지는 않을 것이다. 기록도 하고, 일부 내용은 진지하게 고려하기도 하면서, 팀 전체와 좀 더 구체적으로 논의해볼 것이다. 마지막으로, 신속하게 후속조치를 취하면 이미 정해진 결정사항에 다들 동의하는지 확인하고 다음 단계로 넘어갈 수 있다. 또한 참석자 전원에게 메시지를 보내서 추가적인 의견 있으면 회신할 수 있는 기회를 제공하기도 한다.

필자는 이렇게 회의 후속조치로 메시지를 보내고 기록으로 남겨두면 몇 달 뒤 프로젝트에 새로운 팀원들이 합류해서 누가 언제 결정했는지 알고 싶어 할 때 유용하다는 걸 깨달았다. 잠깐 찾아보면 바로 알 수 있고 다시 논의할 필요가 없다. 필자는 매니저들이 이 회의 후속조치 기록을 보관하고 다른 회의에 가서 다른 이해관계자들에게 업데이트하는 데 활용하도록 했다. 어떤 사람들은 기록을 복사 및 붙여넣기 해서 상사와 소통할 때 활용할 수도 있다. 후속조치를 취하고 그걸 또 다른 용도로 재활용하는 일을 결코 가볍게 여겨서는 안 된다.

후속조치는 다음 사항들을 포함해야 한다.

- 첫째, 회의 참석자들에게 시간 내서 참석해줘서 감사하다는 인사를 전하자. 다들 하던 일이 있는데 회의에 참석한 것이니 여러분의 설명을 듣기 위해 할애한 시간에 감사할 필요가 있다.
- 둘째, 회의에서 다뤄진 내용을 전부 요약하자. 간략하게 개조식으로 목록을 만들어도 좋다. 간략한 목록이 있으면 다른 사람들에게 공유하기가 수월하다.

• 마지막으로, 다음 단계의 예상 결과 부분에 초점을 두자. 다음번에는 어떤 일이 있을지 (가능한 한 많이) 이야기할 수 있다. 참석자들 입장에서는 프로젝트를 계속 추진하는 셈이고 자신이 회의에 참석한 시간이 값어치를 한다고 생각할 수 있다. 후속조치는 여러분의 부담을 조금이나마 덜어주고 팀 전체가 다음 단계에 관여하도록 해준다.

여러분과 직접적인 관계가 없는 사람일지라도, 업무 분장을 두려워하지 말자. 회의에서 누군가가 특정 안건을 더 알아보겠다고 자발적으로 손을 들고, 다른 사람에게 정보를 얻고, 다른 데 가서 그 회의 이야기를 하는 건 흔한 일이다. 후속조치는 모두에게 누가 무얼 하고 있는지 상기시켜줄 최적의 기회다. 의문점이 남는 아이템을 기록하고, 담당 관계자에게 이를 언급하고, 해답이나 추가 정보를 언제쯤 전해줄 수 있을지 대략적인 일정이나 추진 기한을 제시하자. 어떤 안건이 아직 미결 상태인지 직접적으로 물어볼 수 있다. 주요 결정사항을 목록으로 적어보고 왜 그런 결정이 내려졌는지 명확히 인지하도록 하자.

후속조치 차원에서 연락할 때 참고할 만한 몇 가지를 소개하고자 한다.

오늘 회의에 시간 내서 참석해주셔서 감사합니다. 매우 생산적인 논의가 오간 회의였습니다. 오늘 회의에서 저희가 결정한 내용은 다음과 같습니다.

- 홈페이지에서 전환 속도가 너무 빠름. 존Jon이 100ms로 변경하기로 함.
- '베스트셀러' 아이템 가격 표시가 너무 작음. 본인이 다른 가격 표시와 일관성 있게 맞춰서 변경하기로 함.
- 카테고리 트리가 잘못된 데이터를 사용하는 것 같음. 압둘Abdul에게 이메일을 보내서 문제 해결하기로 함.
- 스탠Stan은 멤버십을 위한 콜 투 액션 부분이 너무 크고 문구가 옳지 않다고 우려 의견 표함. 제니퍼가 문구를 정정하는 방안을 검토할 예정임. 본인이 이 부분과 관련 있는 사용성 조사 내용을 전달할 예정임.
- 출시 일정 승인. 품질 보증은 보류 중임. 존이 이 부분 업데이트와 관련해 내일 이메일로 안내해줄 예정임.

후속조치 메시지는 중요한 정보를 놓치지 않으면서도 최대한 짧고 구체적이어야 한다. 이해관계자가 너무 세부적인 내용에 빠질 필요 없이 신속하게 요점을 훑어볼 수 있어야 한다. 만약 이해관계자 누군가가 추가로 필요하다고 생각하면 회의에서 여러분이 기록한 내용이나 다른 관련 문서를 확인할 수 있어야 한다.

불필요한 내용은 걸러내자

회의 직후 연락을 돌릴 때는 전체 팀원에게 굳이 반복해서 전달할 필요가 없는 정보는 걸러야 한다. 판단하기 어렵겠지만 불필요한 말을 배제하고 소통하려면 필요한 절차다. 회의에서 오고 간 발언 중에는 굳이 다시 고려하거나 논의할 필요가 없는 말도 많다. 이런 류의 발언 대부분은 분명하게 드러나지만 판별하기 좀 더 어려운 경우도 있다.

예를 들어 회의실에 앉아 있는 참석자 대부분이 옳은 솔루션에 고개를 끄덕일지라도 한두 명은 여전히 의문을 가지기 마련이다. 그럴 땐 의견을 말하게 해주고, 경청하자. 이제까지 우리가 다룬 의사소통 기술을 활용하자. 다만 기록하거나 후속조치를 취할 때는 꼭 포함할 가치가 있는 내용인지 스스로 판단하자. 일부는 잊어버리게 되는데, 괜찮다.

또 다른 경우로는 의제와는 전혀 상관없는 발언을 하거나 제안을 하는 사람이 있을 수도 있다. 사람들은 이런저런 잡다한 말을 늘어놓는 걸 좋아한다는 사실을 고려하면, 일부 참석자는 그저 영양가 없는 말을 할 것이다. 괜찮다. 자주 있는 일이다. 브레인스토밍이라고 말하는 사람도 있겠지만, 이런 말은 샛길로 새버리는 말이다. 괜찮다. 일단 말하게 두자. 논의할 때는 그들이 말하는 의견을

중요시하자. 이런 맥락을 파악하고 회의 이후 취하는 후속조치에서
는 분별력 있게 불필요한 내용들을 제거해서 처리해야 한다.

'혁신'은 무시하자

필자가 클라이언트와 매장 인터랙티브 맵interactive map 아이디어를
논의하는 회의를 할 때였다. 기존 맵은 상표가 담긴 이미지에 불과
했으며 사용자가 확대해 볼 수 있는 수준이었다. 맵 디자인 시안 일
부를 검토하던 중 프로젝트 매니저가 어떤 면에서 이것들이 혁신적
이지 않은지 말하자 흐름이 옆길로 새기 시작했다. 자신은 더 기대
했다며 뭔가 독창적인 아이디어를 듣고 싶어 했다. 그러더니 사용
자가 증강현실을 사용해서 매장 복도를 걸으면서 팝오버 및 애니메
이션으로 진열된 각 제품 정보를 확인할 수 있는 3D 맵을 거들먹거
리며 말하기 시작했다. 좋은 뜻에서 한 말이지만, 필자는 이 아이디
어에 시간을 할애할 정도로 어리석지 않았다. 필자는 그 매니저의
말을 다 듣고 나서도 노트에 이 내용을 기록하지 않았다.

어떤 정보가 안전하게 거를 수 있는 정보인지 이해하기 위해서
는 피드백을 주는 상대방에 관해 다음 몇 가지 사항을 빠르게 판단
해야 한다.

상대방의 의도가 무엇인가?

어떤 이들은 그냥 격의 없이 아이디어를 쏟아내기도 하는데 그게 어

떻게든 실현되길 바라는 의도로 말한 게 아닐 때도 있다. 그런 사람들은 처음에 제안하고 나서 그 아이디어가 전혀 진척을 보이지 않더라도 개의치 않는다.

다른 사람들은 동의하는가?

누군가가 제시한 의견에 아무도 동의하지 않을 때도 있고, 설령 아직 결정을 내린 건 아니긴 해도 누군가가 말한 아이디어를 기록하지 않고 넘어가버리는 경우도 있다. 회의실 분위기를 읽고 사람들이 다른 참석자가 낸 의견에 동의하는지 반대하는지 개인적으로 판단하자.

상대방은 영향력이 있는 사람인가?

결정을 내리는 데 좀 더 영향력 있고 중요한 위치를 차지하는 사람이 있기 마련이다. 상대방이 어떤 사람인지 파악하고 그 정보를 후속조치에 활용하도록 하자.

상대방이 다음 회의에서 그 이야기를 또 꺼낼 가능성이 있는가?

만약 그렇다면 결정을 보류하고 나중에 후속조치를 취할 방법을 모색해야 한다. 상대방이 다시 그 아이디어를 꺼내지 않길 바란다면 다시 말하기 전에 조치를 취해야 한다.

여기서 요점은 회의에서 다룬 내용 일부는 넘겨버려도 괜찮다는 점이다. 참석자들이 말하는 의견이 프로젝트 목표에 부합하는지 파악해야 한다. 그리고 의견을 제시하는 사람이 의사결정에 영향력 있는 사람이 아니거나, 아무도 그 사람에게 동의하지 않거나, 다음 회의에서 또 거론할 가능성이 없다면, 걸러내도 무방하다.

다시 언급하지 말자

대여섯 명의 참석자들과 회의할 때였다. 그중 한 명이 유난히 카리스마 넘치는 스타일이었다. 같은 팀은 아니었지만 회사 내에서 영향력 있는 사람이었고 회의에 자기도 포함해달라고 요청한 사람이었다. 전반적으로 다들 그와 일하는 걸 좋아하는 편이었지만(그는 같이 어울리기 재미있는 사람이었다), 동시에 터무니없는 아이디어를 말하는 걸로 명성이 자자했다.

회의하던 중, 다른 참석자가 인터랙션 관련 의견을 말하고 있는데 그가 끼어들었다. 그가 말한 아이디어는 엉뚱하고 실질적으로 구현하기에는 너무 비현실적이었다. 대화의 흐름이 그가 말한 아이디어에서 비롯한 브레인스토밍으로 흘러가기 시작했다. 필자는 여기에 관여하지 않았다. 기록만 좀 해두고 질문만 했다. 다른 참석자들은 맞장구치긴 했지만 필자가 봤을 때 분명 아무도 그 아이디어가 우선순위가 될 만하다고 생각하지 않았다. 그가 제시한 아이디어는 창의적이고 앞을 내다보는 아이디어이긴 했지만, 프로젝트 범위를 벗어난 아이디어였다.

회의가 끝나고 후속조치를 취할 부분을 정리할 때 필자는 그의 아이디어를 다음 회의까지 살려두지 않고 아예 지워버리는 쪽을 택했다. 회의에서 논의한 내용을 개조식으로 정리해서 그를 포함한 회의 참석자 전원에게 이메일을 보냈다. 그가 말한 아이디어는 필자가 고의로 뺐으니 이메일에 포함되지 않았다. 이메일을 보낸 뒤 그를 포함해 참석했던 사람들 중 그 누구도 그가 말한 아이디어를 다시 언급하지 않았다.

이런 실질적인 회의 상황에서 필자는 회의실에서 일어나는 사람들 간의 역학관계를 파악해야 했다. 그렇지 않았다면 회의를 완전히 옆길로 새게 만들 수도 있는 요구사항을 무더기로 받았을지도 모른다. 반면 필자는 그가 기분 상하지 않도록 두 가지 행동을 취했다. 첫째, 그에게 질문했고 발언 내용을 기록했다. 그는 필자가 어떤 걸 적고 있는지 알 턱이 없었지만 그건 상관없었다. 중요한 건 필자가 그의 말을 경청하고 기록할 만큼 존중하고 있다는 태도였다. 필자는 그가 존중받는다고 느끼도록 노력했다. 비록 그는 필자가 회의 이후 보낸 이메일에서 자기 아이디어가 제외된 걸 발견했지만 최소한 그가 한 말을 고려하기는 했다는 사실을 알 수 있었다. 확신할 수는 없지만 추측하기로는 그는 필자의 이메일을 아예 읽지 않았거나 자신이 회의에서 말한 아이디어가 제외됐다는 사실을 인지조차 못 했을 것이다.

전체적으로 말하자면 결정을 내릴 때 영양가 없는 내용을 걸러 내는 요령을 체득해야 한다. 모든 사람의 의견과 아이디어를 디자 인에 반영해야 된다고 생각하기 쉬운데, 그건 사실이 아니며 실은 위험한 발상이다. 경청하고 분별력 있게 불필요한 내용은 지우고, 가장 중요한 부분은 살려두고, 후속조치로 진행될 사항을 신속하게 다루도록 하자.

개별적으로 접근하자

회의가 끝나고 나면 여러분은 누군가와 이야기를 나누고 싶을 수 있 다. 그 사람 자리로 같이 가서 이야기를 나누거나, 나중에 커피 한잔 하면서 대화하자고 제안할 수도 있고, 메시지를 보낼 수도 있다. 회 의 직후 사람들 머릿속에 아직 여러분 프로젝트가 남아 있을 때 다 가가는 게 중요하다. 다들 자리로 돌아가서 자기 일을 다시 시작하 면, 그땐 여러분을 위해 시간 좀 내달라고 부탁하기가 훨씬 어려워 진다.

이렇게 일대일로 접근하는 이유는 다른 사람들도 다 앉아서 듣 고 있는 회의 자리에서 벗어나 상대방의 생각이나 의견을 듣기 위해 서다. 프로젝트와 관련된 정보를 얻고, 하마터면 몰랐을 조직 내 사 람들 간의 역학관계도 들어보고, 나중에 여러분이 필요할 때 도움 을 받을 수 있는 관계를 새롭게 다질 수도 있다. 이런 사람들은 여러 분 프로젝트에 영향력을 행사할 수 있는 사람들로, 다음 회의나 디자인 수정 과정에서 영향을 미치는 아군이 돼줄 수도 있다.

회의는 여러분이 평소에 정기적으로 보지 않는 사람들과도 만날 수 있는 좋은 기회다. 다른 부서나 팀 사람일 수도 있는데, 그들은 여러분이 추진하고 있는 걸 세세하게 전부 다 볼 일이 없다. 개인적으로 필자는 잘 모르던 사람이 도와주러 다가와서 필자의 제안을 지지한다고 말해줄 때 기쁘다. 이런 사람들을 찾아보고 좀 더 주기적으로 이야기를 나누면서 여러분이 하고 있는 일에 도움이 될 만한 영향력을 행사해줄 수 있도록 하자.

잘못하더라도 일단 행동하자

필자가 어렸을 때 아버지와 나무 위에 집을 지은 적이 있다. 한번은 아버지께서 판자를 잡고 계실 때 연장을 떨어뜨렸다. 아버지는 사다리 위에 서 계셨는데 무거운 나무판자를 잡고 계시느라 다른 걸 잡을 여력이 없었다. 필자는 뭘 해야 할지 모른 채로 아버지가 어쩔줄 몰라 하시는 상황을 보고만 있었다. 속으로 '아버지가 판자 잡는 걸 도와드려야 하나? 내려가서 연장을 집어와야 하나? 뭘 해야 하지?'라고 생각하고 있었다. 몇 초쯤 지나자 아버지는 "아니, 뭐라도 좀 해! 잘못된 거라도 뭐라도 행동을 하라고!"라고 소리를 지르셨다. 사실 이 말은 우리 아버지가 즐겨 쓰시던 말이다. 이 말은 우리가 뭘 해야 하는지 명확하지 않더라도 아무것도 안 하는 것보다는 **뭐라도** 행동하는 게 낫다는 메시지를 전하고 있다.

이 논리를 인생에서 수많은 중요한 결정에 적용하라는 의미는 아니다. 하지만 우리가 참석한 회의는 종종 디자인에 중요한 부분들을 명확하게 결정하지도 않은 채 끝날 때가 있다. 때로는 결정을 내려야 한다고 참석자들을 압박해도 합의에 이르지 못하거나 일을 진척하지 못하는 경우도 있다. 여러 이해관계자들 앞에서 발언하는 건 누구나 꺼리는 일이다. 혹은 어떤 사항에는 그 누구도 신경 쓰지 않을 수도 있다. 하지만 뚜렷한 솔루션이 없는 상황은 자연스러운 일이다. 그 누구도 뭘 해야 할지 확실히 모르니 다들 아무런 행동도 취하지 않게 된다.

이런 경우에는 여러분이 스스로 판단하고 회의 이후 후속조치를 취할 때 다른 팀원들에게 결정 내용을 전달하는 방식을 추천한다. 설령 옳지 않더라도 뭔가 행동을 취하고, 팀원들이 찬성을 하든 반대를 하든 여러분의 디자인에 관해 발언할 수 있는 기회를 주는 방법이 지지부진하게 계속 논의만 하고 업무 추진이 늘어지는 상황보다는 낫다. 때로는 혼자 결정해서 다른 사람들에게 의견이 있으면 말해달라고 해야 한다.

위와 비슷한 맥락으로는 디자이너이자 작가인 존 벨Jon Bell이 제시한 맥도날드McDonald's 이론[1]이 있다. 친구들과 모여 무엇을 먹으러 갈지 결정할 때 아마 여러분도 이런 상황을 겪어봤을 것이다.

---

1   http://bit.ly/1EnqiOD

다들 예의를 차리느라 딱히 의견을 내지 않고, 어느 식당을 가든 신경 쓰지 않는 듯 보인다. 결국 다들 결정 못 하고 서 있는 시간이 길어진다. 존 벨의 이론에 따르면, 여기서 결정을 하게 만들려면 맥도날드에 가자고 제안해야 한다. 그러면 다들 갑자기 나서서 그 대신 어디 갈지 한마디씩 꺼낼 것이라는 논리다. 이를 두고 존 벨은 다음과 같이 말했다. "작가 앤 라모트Anne Lamott는 글을 쓰려면 일단 '형편없는 초고'를 써보라고 말하고, 브랜드 나이키Nike는 '일단 하라Just Do It'라는 문구를 쓴다. 필자는 맥도날드 이론을 활용해서 상대방에게 충격요법을 주고 보다 나은 아이디어를 생각해내게끔 유도하는 방법을 추천한다."

　　개발자인 마크Mark라는 친구는 CSScascading style sheets를 꾸밀 때 위와 같은 방법을 쓴다고 한다. 자신이 디자이너가 아니기도 하고 CSS를 잘하는 사람도 아니다 보니 디자이너들이 이 일을 더 잘해주길 바랐다. 그는 CSS는 충분히 괜찮아 보이는데 자신이 기대하는 수준에 맞추려고 직접 다듬는 경우가 적었다. 그는 모든 사람에게 뭘 해야 하는지 일일이 설명하는 방법보다 밝은 빨강, 쨍한 분홍색, 악취가 나는 듯한 갈색같이 형편없는 색상을 넣어서 누구든 그걸 보고 다시 적절하게 스타일을 작업해야 한다고 말하게끔 유도하는 방법을 썼다. 누가 봐도 나쁜 결정을 내리는 행동은 때론 사람들의 주목을 끌기에 가장 좋은 방법이다.

　　디자인을 결정할 때도 이러한 상황이 발생한다. 다들 어떤 게 맞는 솔루션인지 확신은 서지 않고 그저 예의를 차리려고 한다. 결국 여러분의 디자인이기에 그들은 여러분 마음을 상하게 하고 싶지 않다. 이런 애매모호한 상황을 마주하게 된다면 여러분이 상황을 주도적으로 이끌고 결정을 내리도록 하자. 여러분이 생각하기에 가장 좋은 방향으로 선택하고 다른 사람들에게 전하자. 구체적으로, 예시를 덧붙여서 전하고, 기한을 제시하자. 예를 들어 "오늘 업무시간이 끝나기 전까지 따로 의견 없으시면 이 디자인으로 계속 추진하도록 하겠습니다"라고 말할 수 있다. 아무도 의견을 주지 않을 수도 있지만 종종 갑자기 의견을 피력해서 논의하게 되는 상황이 일어날 수도 있다. 이 방법이 과학적으로 완벽한 원리는 아니지만 여러분의 디자인이 앞으로 나아가도록 돕는 훌륭한 방법이다. 기억하자. 설령 잘못된 행동이더라도, 일단 행동하자.

회의가 끝나도 여러분이 할 일이 끝난 건 아니라는 사실을 유념해야 한다. 회의에서 가장 생산적인 내용은 종종 다들 회의실을 떠난 후에 나오기도 한다. 결정사항을 매듭짓고 사람들의 지지를 얻을 수 있는 기회를 놓치지 않도록 하자. 회의 이후 유념할 사항을 요약하면 다음과 같다.

- 회의가 끝난 직후가 참석자들이 진짜로 어떻게 생각하는지 들어

볼 좋은 기회다.

- 후속조치를 더 신속하게 취할수록 받는 이에게 시급함, 중요성, 단호함을 전할 수 있다. 지금 바로 후속조치를 취하자.
- 기록한 내용을 검토하면서 쓸모없거나 불필요한 의견은 걸러내자.
- 개별적으로 이야기를 나누고 싶은 사람이 있으면 회의실에 남거나 자리로 같이 따라가면서 이야기를 나누고, 앞으로 프로젝트를 추진하는 데 필요한 지지를 확보하자.
- 애매모호한 상황에서는 스스로 결정을 내리고 다른 사람들에게 그 결정사항을 전달하자. 가끔은 이 방법이 일을 추진하는 데 유일한 방법일 수도 있다.

회의하고 디자인을 결정하면서 항상 여러분이 원하는 방향으로 흘러가지는 않는다. 가장 설득력 있는 답변이나 가장 좋은 후속조치를 취한다 해도 여러분이 동의하지도 않는 방향으로 수정해야 할지도 모른다. 전부 망했다고 생각하면서 회의를 마쳤다면 걱정하지 말자. 완전히 일을 그르치지 않고서도 난관을 극복하고 이해관계자들의 요구를 충족하는 방향으로 디자인을 수정할 수 있다. 변경사항을 어떻게 다뤄야 할지 배우면 된다.

10장

수정해야 하는 상황에
현명하게 대처하자

지금까지 다룬 방법들을 활용해 모든 노력을 다 했음에도, 동의하지 않는데 디자인을 수정해야 할 때도 있다. 우리가 전문가로서 제안하더라도 어떤 사람들은 의견을 굽힐 생각이 없을 수도 있다. 또는 우리가 충분히 설득력 있는 주장을 펼치지 못해서 그런 상황을 초래했을 수도 있다. 이 장에서는 변경사항을 다뤄야 할 때 활용할 만한 몇 가지 사항을 제안하고자 한다.

이 장에서 다루는 내용을 먼저 간략하게 소개하자면 다음과 같다.

- 수정 작업을 해야 하는 상황이 발생한 이유
- 형편없는 변경사항 같아 보여도 수정하면서 더 좋은 기회를 모색하는 방법
- 해결해야 할 문제를 전략적으로 선택하고 지지를 얻는 방법
- 여러분이 잘못했다면 바로잡는 방법
- 이해관계자가 기대하는 바를 적절한 수준에서 관리하는 방법

먼저 어쩌다 이런 주제를 다루게 됐는지 그 배경부터 이야기해 보자.

회의에서 지적을 해야 한다는 사람들의 착각

이 책의 초반에 이야기했듯이 디자인이라는 분야는 사람들의 주관적인 의견을 끌어내는 특성이 있다. 한마디로 너도 나도 디자이너다! 하지만 그보다도 디자이너가 아닌 이해관계자들에게 우리가 작업한 디자인을 보여주는 일은 그들이 변경사항을 제시하도록 멍석을 깔아주는 셈이다. 보통 '디자인 검토'라는 제목으로 열리는 회의를 하거나 우리가 직접 이해관계자들에게 의견을 달라고 요청하기도 한다. 그 결과 이해관계자들은 변경할 부분을 지적해주는 게 회의의 목적이라고 생각하고 참석하게 된다! 변경할 게 없다면 그건 회의의 의미가 없다고 생각하면서 말이다. 이런 현상은 몇 가지 흥미로운 아이디어를 떠올리게 만든다.

파킨슨의 사소함의 법칙

파킨슨의 사소함의 법칙Parkinson's Law of Triviality에 따르면, 회의에서 안건을 논의하는 데 들이는 시간은 그 안건의 중요성에 반비례한다. 위키백과Wikipedia에서는 "파킨슨은 원자력 발전소 설립 계획 승인을 안건으로 개최한 회의에서 사람들이 발전소 자체에 관한 이야기기보다도 직원용 자전거 거치대 자재같이 상대적으로 사소하고 중요하지도 않은 일을 갖고 토론하느라 대부분의 시간을 흘려보낸다고 지적했다"[1]라고 설명한다. 이 때문에 논의할 때 이렇게 매우 사소한 부분에 매달리는 현상을 '자전거 거치대bike-shedding'라고 칭하기도 한다. 사람들은 눈에 보이고 이해하기 쉬운 사소한 안건에 피드백을 주고 지나치게 많은 시간을 할애하는 경향이 있다.

오리 그려 넣기

이 문제는 일명 '오리 그려 넣기Painting a duck'라고 칭하는 방법으로, 디자이너들이 창의적인 방법을 모색하면서 고안한 전략이다. 제프 앳우드Jeff Atwood는 이때 오리가 "다른 이유는 전혀 없이 그저 이목을 끌기 위해 삽입했을 뿐 나중에 지우면 그만인 대상으로, 이걸 넣어서 이목을 돌려 사람들이 다른 불필요한 변경사항을 제기하지 않

---

1   Wikipedia, "Law of triviality." http://bit.ly/1iuD1dW.

게 해준다"[2]라고 설명한다. 이 콘셉트는 인터플레이 엔터테인먼트 Interplay Entertainment[3]의 한 이야기에서 비롯됐다. 체스 게임을 작업하던 한 디자이너가 이해관계자들이 요구한 변경사항들에 진절머리가 났는데, 그가 어떻게 하든 간에 이해관계자들은 또 수정 작업해야 할 일거리를 만들어낼 것 같았다. 그래서 그 사태를 미연에 방지하고자 그가 딱 원했던 여왕 캐릭터를 하나 만들고 그 옆에 애완용 오리를 하나 넣었다. 오리는 흉측하고 과하게 그렸고 스크린에서 파닥거리는 애니메이션을 넣었다. 제프가 운영하는 블로그 '코딩 호러 Coding Horror'에 따르면 제작자는 애니메이션 세트를 검토하고는 "좋네요. 하나만 처리합시다. 오리는 삭제해주세요"라고 말했다고 한다.[4]

털이 수북한 팔

잠깐, 하나 더 있다. 사실 이런 아이디어가 나온 건 꽤 오래됐다. 1940년대에 디즈니 Disney 애니메이션 작가들은 비슷한 솔루션을 만들어냈다. 아트 디렉터들은 변경해달라고 요청하는 걸 즐겼고, 애니메이션 작가들에겐 같은 캐릭터를 계속 그리고 또 그리는 게 고통

2   Jeff Atwood, Coding Horror Blog, "New Programming Jargon," July 2012, *http://bit.ly/1JfEtrg.*

3   옮긴이_ 자사의 제품이나 서비스가 고객에게 어떤 가치를 제공할 것인지 표현한 것

4   Atwood, "New Programming Jargon."

스러웠다. 그래서 자신들이 동의하지도 않는 수정 작업을 하지 않기 위해 기존에 제안한 디자인 시안은 그대로 두고, 수정본 속 캐릭터 팔에는 수북한 털을 그려 넣었다. 1940년대 사람들은 만화 캐릭터 몸에 털이 있는 걸 좋아하지 않았고 이런 무의식적인 경향이 반영돼 아트 디렉터들은 수북한 털이 그려진 캐릭터에 거부감을 표했다. 그 이후로 일명 '털이 수북한 팔'[5]은 일부러 주의를 다른 쪽으로 돌려서 궁극적으로는 여러분이 원하는 방향에 동의하게끔 만드는 전략으로 널리 쓰이게 됐다.

만약 여러분이 이 오리 그림 때문에 글을 읽다가 주의가 흐트러졌다면 사과한다.[6]

5   Melissa Block, All Things Considered, "What's With All Of The 'Hairy Arms' In Graphic Design?" November 2014, *https://n.pr/39azjRt*.

6   CC0 1.0 보편적 퍼블릭 도메인에 귀속됨. 라이선스는 *https://creativecommons.org/licenses/cc0/1.0*에서 확인할 수 있다.

더 나은 논의 방향으로 세팅하자

물론[7] 이해관계자들을 기만하거나 조종해서는 안 되지만 이러한 사례를 통해 전하고자 하는 사실이 하나 있다. 여러분이 무얼 하든 불만을 갖는 사람이 있으므로, 사용자 경험 품질을 해치지 않는 선에서 해결할 방법을 찾아야 한다. 털이 수북한 팔이나 오리 그림을 삽입하는 건 기발한 이야기이기도 하지만 모든 인간관계는 주고받는 상호작용이라는 점을 지적하고 있다. 솔루션을 제공하기에 적절한 방법을 깨닫고 지지를 얻을 수 있는 방향에 논의를 맞출 방법을 활용해야 한다.

사람들은 보통 작업 대상의 맥락과 정확도fidelity를 적절하게 맞춰서 논의가 잘 흘러가게끔 노력한다. 이해관계자들에게 어떤 피드백이 유용한지 전달해서 위에서 언급한 내용을 활용해야 하는 상황 자체가 일어나지 않게 할 수도 있다. 3장에서 살펴봤듯이 회의에서 논의의 맥락을 미리 세팅하는 건 중요하다. 여러분이 원치 않는 피드백을 다루느라 고군분투하고 있다면 앞으로 제시할 내용이 이유일 수도 있다.

왜 여러분 솔루션에 반대하는가?

동의하지 않는 방향으로 수정해달라는 요청은 정말이지 피하고 싶

---

7   당연한 말이다. 그렇지 않은가?

다. 우리는 이제까지 이해관계자들의 말을 경청하고, 이해하면서 그들의 수요에 맞춰 답변하려고 최선을 다하지 않았는가. 그런데도 반대하거나 수정해야 한다고 주장하는 사람이 있다면, 거기에는 몇 가지 이유가 있다.

오해가 있는 경우

이해관계자가 여러분 제안을 반대하면서 수정해야 한다고 주장한 다면, 한 가지 유추해볼 법한 이유는 여러분이 상대를 이해하지 못하고 있어서일 수도 있다. 서로 소통이 잘 안 돼서 여러분의 이해관계자가 캐러셀carousel이 뭔지 잘 모르거나, 제대로 안 들었거나, 맥락을 착각했을 수도 있다. 이런 경우 잘못된 의사소통을 정리하면 대개 해결된다. 또 다른 경우, 프로젝트에서 명시하는 목표가 바뀌었거나 시간이 지나면서 변했을 수도 있는데, 처음에 해결하던 접근 방식과는 지금 다른 방법을 쓰기 때문이다. 흔히 있는 일이다. 이해관계자가 변경을 제안할 땐 대개 이전과는 달라진 목표를 반영해서 제안하는 의견일 수도 있다. 오해의 진짜 원인이 무엇인지 파악하고 목표를 명확하게 바로잡으면 논의를 건전한 방향으로 돌려놓는 데 도움이 될 것이다.

여러분의 디자인이 최적의 솔루션이 아닌 경우

받아들이기 어렵다는 걸 안다. 하지만 여러분의 디자인이 가장 좋은 솔루션이 아닐 수 있다. 사실 여러분이 완전히 틀렸을 수도 있다. 이 부분은 이 장 후반부에서 좀 더 다룰 예정이다. 이해관계자와 리더는 이유가 있으니 권한을 가진 직책을 맡고 있고 프로젝트의 성패에 책임을 지는 사람들이라는 사실을 깨닫는 게 중요하다. 그들은 다른 분야의 전문적인 지식, 디자이너인 우리가 갖고 있지 않은 사업상의 통찰력을 갖고 있다. 이해관계자들이 우리가 최상의 솔루션을 제안할 수 있도록 믿어주는 만큼 우리 역시 최종 결정의 순간에는 이해관계자들을 믿어야 한다. 쉽지 않겠지만, 그게 현실이다.

아직 만족스럽지 않은 부분이 남아 있는 경우

어떤 이들은(특히 임원들) 자신에게 중요한 내용이 반영되는지 알고 싶어 한다. 사용자 중심적인 발상은 아니다. 아마도 중요한 클라이언트나 다른 임원이 요청한 내용일 수도 있다. 이런 유형은 자신이 중시하는 내용이 반영됐는지 알기만 하면 대개 만족하는 편이다. 심지어 시키는 대로만 하면 너무 좋아할지도 모른다. 이전에 필자와 같이 일했던 한 관계자는 소셜 미디어상에서 해당 앱에 관해 언급하는 멘트를 전부 살펴보는 걸 굉장히 좋아했고, 그걸 홈페이지에 담아야 한다고 주장했다. 실제로 그가 원한 건 바로 접근할 수 있는 루트였다. 그래서 그가 단축 URL로 즐겨찾기 할 수 있게 만들어줘서 그의 요구를 충족시켜줬다.

하지만 항상 간단한 건 아니다. 우리는 2장에서 이해관계자의 요구를 이해하는 방법을 살펴봤다. 만약 여러분의 이해관계자가 드러내지 않는 요구가 있어 보인다면, 그걸 알아내고 해결할 방법을 찾기 위해 더 노력해야 한다.

상대방이 부당하게 나오는 경우

상대방이 너무 불합리하게 행동하는가? 상대방은 그럴 수도, 그렇지 않을 수도 있다. 어떤 이는 부당하게도 우리가 뭐라고 말하든지 자기 방식대로 해야 한다고 고집을 피우기도 한다. 어떤 이는 의도하지 않았더라도 본인의 이해에 가장 좋은 쪽으로만 행동하기도 한다. 인구의 4%가량은 임상적으로 소시오패스sociopath라는 추정이 있다.[8] 즉 인구의 4%는 주변 사람을 컨트롤하려고 정직하지 못하거나 교묘하게 조종하는 사람이다. 하지만 소시오패스에게서 정말 두드러지는 특징은 그런 행동을 자책감도 없이 행한다는 점이다. 그런 유형의 사람들은 도덕적 잣대 없이 행동하며, 자신의 결정이 다른 사람에게 어떤 영향을 미칠지 공감하거나 고려하지 않는다.

　게다가 소시오패스적인 성격은 기업 간부급 직책을 맡고 있는 사람에게서 나타날 확률이 4배 정도 큰 것으로 나타났다.[9] 여러분의 CEO가 여러 명을 죽인 살인자라는 말이 아니다. 소시오패스적

8　　마사 스타우트, 『당신 옆의 소시오패스』, 김윤창 역, 산눈, 2008

9　　M.E 토머스, 『나, 소시오패스』, 김학영 역, 푸른숲, 2014

인 경향이 항상 폭력적인 성향으로 발현되는 건 아니기 때문이다. 한번 생각해보자. 이런 사람들은 때로는 타인을 희생시키면서도 업무나 성과를 중심으로 행동한다. 여러분의 결정이 모든 사람에게 어떤 영향을 미칠지 신중하게 생각한다면 중요한 비즈니스 결정을 내리기 어려울 수도 있다. 물론 극단적으로 부정직하게 조종하거나 거짓말하는 사람도 있는데, 임원 대다수는 사람 간 관계가 내포하는 감정을 잘 배제했기 때문에 그 자리에 올라 있는 사람들이다. 이런 유형의 임원들이 의사결정하는 방식이 항상 합리적인 것처럼 보이지는 않는다. 하지만 이 사실을 인지하고 임원들과 일할 때 주의를 기울여야 한다.

이런 경우는 사실 여러분 생각만큼 흔하지 않다. 여러분의 이해관계자가 완전히 터무니없게 행동할 가능성은 낮다. 이해관계자가 터무니없다고 생각하는 이유는 대개 여러분이 상대방의 관점에서 바라보지 않기 때문이다. 여러분이 이해관계자의 입장이었더라면 아마 같은 결정을 내릴 수도 있다. 불합리한 제안을 하는 경우는 알고 보면 훨씬 간단한 이유에서 비롯되기도 하는데, 이해관계자는 그저 여러분이 들어주길 바라는 마음에서 제안을 하기도 한다.

자기 말을 들어주는지 알고 싶어 하는 경우

믿거나 말거나, 이게 가장 흔한 (그리고 암암리에 알려진) 이유 중 하나일 수 있다. 이해관계자들은 그저 우리가 자신의 아이디어나 제안사항을 듣고 진지하게 받아들이는지 알고 싶어서 이야기하곤 한다. 터무니없어 보이는 대다수의 사람들이 실은 자신이 말한 내용을 우리가 들었는지 확신이 서지 않아서 자기 의견을 고집하고 이래라저래라 하는 행동 말고는 달리 방도가 없다고 여긴다.

권한이 있는 직책에 앉은 사람은 권한을 가지려고 한다![10] 자신의 의견이 여러분 의견만큼이나 타당하다고 생각한다. 여러분이 어깨를 으쓱하고 상대방의 의견을 대수롭지 않게 여기면서 자기 의견을 설명하려 들면 변명으로 들릴 수 있다. 상대방은 자기 생각을 틀렸다고 무효로 만들어버린다고 생각할 수 있다. 여러분이 상대방의 의견대로 수정하는 걸 반대한다면, 설령 간접적으로 돌려서 거부하더라도 자기 말을 듣고 있지 않는다고 여길 수도 있다. 그러다 보니 불합리해 보이고 여러분이 동의하지도 않는 수정사항을 고집하게 된다. 여러분이 상대방의 의견을 받아줄 다른 소통 방식을 보여주지 않았기 때문이다.

이해관계자가 너무 자만해서 일부러 자기 의견을 고집한다는 의미는 아니다. 필자가 볼 때 이런 상황은 이해관계자가 의사결정 과정에서 자신이 존중받고 있지 않다고 느낄 때 무의식적으로 일어난다. 이럴 때는 여러분이 이해관계자의 의견과 피드백을 얼마나 존중하는지 알려줘야 한다. 이해관계자는 여러분이 자기 의견을 대

10   맞다. 그렇지 않은가?

수롭지 않게 여겼다고 느꼈을지도 모르기 때문이다. 하지만 그보다도 왜 여러분의 솔루션을 선호하는지 상대방이 수긍하게끔 돕지 않았다는 점이 더 중요하다. 이해관계자에게 다가가 의견을 다시 물어봐야 한다.

역경을 기회로 삼자

누군가의 '형편없는 아이디어'가 항상 형편없고 모든 걸 망쳐버리는 건 아니다. 때로는 우리가 그 아이디어를 반영해 수정하면서 더 안 좋은 결과물을 만들어내는 걸 수도 있다. 상대방의 의견에 맞서 싸우거나 그 의견을 더 잘 다듬어보려고 힘겹게 노력하기보다 그저 포기해버리거나, 넘겨버리거나, 상대방이 제안한 곧이곧대로 작업해버리기도 한다. 하지만 이렇게 대응하면 이전에 전혀 생각도 못 했던, 어쩌면 더 좋은 방향으로 디자인을 발전시킬 수 있는 기회를 놓쳐버리게 된다.

모든 디자인에는 제약과 한계가 있기 마련이다. 사용하기 쉬운 웹사이트나 앱을 개발하는 게 우리에게 주어진 과제이지만, 일부 기능, 사용자 스토리, 모바일 기기가 갖는 한정된 화면 사이즈 등 주요 제약사항에 맞춰서 작업해야 한다. 매일 주어진 제약상황 안에서 훌륭한 무언가를 만들어내야 한다는 과제를 처리하며 하루를 보내는 것이다. 프로젝트에 제약이 전혀 없다면 이론상 일하기 훨씬 쉽겠지만 그만큼 성취감은 덜 느낄 것이다. 실은 이런 제약사항이 우리를 더 나은 디자이너로 만들어준다. 우리는 제약사항을 해결하려고 고군분투하는데, 다른 사람들은 그 한계를 어떻게 해결해야 할지 모를 수 있다. 그러니 여러분이 지지하지 않는 디자인 사항을 반영해야 한다면 일단 포기하지 말고 좋아 보이도록 인터페이스 상단에 반영해볼 필요가 있다.

동의하지 않더라도 일단 반영하면서 가능한 한 최적의 수정 방안을 모색할 기회로 승화시킬 수 있다. 새로운 제약사항은 프로젝트에 반영해야 하는 부분이다. 이해관계자들은 우리에게 금전적 대가를 지불하는 만큼, 우리가 '가장 좋은 방법을 찾아낼 것'이라고 기대한다. 그러므로 그럭저럭 디자인 작업을 하고 그게 변경되지 않길 바라기보다는 제약사항을 받아들이고 사용자 경험을 개선하는 데 활용하는 걸 목표로 해야 한다. 수정하면서 정신없는 상황에서도 기회를 발굴해야 한다. 앱 품질을 향상하고, 기발한 솔루션과 창의적 사고로 논의할 기회다.

필자가 경험한 바로는, 누군가의 제안이 노다지라고 할 만큼 아주 좋은 기회일 때도 있다. 이해관계자가 수정하자고 제안하는 부분이 훨씬 좋은 솔루션을 도출하는 대화로 이어질 수도 있다. 의사소통자로서 여러분의 앱 개발에 최적의 결과를 창출할 수 있는 방향으로 대화를 이끌어야 한다. 질문을 할 수도 있고, 상대방의 관점을 파악해볼 수도 있고, 상대방이 하는 말을 경청할 수 있다. 우리가 이전 장에서 다룬 모든 소통의 기술 말이다. 그리고 다른 사람을 언루시키자. 그들이라면 어떻게 문제를 해결할지 물어보자. 대안을 제안하자. 심지어 형편없는 대안이 솔루션을 모색하는 대화의 물꼬를 틀 수도 있다. 여러분이 의사소통자로서 소통의 기술을 실전에 옮기고 적절한 사용자 경험을 위한 논의의 장을 이끌 기회다.

다른 문제점을 파악하자

가끔은 이해관계자의 수정해야 한다는 주장이 미처 예상하지도 못했던 방향으로 앱을 개선하는 결과로 이끌 수도 있다. 그 이해관계자가 아니었다면 찾지 못했을 문제점을 해결할 수 있다. 필자가 이전에 디자인했던 모바일 앱은 탭으로 나뉜 리스트 뷰와 막대그래프 뷰 양쪽에 모두 인구통계학적 데이터를 표시하고 있었다. 원안에서 이 뷰 두 개는 눈에 띄게 달랐는데, 시간이 가면서 팀에서 이리저리 손보면서 결국 우리도 알아채지 못하는 사이 의도치 않게 뷰 두 개가 비슷해졌다. 클라이언트는 막대그래프에 추가 필드를 삽입해달라고 요청했는데, 우리는 두 가지 뷰를 하나로 합칠 수 있다는 걸 깨달았다. 정보를 나타내던 두 방식을 하나로 합쳐서 일반 사용자에게 보다 심플한 사용자 경험을 제공할 수 있게 됐다. 클라이언트가 제시한 수정 내용에 반대했다면 이렇게 더 나은 솔루션에 이르지 못했을지도 모른다.

　어떤 프로젝트에서는 이해관계자들 중 누군가 양식 유효성 확인 및 메시지 인터랙션을 수정해달라고 요청했던 적이 있다. 그녀의 의도는 적절했지만 사용자 경험이 질적으로 하락할 것이라고 생각했다. 우리 팀은 무턱대고 그녀의 요청을 반영하기보다는 우리가 하던 방식이 효과가 있을지 확실히 확인하고자 바로 사용자 테스트를 실시했다. 사용자의 태스크 이행 전 과정을 end-to-end 관찰한 결과, 사용자 흐름에서 완전히 다른 결함 한 가지를 발견했다. 필자가 제안한 방향도, 클라이언트가 제안한 방향도 좋지 않았다. 만약 이해관계자의 제안에 필자가 개방적인 태도를 취하지 않았더라면 이렇게 신속하게 문제점을 발견하지 못했을 것이다.

이해관계자의 요청을 변화 내지 문제 해결의 기회로 받아들이는 태도가 불평하면서 순응하는 태도보다 훨씬 건전하다. **디자인을 변경하는 일은 어찌 됐든 생길 테니**, 이 변화에 대비하자. 이 상황을 어떻게 해결할지 이미 알고 있다면 설령 어려운 일이더라도 최상의 사용자 경험을 창출하는 데 더 적절한 방향을 세울 수 있다. 이해관계자들은 여러분의 노고를 알아줄 것이고, 여러분의 태도는 여러분이 제대로 일을 추진할 수 있게 해준다. 결국 궁극적으로는 사용자들이 여러분에게 고마워할 것이다.

'감정은행계좌'에 신뢰를 쌓자

이해관계자의 피드백을 받아들이는 데 여러 방법이 있다는 걸 고려할 때, 모든 관계는 주고받는 give-and-take 상호작용 행위를 내포한다는 걸 깨달아야 한다. 일방통행인 관계에서는 타인과 건전한 관계를 형성할 수 없다. 다른 사람들이 수정사항을 제안하지 않기를 기대할 수는 없다. 결론을 말하자면, 다른 사람들의 바꾸자는 제안을 맞닥뜨리고 처리해야 한다. 이걸 미리 예상하고 어떻게 대응할지 생각해두는 게 훨씬 유익하다.

지극히 경제적인 관점에서 보자면 여러분이 디자이너로서 할 일은 이미 서로 주고받는 관계로 형성돼 있다. 여러분은 돈을 받고 그 대가로 디자인을 제공한다. 상대방과의 관계가 단순히 작동하는 게 아니라 잘 돌아가게 하려면 이해관계자가 계속 만족할 수 있도록 해야 한다. 이건 단순한 경제적 거래 이상의 영역이다. 신뢰를 쌓고, 여러분의 전문성을 보여주고, 기대하는 바에 잘 대응하고, 효과적으로 소통해야 하는데, 이는 (물론) 기대하는 결과물을 전달할 때 가능한 일이다. 여기서도 서로 주고받는 상호작용이 있다. 은행 계좌를 떠올려보자. 여러분에게 긍정적인 경험은 예입이고, 부정적인 경험은 인출이다. 세계적인 베스트셀러 『성공하는 사람들의 7가지 습관』(김영사, 2017)의 저자 스티븐 코비Stephen Covey는 책에서 이를 '감정은행계좌Emotional Bank Account'라는 은유적 표현을 썼다. 인간관계에서 항상 신뢰의 잔고를 쌓아 유지해야 한다.

여러분이 이해관계자에게 동의할 때마다, 긍정적인 감정을 예입한다고 보면 된다. 약속했던 대로 지표 개선을 달성한다면, 신뢰가 쌓이는 예입이다. 이해관계자 마음에 쏙 드는 매우 멋진 디자인을 보여줬다면, 이 역시 신뢰가 쌓이는 예입이다. 그러나 상대방의 의견에 반대하면, 신뢰의 인출이 시작된다. 마감 기한을 맞추지 못했거나 피드백을 받고 나서 후속조치를 제대로 취하지 못했다면 이 역시 신뢰가 깎이는 인출이다. 사용자에게 제일 좋은 방향이라 믿고 수정해달라는 요청을 거부했는가? 결론적으로는 여러분이 옳을 수도 있겠지만, 일시적으로 상대방과의 관계에서는 신뢰의 인출이다. 논의를 하고 하루를 끝낼 때쯤이면 신뢰의 감정은행계좌에 빗대어 여러분과 이해관계자의 관계를 가늠해볼 수 있다. 이해관계자가 중요한 순간에 여러분을 믿고자 하는 의지는 이 감정은행계좌 잔고에 달려 있다.

디자이너로서 감정은행계좌란 때때로 기세를 꺾고, 설령 반대하더라도 그저 신뢰를 쌓는 차원에서 이해관계자의 요청대로 수정해야 하는 경우도 있음을 의미한다. 여기서 어떤 경우에 맞서 싸울 가치가 있는지 인식하는 게 중요하다. 여러분은 신중하게 큰 그림을 고려하고 가장 중요한 부분에서만 활발하게 논의하는 걸 선택해야 한다. 목표, 문제점, 사용자에 초점을 맞추고, 여러분이 반대하는 영역은 가능한 한 가장 좋은 인터페이스를 개발할 수 있는 방향으로 조치를 취해야 한다. 모쪼록 이런 상황에 대응하는 법을 배우게 될 것이다. 여러분은 항상 사용자의 수요와 이해관계자의 수요 및 요구사항 사이에서 계속 균형을 맞추도록 노력해야 한다. 두 가지가 서로 충돌할 때는 어렵지만 어디서 선을 그어야 할지 결정을 내려야 한다. 하지만 이 선을 그을 때 여러분에게는 항상 선택지가 있다는 사실을 유념하자. 디자이너로서 여러분은 회의할 때마다, 그리고 대화를 나눌 때마다 그 균형을 맞추는 경계선을 그릴 수 있다(혹은 다시 그릴 수도 있다). 사람끼리 일하는 데서 생기는 제약 사항을 고려할 때, 프로젝트 결과물은 대부분 여러분이 이런 일련의 논의 과정을 효과적으로 관리하고 최상의 솔루션을 찾는 역량에 달려 있다.

이해관계자와의 신뢰를 쌓는 행위가 장기적인 관점에서 이루고자 하는 목표는 이해관계자들이 처음부터 여러분의 결정에 질문을 제기하기보다 여러분의 결정이 옳다는 생각을 공고하게 만드는 일이다. 필자의 클라이언트들은 필자가 의견을 갖고 있으며 관점을 표현할 수 있다는 점을 알고 있다. 시간이 지나면서 이해관계자들은 필자를 신뢰하고, 필자의 선택이 미심쩍은 게 아니라 다 그럴 만한 이유가 있을 거라고 보는 관점으로 바뀌게 된다. 최근에 이해관계자와 통화를 할 때 그가 어떤 디자인 요소에 관한 질문을 하면서 "톰이 선택하는 데는 보통 거기에 타당한 이유가 있다는 걸 알고 있습니다. 톰, 왜 그렇게 작업 한 거죠?"라며 필자의 의견에 따르려는 태도를 보였다. 여러분의 이해관계자가 이런 관점을 갖고 여러분의 디자인을 고려해준다면 향후 자랑스러울 만큼 훌륭한 사용자 경험을 개발하기 위한 토대를 다질 수 있다.

여러분이 잘못했을 때

좋은 의사소통 방법은 여러분을 지지해줘야 할 사람들과 신뢰를 쌓는 일이다. 그저 왜 여러분이 옳은지 설명하는 소질도 중요하긴 하지만 그걸로는 충분하지 않다. 친분, 신뢰, 좋은 결정을 만들어낸 실적을 쌓아야 한다. 여러분의 디자인이 목표를 달성한다고 생각하는 사람이 많을수록 결정을 내릴 순간이 다가오면 사람들은 여러분의 판단에 따를 가능성이 크다. 이런 흐름은 경험과 좋은 관계가 뒷받침될 때야 비로소 가능하다.

하지만 여러분이 틀린 경우, 신뢰가 깨질 수도 있다. 기대한 만큼 지표가 개선되지 않았거나, 출시 일정을 맞추지 못했거나, 디자인이 사용자에 효과가 없다는 게 밝혀졌을 때가 그 예다. 자신감을 갖고 여러분이 내린 결정을 설명했는데 여러분의 예상이 무너지는 상황을 지켜보는 건 힘든 일이다. 여러분의 결정이 해당 제품에 치명적인 해를 끼치지 않길 바라지만, 만약 여러분의 디자인이 옳은 솔루션이 아니라면 결코 다루기 쉽지 않은 갈등이 생겨나게 된다. 여기서는 다음과 같은 선택지가 있다. 잘못을 인정하거나, 책임을 회피하거나 거부하고 스스로 면죄부를 주는 행동이다.

잘못을 저지르는 게 신뢰를 무너뜨리는 것 같아 보이겠지만, 실은 실수를 인정하는 게 신뢰를 쌓는 전화위복의 기회가 되기도 한다. 이해관계자를 실망시켰다는 사실을 인정하는 게 직관에 어긋나는 행동 같아 보일 수도 있다. 어떻게 이 행동으로 신뢰를 쌓을 수 있는 걸까? 법정에서 범죄 행위를 인정한다는 건 곧 처벌받고 감당할 준비가 됐음을 의미한다. 실수로 이해관계자와의 신뢰를 깼다면 대가를 치러야 한다. 하지만 인간관계에서 타인은 여러분 생각보다 더 잘 용서를 해주는 편이다. 사람들은 교묘한 속임수보다 정직함을 높이 산다. 덮어버리는 행동보다는 투명하게 밝히는 태도를 선호한다. 여러분이 실수를 인정한다면 다시 신뢰해줄 수 있다. 정직이 최고의 방책이다. 어려운 대화인 만큼, 처음에는 위태로울지도 모른다. 하지만 사람들이 여러분은 믿을 만한 사람이라고 생각한다면 최후에는 여러분에게 이득이 될 것이다. 혹여 일을 그르치더라도 인정하고, 바로잡고, 앞으로 다시 나아가면 된다.

최악의 시나리오는 여러분의 실수가 회사에 금전적인 손해를 끼치는 것이다. 중대한 실수로 해고당할 수도 있다. 하지만 솔직히 말해서 필자는 회사가 보복할 거라고 두려워해야 한다고 생각하지 않는다. 관리자로서 말하자면, 사람을 고용하고 좋은 직원들은 계속 곁에 두는 게 정말 쉽지 않은 과제다. 그동안 인간관계를 잘 쌓아왔고 여러분이 속한 조직에 기여해왔다면 여러분이 작업한 디자인 중 한 부분이 기대를 충족하지 못했다고 해고당할 확률은 극히 적다. 그러니 여러분 자리를 걱정하면서 자기방어하려고 하지 말자. 실패할 거라고 예상하면 실패로 가게 되는 것처럼, 그런 행동은 자기충족적인 예언에 불과하다.

인정하고 다음으로 넘어가기

문제가 생긴 상황을 처리하고 넘어가는 게 최선의 방법이다. 자부심은 떼어내고 실수를 바로잡기 위해 처리할 일의 순서를 정하자. 직접적이고 명확하게 어떤 문제가 발생했는지 말하자. 명확하게 "제가 틀렸습니다" 또는 "제가 실수했습니다"라고 말해야 할 뿐 아니라 문제를 해결할 방법을 빠르게 모색하고 변명보다는 해결방안에 초점을 둬야 한다. 이해관계자들에게 지금 어떤 일을 처리해야 하는지 설명하고, 명료한 계획을 수립하자. 대부분의 이해관계자들은 결과 지향적이므로 빠르게 실수를 인정하고 바로 솔루션으로 넘어가자. 여러분을 스스로 솔루션의 일부로 포함한다면 그 문제를 해결할 사람은 자신이라는 메시지를 전달할 수 있다. 이해관계자들에겐 문제를 바로잡으려면 여러분이 필요하다. 비판의 화살은 여러분을 향하고 있기 때문에 문제 해결의 시급성과 더불어 자신 임무 그 이상으로 나서서 문제를 바로잡겠다는 의지를 피력한다면 일을 추진하는 데 필요한 신뢰를 쌓는 데 도움이 될 것이다.

뭔가 잘못된 이유 자체는 문제 해결만큼 중요하지 않다. 이미 엎질러진 물에 집착하지 말자. 이렇게 말하면 변명처럼 들릴 수도 있다. 대신 문제가 발생한 이유는 최소한으로 언급하고 바로 해결하려는 조치를 취하자. 만약 사람들이 어쩌다 그런 일이 생겼는지 알고 싶어 하거나 알아야 한다면 그들이 물을 것이고, 그러면 그때 대답해주면 된다.

책임의 화살

사람들은 보통 문제가 생기면 그 문제가 누구 책임인지 알고 싶어 한다는 사실을 깨닫는 것도 중요하다. 불공평해 보이지만 어떤 이들은 그저 문제가 생기면 상사에게 말할 때 앞에 내세울 희생양을 원한다. 좋은 이해관계자는 프로젝트 관련 결정사항을 관리하는 사람으로서 여러분의 실수를 받아들인다. 설령 여러분의 이해관계자가 그렇지 않더라도 여러분이 무슨 실수를 했는지 인정하고 다음으로 넘어간다면 문제를 보다 신속하게 해결할 수 있을 것이다. 문제점의 원인이 밝혀지고 나면 다들 다음 단계로 넘어가는 걸 용인하는 편이다.

리더로서 책임 일부 인정하기

여러분이 리더인 경우 다음 단계로 넘어가려면 여러분의 통제 아래 있지도 않았던 문제를 인정해야 하는 상황도 생긴다. 팀원들이 계속 "왜 이런 일이 생겼죠?"라는 질문에만 매달려 있다면 프로젝트가 제대로 나아가지 못한다. 팀원들이 연관된 프로젝트에 생긴 문제가 여러분만의 책임일 리 없겠지만 그 문제에 일부라도 (아주 작게나마) 여러분의 책임도 있음을 인정하는 건 충분히 가치 있는 행동이다. 이런 행동은 종종 마치 팀을 위해 총대를 메고 책임지는 듯한 결과를 낳을 수 있다. 항상 추천할 만한 방법은 아니지만 서로 비난의 화살을 돌리는 심각한 상황에서는 이 행동이 다음 단계로 넘어가게 하는 최선의 방법일 수 있다.

잘못했다는 사실 파악하기

여러분이 틀렸다는 걸 인정할 때, 틀렸다는 걸 처음 인지하는 게 가장 어려운 일이다. 문제점을 인지할 때 여러분의 자만심은 방해가된다. 디자이너로서 우리는 자신의 디자인이 세상에 선보일 완벽한창조물이라고 여기곤 한다. 설령 사람들이 우리에게 지적해줘도 디자인이 가진 결점을 파악하기란 매우 어려운 법이다. 디자인이 좋지 않다는 사실을 거부하기도 한다. 그렇다면 작업한 디자인이 잘못됐다는 사실을 어떻게 알게 될까? 크게 세 가지 위험신호가 있는데, 이는 여러분이 성공적인 디자이너가 되는데 갖춰야 할 세 가지요소와도 일맥상통한다.

여전히 문제점이 남아 있을 때

문제점을 해결하려던 여러분의 디자인이 항상 기대한 대로 실현된다는 보장은 없다. 여전히 문제가 남아 있다면 그땐 여러분이 잘못했다는 의미이므로 수정해야 한다. 필자는 실제로 해결되지 않은문제점을 두고 본인의 디자인에 책임이 있다고 완강하게 인정하지않는 디자이너들을 봐왔다. "다시 디자인했고 이젠 한결 더 낫습니다. 이랬는데도 전환 부분이 개선되지 않으면 다른 데 문제가 있는게 틀림없어요"라고 말하곤 한다. 여러분의 디자인이 얼마나 훌륭하다고 생각하든 간에 여전히 문제점이 남아 있다면 그건 여러분이 잘못했기 때문이다.

사용자가 이해를 못할 때

여러분이 작업한 디자인은 사용하기 쉽기를 바라므로 실제로 사람들에게 사용하기 쉬운지 파악해야 한다. 만약 그렇지 않다면, 여러분 잘못이다! 필자는 자신의 인터페이스는 사용하기 쉬우니 얼마나 많은 사용자 테스트가 실패하든 상관없이 수긍하지 않는 디자이너들과 일해본 적이 있다. 그런 디자이너들은 보통 사용자들을 비난하곤 한다. "이 인터랙션은 모바일 기기에서 흔한 인터랙션입니다. 만약 사용자가 어떻게 사용하는지 모르겠다고 하면 그건 분명 그 사람이 현대 디자인 패턴에 익숙하지 않아서입니다"라고 말하곤 한다. 사용자는 아무런 죄가 없다. 여러분의 디자인이 문제이다.

지지를 얻지 못할 때

여러분이 프로젝트에서 유일한 디자이너라면 여러분의 솔루션이 너무 좋다며 자만해질 수도 있다. "여기서 그 누구도 좋은 디자인이 뭔지 모른다"라며 여러분의 솔루션을 정당화하고, 심지어 반대가 있더라도 여러분이 옳다고 주장하게 된다. 하지만 다수의 사람들이 여러분의 결정에 반대한다면 그건 뭔가 잘못했다는 분명한 신호다. "여러분이 다 이런 결정에 반대하는 걸 알지만 디자이너의 관점에서 보자면 이게 가장 적절합니다"라고 말할지도 모른다. 어렵게 내린 결정을 다들 믿어주기를 바라겠지만, 여러분이 디자이너라고 항상 옳은 건 아니다. 뭔가 밀어붙일 때 사람들이 여러분을 어떻게 보는지 분위기를 파악하고 현명한 태도를 취하자. 여러분이 기업 소유주라면 이런 위험 부담쯤은 감수할 수 있다. 하지만 여러분이 회장이나 사장이 아니라면 다른 사람들도 해당 프로젝트에 목소리를 내고 영향을 미칠 수 있게끔 하자.

어쩌다 이런 상황이 생겼든 간에 여러분이 잘못했다는 걸 깨닫고 인정할 의사가 있다면 상황을 받아들이는 단계로 바로 넘어가자. 바로잡는 행동 자체에 집중하고, 솔루션을 제안하고, 문제의 시급함을 전하고, 주저하지 말고 결정을 내리자. 실수에 관한 여러분의 반응이 곧 한 인간으로서 여러분의 그릇을 말해주고, 일을 추진하는 데 필요한 사람들의 신뢰를 쌓는 데 영향을 미친다. 여러분이 잘못했다는 사실을 깨닫고 솔루션을 제안하는 행동은 디자인을 수정하는 상황에서 매우 중요한 행동이다.

이해관계자의 기대를 관리하자

클라이언트, 리더, 이해관계자와의 관계에서 그들이 여러분과 프로젝트, 그리고 그 결과물에 기대하는 바를 관리해야 한다. **적절하게 상대방의 기대를 세팅하고, 조절하고, 소통하는 능력은 매번 완벽**

한 솔루션을 만들어내는 능력보다 중요하다. 이건 여러분이 예상치 못했던 변경사항을 마주하게 되거나 이해관계자의 피드백으로 인해 다른 방향으로 프로젝트가 흘러갈 때 특히 중요하다. 단순히 수정하기보다는 **어떻게** 프로젝트를 변경할지, **어떤** 사고 흐름과 접근법을 취할지, **언제** 수정 작업이 끝날지 상대방이 파악할 수 있게 설명해야 한다. 처음부터 (그리고 과정 전반에 걸쳐) 상대방이 기대하는 바를 적절하게 세팅하는 일은 이해관계자의 지지를 얻고 장기적으로는 동의를 얻으려면 중요하다.

필자가 이 장에서 이런 이야기를 꺼내는 이유는 이 단계에서 모든 관계자들이 상황을 이해하게끔 노력해야 하기 때문이다. 필자는 그동안 디자이너가 잘못된 아이디어를 갖고 있거나 혁신적인 솔루션을 창출하는 데 열심히 노력하지 않아서가 아니라, 서로에게 갖고 있는 기대를 제대로 소통하지 않아 결국은 핵심 인물들에게서 지지를 얻지 못해 프로젝트가 실패하는 걸 봐왔다.

가장 기억에 남는 일화로, 짐Jim이라는 사람이 있었다. 필자는 새 프로젝트 디자인 부분을 이끄는 역할로 짐을 채용했다. 해당 웹 서비스는 운영 기록track record이 없었고 내부 지원도 적고 할당된 예산도 거의 없는 상황이었다. 우리는 무에서 유를 창조하는 일처럼 이전에 개척하지 않았던 분야에서 가치를 창출해냈어야 했다. 새롭고 흥미로운 영역이었지만 다른 사람들도 우리 비전을 이해하고 지지해주도록 만들어야 한다는 난관에 부딪혔다.

짐은 젊고 경험이 없었지만 아이디어가 좋았고 재능 있는 디자이너였다. 그는 비전을 파악했고 관련 경험이 있었으며 에너지는 넘치는 사람이었다. 동시에 자기주장이 너무 강하고 약간 미성숙한 감도 있고 자만심도 있는 편이었다. 상사들이 주의를 줬음에도 필자는 짐을 채용했다. 필자는 그를 지도할 수 있을 거라고 생각했다. 그건 엄청난 착각이었다.

새 플랫폼을 내부 사용자 및 잠재 고객 모두를 대상으로 테스트하면서 좋은 피드백을 아주 많이 받았다. 대부분의 사람들이 흥미 있어 했지만 다수가 수요를 이해하지 못했다. 시도해볼 의사는 있었지만 회의적이었다. 게다가 새 플랫폼은 웹사이트의 기존 콘텐츠 관리 시스템을 대체할 거라는 사실이 문제를 더 복잡하게 만들었다. 사람들이 새 제품을 이해하도록 도와야 한다는 문제뿐만 아니라 조직 내 대다수의 사람들이 업무 흐름이 어떻게 바뀔지 염려하고 있었다.

짐이 이 문제를 다룬 방식은 그리 이상적이지 않았다. 누군가 우려를 표하거나 질문을 하면 그는 바로 방어적인 태세로 돌변해서 상대방이 틀렸다고 반응했다. 한 번은 매니저에게 그 사람들이 늙어서 이해를 못 한 거라고 말하기도 했다. 마치 "이 제품은 사용하기 쉽다니까요! 이해가 안 됩니까? 지금 이렇게 하고 있는 게 혁신적인 거라고요! 이런 변화를 도통 사람들이 받아들일 줄을 모르네요"라고 말하는 듯한 태도였다. 그가 다른 사람들의 질문을 받아들이지 않자 사람들은 그가 다른 사람들을 깔본다고 생각했다. 끔찍했다.

필자는 멘토이자 관리자로서 최선을 다했다. 다른 사람들의 기대를 어떻게 잘 관리할 수 있는지를 주제로 자주 대화했다. 짐은 의사소통과 지지의 문제라는 데 동의하는 듯했지만 막상 실제 행동은 그런 걸 전혀 중시하지 않는 듯했다. 그는 그저 뭔가 더 만들고 싶어 하고 사람들이 좋아할 거라고 생각했다. 그가 일하는 방식은 결국 최대한 많이 새로운 기능과 해결책을 쏟아내는 쪽으로 점점 기울어졌다. 짐은 야근을 불사하며 일했지만 사람들과 소통하는 빈도는 점점 줄어들었다. 문제는 더 심각해졌다.

결국 필자는 짐을 해고해야 했다. 점점 진이 빠지고 역효과를 낳는 상황이었다. 지나고 보니 상사들의 조언을 귀담아듣고 그를 채용하지 말았어야 했다. 짐의 디자인 관련 재능이 그의 다소 미성숙한 성향을 덮어주거나 필자가 능력껏 그 간극을 메울 수 있을 거라고 순진하게 생각했다. 그 결정은 틀렸고 필자는 대가를 치러야 했다.

짐이 떠나고 나서 필자는 그 프로젝트를 맡아서 논의 전반을 관리하는 일로 간주하고 접근했다. 필자는 짐의 태도 때문에 싫어했던 사람들과 바로 이야기를 나누기 시작했다. 그들의 말을 경청하고, 제안사항을 기록하고, 누구든 확인 가능한 '할 수 있는 일' 목록을 만들었다. 그리고 우선순위를 정해서 수요를 처리하기 위해 몇몇 핵심 관계자들을 몇 그룹으로 묶어 대화를 나눴다. 이런 방식으로 모든 사람이 누군가 변경한 내용이 다른 부분에 어떤 영향을 미쳤는지 확인할 수 있었다. 필자는 업무에 우선순위 가치를 부여했고 태스크별로 예상 소요 기간을 설정했다. 적절하다고 판단한 경우 어떤 아이디어는 전혀 추진하지 않기도 했다.

그 결과 눈에 보이는 가시성과 팀원들의 지지를 확보할 수 있었다. 다들 서로 뜻이 통했고, 일이 어떻게 추진되고 있는지 인지했다. 프로젝트를 성사시키려는 필자의 노력을 지지해줬다. 필자가 약속을 지키려고 노력하는 걸 보면서(설령 우리가 원했던 것보다는 속도가 느리더라도), 팀원들은 필자를 신뢰했고 필자는 곧 다시 그들의 지지를 받을 수 있었다. 기한에 맞춰 출시하지 못할 거라 생각이 들 때는 팀원들에게 기한에 앞서 미리 알렸고 여러 업무의 우선순위를 재정비할 때는 팀원들의 도움을 받기도 했다. 팀원들은 업무 결정 과정에 일부 개입했고, 프로젝트를 파악할 수 있었다. 모두가 주인의식을 갖게 됐다.

몇 주 전에는 사람들이 변경사항을 두고 불평하고 있었던 반면, 이제는 시간은 좀 더 걸리고 단기간 내에 그걸 전담할 풀타임full-time 직원이 없어도 프로젝트가 추진되는 방향에 들떠 있었다. 뭔가 더 빠르게 결과물을 만들어내는 건 팀원들이 원하는 게 아니다. 그들은 제품에 자신감을 갖고 싶어 했고, 추진 방식을 이해하고 싶어 했으며, 업무 추진 과정에서 존중받길 원했다. 팀원들에게는 프로젝트에 관한 적절한 기대치가 필요했다.

확신할 수는 없지만 필자는 짐이 (여느 다른 많은 디자이너들처럼) 자기 디자인은 명확하다고 믿었을 거라고 생각한다. 디자인이 그 자체로 의사소통의 수단이니, 사람 간의 소통은 디자이너로서 전혀 필요하지 않다고 치부했다. 그는 디자인 분야에서는 전문가였지만 그의 자만심이 프로젝트에 관여하는 이해관계자들을 중시하는 기술을 가려버렸다. 그는 문제를 해결하는 데 소질이 있고 사용자 중심적으로 생각하는 경향이 강했다. 하지만 다른 팀원들의 지지 없이는 성공할 수 없다는 사실을 깨닫지 못했다. 극단적으로 말하자면 그는 의사소통에 형편없는 사람이어서 결국 일자리를 잃었다. 부디 누군가 이와 같은 이유로 해고당하는 일이 없길 바란다. 이 일화는 **모든 디자이너에게 이해관계자와 소통하고 관계를 관리하는 방식이 디자이너로서 성공하는 데 매우 중요하다**는 교훈을 주고 있다.

책은 끝났지만 현실은 끝나지 않는다

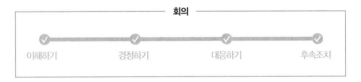

위 스펙트럼이 보여주듯 이 책에서는 이해관계자와의 회의와 의사소통을 다뤘다. 우리는 계속 이 과정을 겪는다. 자, 이 책에서 회의는 끝났고 여러분은 이미 팀 내 다른 사람들과 소통하면서 훌륭하게 일을 해냈다. 그리고 여러분은 좋은 사용자 경험을 개발하기 위해 세웠던 비전도 잘 이행하고 있다. 바라건대 수정할 부분이 많지 않길 바란다. 설령 수정할 부분이 많다고 해도 여러분은 사용자와 클라이언트 양측 모두에게 이득이 되는 솔루션을 잘 찾아낼 것이다. 이제까지 다룬 내용 모두 디자인을 명확하게 설명하고, 이해관계자와 소통하고, 정신 똑바로 차리고 최상의 사용자 경험을 만들어내도록 도와줄 것이다.

이 책을 마무리 짓기 전에 여러분이 훌륭한 제품을 디자인할 수 있게 도와줄 한 가지 부분을 더 제시하고자 한다. 다음 11장에서는 여러분의 이해관계자, 리더, 또는 클라이언트를 위해 썼다. 디자이너가 아닌 임원을 대상으로 썼다. 그들이 디자이너를 이해하고 좀 더 효과적으로 디자이너와 일할 수 있길 바란다.

11장

임원들은 어떻게 디자이너를 도울 수 있는가

조직에는 디자인 이야기에 열정 넘치는 디자이너 말고도 다른 사람들이 있다. 어느 직책에 있든 이해관계자는 의사소통에서 간극을 발견하고, 디자이너의 업무 추진을 지원하고, 더 나은 제품을 함께 개발할 방법을 모색한다.

　필자가 일했던 팀 중에는 필자에게 "우리 팀이 어떻게 디자이너랑 좀 더 효과적으로 같이 일할 수 있을까요?"라고 물은 적이 있다. 또 임원들은 "디자이너들이랑 같이 일하는 법에 관해 좀 가르쳐 줄 수 있습니까?"라고 물은 적도 있다. 이런 사람들은 업무상 좋은 인간관계가 지닌 가치를 이해하고 있는 사람들이다. 기술 주도적인 산업 분야에서 이런 가치를 유지하는 열쇠는 명확한 의사소통이다. 서로 소통하는 데 실패하면 대개 사람들은 화가 나고 프로젝트는 추진하기 어려워진다. 의사소통에서 오해가 생기면 서로 기대하는 바가 어긋나는 결과를 가져오고, 이는 곧 실망과 불신으로 이어진다. 이런 사태를 미연에 방지하고 싶지 않은가!

의사소통에 그리 문제가 없어 보일 때도 디자이너에게 접근하고 대화를 나누는 방식은 그들의 생산성, 태도, 창의성에 영향을 미친다. 명확한 의사소통 그 이상으로 디자이너에게서 최상의 결과물을 이끌어내도록 해야 한다.

이 장은 디자이너가 일을 추진하는 과정에 관여하고 있는 사람들이 디자이너를 좀 더 이해하고, 그들과 소통하고, 디자이너가 속한 팀과 업무를 추진하는 데 도움이 될 만한 내용을 담고 있다. 여러분이 개발자든, 임원급 이해관계자든, 제품 총괄이든, 프로젝트 매니저든, 마케팅 부서 관계자든, 고객 관리 부서 소속이든, 이 장은 디자이너가 아닌 사람들을 위한 장이다. 만약 여러분이 디자이너라면 이 장을 찢어서 여러분 상사나 제일 좋아하는 개발자에게 건네주자(아니면 한 번 읽어보면서 필자가 여러분 편에 서서 말해주는 걸 보고 스스로 칭찬해줄 수도 있고, 여러분의 기이한 행동은 냉철하게 비판해볼 수도 있겠다). 이 장은 여러분의 팀원들 간 간극을 메우고 서로 보다 효과적으로 소통하도록 돕고자 한다. **디자이너에게서**

최상의 결과를 이끌어내는 방법을 배우길 바란다.

이 장에서는 다음과 같은 내용을 다룬다.

- 이해관계자가 디자이너와 좀 더 성공적으로 일하도록 돕는 몇 가지 핵심 영역
- 정기적으로 디자이너와 일하는 데 유용할 만한 정보
- 옳은 방향으로 일을 착수하기 위해 대부분의 프로젝트에 필요한 질문 체크리스트

어느 왕과 시각장애인 고문 이야기

짧은 이야기를 소개하고자 한다. 옛날에 한 왕이 시각장애인을 고문advisor으로 뒀다. 왕은 사람들과 사냥을 나갔다가 돌아오는 길에 수박밭을 발견했다. 마침 갈증이 났던 왕은 신하에게 수박을 몇 개 집어오라고 시켰는데, 시각장애인이었던 고문이 갑자기 웃기 시작했다.

"왜 웃는가?" 왕이 물었다.

"전하, 여기에는 수박이 없습니다"라고 고문은 대답했다.

왕은 놀라서 "당신은 시각장애인이 아닌가! 당신이 수박이 없

는지 어찌 안단 말인가? 내 두 눈에는 보이는데. 당신은 앞을 못 보지 않는가!"라고 말했다.

시각장애인 고문은 이와 같이 대답했다. "전하, 무언가를 알기 위해 시력이 꼭 필요한 건 아닙니다. 수박이 열리는 철은 끝났습니다. 수박밭에 수박이 몇 개 남아 있을 수 있겠으나 그건 썩은 수박일 것입니다. 이미 다 수확을 마쳤기 때문에 좋은 수박은 없습니다."

왕은 수박을 발견했고 원했지만 시각장애인이었던 고문은 왕보다 한 치 앞을 더 내다볼 줄 알았다. 왕은 자신이 봤던 수박이 갈증을 해소해줄 솔루션이라고 생각했던 게 틀림없다. 고문이 시각장애인이다 보니 왕이 갈증을 해결하는 데 도움이 될 만큼 시각적인 면을 보고 충분히 파악했을 가능성도 낮았다. 하지만 그 고문의 관점이 궁극적으로는 왕이 상한 수박을 먹지 못하게 구해준 셈이었다. 훨씬 불행한 상황이 생겼을지도 모르는 일이다!

멋진 이야기이긴 하지만, 여기서 요점은 여러분의 팀에는 일을 성공적으로 추진하도록 도와주고 여러분이 보지 못하는 관점을 제시해줄 사람들이 있다는 사실이다. 일을 하다 보면 디자이너가 무슨 말을 하는지 이해가 안 되거나 어려운 문제를 해결하는 데 의미 있는 솔루션을 주지 못할 것 같을 수도 있다. 하지만 그건 사실이 아니다. 디자이너는 사업과 관련된 문제든, 코딩 솔루션을 제안하든,

문제를 해결할 수 있는 사람이다. 필자는 디자이너가 다들 디자이너가 이해할 수 있는 영역 밖이라고 여기는 부분을 제안해서 시선을 끄는 걸 봐왔다. 디자이너와 일하는 시간을 최대한 활용하기 위해서는 다음 네 가지 행동을 유념할 필요가 있다.

- 디자이너가 이 분야에 전문성을 갖고 있다는 사실을 **깨닫자**.
- 일을 착수할 수 있도록 수요에 우선순위를 **정하자**.
- 모든 팀이 신속하게 일을 추진할 수 있도록 **권한을 주자**.
- 디자이너도 결국 사람이라는 점을 **인지하자**.

디자이너는 이 분야에 전문성을 갖고 있다는 사실을 깨닫자

디자이너가 맡은 일을 잘하고 적절한 결정을 내린다고 믿고 신뢰하는 사람들이 때로는 가장 큰 방해자가 되기도 한다. 이런 사람들은 여러분의 디자인이 마음에 들면 칭찬해준다. 반면 동의하지 않거나 의문이 들면 오롯이 지지해주지 않거나 매우 불신한다. 많은 사람들이 디자이너의 역할은 그저 뭔가 좋아 보이게 만드는 일이라 여기며 의사 결정할 때 좀처럼 디자이너에게 관여할 기회를 주지 않는다.

　디자이너는 디자인에 전문성을 갖고 있다는 점, 그리고 디자이너가 할 일은 그저 제품을 멋있어 보이게 만드는 일 그 이상이라는 점을 깨닫자. 디자이너는 비즈니스 문제점을 해결할 수 있는 디자인 솔루션을 발굴할 수 있다. 즉, 디자이너는 디자인 영역에서 여러분보다 전문가이고, 그렇기 때문에 여러분이 그들을 고용했거나 여러분 팀에 있다. 디자이너는 사용자들을 위해 제품을 쉽게 디자인하는 기술에 전문적인 이해를 갖추고 있다. 또 사용성 기술과 유스케이스를 전문적으로 훈련받은 사람들로서 적절한 패턴과 디자인 요소를 알고 있다. 어떻게 해야 할지 지시하지 않고 디자이너가 맡은 일을 해낼 수 있도록 신뢰해야 한다.

사실 디자인은 정말 어려운 영역이다. 여러분은 최종 결과물만 보다 보니 쉽고 간단해 보일 수 있다. 디자인 과정에서는 유스 케이스, 매핑 플로mapping flow, UX 라이팅 요건writing requirements, 아이디에이션ideation, 와이어 프레임과 프로토타입 반복 등 많은 요소를 고려하게 된다. 디자이너가 여러분에게 들고 오는 디자인은 모든 각도에서 고려하며 열심히 작업한 결과물이다. 그저 한 페이지에 어떤 요소 몇 가지를 삽입한 정도가 아니다.

디자이너가 여러분에게 제안서를 들고 오면 디자이너가 그게 최상의 솔루션이라 믿는다고 가정해도 무방하다. 디자이너가 스스로 마음에 들어 하는지는 물어볼 필요가 없다. 디자이너가 만들었으니 자신은 당연히 마음에 들어 할 테니 말이다! 만약 여러분이 그 디자인에 동의하지 않는다면 물론 디자이너와 논의해볼 수 있다. 하지만 디자이너가 자신이 작업한 걸 알고는 있는지 의문을 갖고 회의적인 태도를 취하지 않도록 하자. 대신 디자이너가 그런 결정을 내린 과정을 화제로 꺼내고, 디자이너의 관점을 이해하려고 노력하자. 서로 이해하는 게 같은지 확실히 할 수 있도록 많이 질문하자.

또한 디자인은 복잡한 과정이고 많은 요소가 반영되므로 여러분이 제안하는 수정사항이 프로젝트 나머지 다른 부분에도 영향을 미친다는 사실을 알아야 한다. 특정 부분만 분리돼 있는 게 아니라 어느 한쪽을 고치면 다른 쪽도 다시 작업해야 하는 파급효과와도 같다. 많은 이해관계자들이 변경 작업이 간단하고 단 몇 분 걸릴 것이라고 생각하면서 좋은 의도에서 제안하곤 한다. "여러분이 할 일은 이걸 저쪽으로 옮기는 겁니다"와 같은 말을 하는 경우도 흔하다. 하지만 디자인에서 어느 한 부분을 업데이트할 때 한 발자국 뒤로 물러서서 평가해봐야 한다. 한 부분을 옮기는 건 다른 부분도 옮겨야 하는 것이다. 가끔은 한 부분을 변경하는 게 앱상에서 흐름 전반을 망가뜨릴 수도 있다. 항상 그런 건 아니지만, 대개 그렇다.

그러므로 여러분이 제안하는 내용이 보이는 것만큼 간단하고 반영하기 쉬운 일은 아니다. 심지어 간단한 변경사항도 다시 작업하려면 일정 시간을 투입해야 한다. 필자는 디자인 수정을 제안할 때 그게 미칠 영향을 먼저 질문하라고 조언하고 싶다. 수정해야 한다고 주장하기 전에 팀에 어떤 영향을 미칠지 이해하려고 노력하자. 서로 프로젝트에 들이는 노력을 조정해서 맞추는 일은 논의 과정에서 중요한 부분이다.

일에 착수할 수 있도록 수요에 우선순위를 정하자

어느 프로젝트든 간에 디자이너가 작업할 때 필요한 자원을 다 제공받지 못하는 상황이 가장 큰 장애물이다. 여러분이 디자이너에게 뭔가 디자인해달라고 부탁할 때 디자이너 입장에서는 효과적으로 작업하려면 많은 게 필요하다.

이는 여러분의 비전을 말해주고 디자이너가 일할 수 있게 권한을 주는 태도 그 이상을 의미한다. 디자이너는 문서화하려면 비즈니스 요건을 파악해야 하고 추진 일정도 필요하다. 서버 접근성, 계약 승인, 분석 및 데이터 등 기술적인 자원 역시 필요하다. 때로는 정보 관리자, 도메인 전문가, 고객서비스 관계자 등 조직 내 다른 관계자에게 접근하고 상의할 수 있는 허가도 받아야 한다. 이런 자원들이 없으면 디자이너가 작업하기 어렵다. 그러니 디자이너가 무엇을 필요로 하는지 우선순위를 정하자. 디자이너에게 필요한 걸 제공해서 성공적인 결과물을 도출하도록 뒷받침해줘야 한다. 우선순위를 정하는 데 필요한 조치를 취해서 일을 성공적으로 추진하자.

디자이너가 잘 작업할 수 있도록 디자이너가 처리해야 할 수요에 우선순위를 정해줘야 한다. 디자이너를 만날 땐 사전 준비를 해야 한다. 미리 보내준 디자인 시안들을 검토하고 어떤 피드백을 줄지 생각해야 한다. 홀연히 나타나서는 검토할 시간이 없었다고 말하면서 논의 도중 처음으로 작업한 걸 보고 생각 없이 기계적인 반응을 쏟아내는 사람만큼 최악인 사람은 없다. 여러분은 이런 사람보다는 낫게 행동해야 한다. 디자이너가 여러분의 시간을 중요하게 여기는 만큼 여러분 역시 사전에 잘 준비해서 디자이너의 시간을 중요하게 여겨야 한다.

디자이너와 회의하기 전에 질문하고 싶거나 염려되는 사항을 미리 적어둬야 한다. 디자이너가 여러분의 수요를 정확하게 겨냥한 결과물을 제공할 수 있도록 여러분의 관점을 이해하는 데 도움이 될 만한 다른 앱이나 다른 프로젝트에서 얻었던 데이터 같은 참고 자료를 찾을 수도 있다. 무엇보다도 적당한 시간 안에 이를 행하는 게 가장 중요하다. 디자인을 검토하거나 답변하는 데 너무 오래 걸리면 그만큼 디자이너가 변경할 수 있는 시간이 줄어든다. 디자이너는 여러분의 피드백을 기다리느라 시간을 허비하게 되고, 뒤늦게 피드백을 받으면 그걸 처리하느라 서두르게 된다. 이런 상황에서는 디자이너로부터 최상의 결과물을 얻지 못할 수도 있다. 디자이너가 성공적으로 업무를 추진할 수 있도록 수요에 우선순위를 정해서 디자이너의 역할을 존중해주길 바란다.

사용성 테스트

디자이너는 사용성 테스트를 실시할 수 있는 승인과 예산이 필요한데, 확보하지 못하는 경우가 종종 발생하곤 한다. 디자이너 입장에서는 해당 제품이 예상한 대로 작동하는지 확실히 하려면 다른 사람들과 프로젝트를 체크해 보는 과정이 필요하다. 포커스 그룹focus group으로 사용자들을 모아놓고 뭘 원하는지 묻는 자리가 아니다. 사람들이 웹사이트나 앱을 사용하는 걸 관찰하고 사용자 경험 개선 방향을 모색하는 절차이다. 디자이너의 역할은 대부분 태스크 기반으로 사용자를 관찰하는 일이다. 디자이너는 사용성 테스트에 시간을 할애해도 좋다는 승인을 받지 못해서 보통 충분한 사용성 테스트를 실시하지 못한다. 사용성 테스트는 고액의 예산을 써야 하는 일도 아니므로, 테스트 결과에서 문제를 발견하거나 더 나은 앱을 만들기 위한 문제 해결 및 태스크 최적화를 통해 비용을 절감할 수 있을 것이다. 사용성 테스트를 실시할 수 있게 필요한 승인은 해주고 예산을 제공하자. 디자이너가 주어진 임무 이상으로 문제를 해결하는 데 주력할 수 있도록 지원하자.

모든 팀이 신속하게 일을 추진할 수 있도록 권한을 주자

신속하게 결정을 내리지 않으면 프로젝트 일정은 더디게 흘러가게 된다. 따라서 신속하게 결정하고, 결정된 사항을 고수하고, 다른 관계자들도 여러분을 대신해서 결정을 내릴 수 있는 권한을 주는 게 여러분이 할 수 있는 최선의 행동이다. 그러면 여러분 팀 전체가 신속하게 일하고 훌륭한 사용자 경험을 담은 좋은 제품을 개발할 것이다. 아무리 강조해도 모자라다. 정신없이 돌아가는 스타트업 업체와 관료적인 대기업 간 주된 차이점은 얼마나 신속하게 결정하고 일을 추진하는지 여부다. 리더가 결정을 내리지 않거나 이미 내린 결정에 일관성이 없으면 프로젝트는 실패하거나 길을 잃게 된다. 전적으로 여러분에게 달려 있다.

여러분이 결정을 내리고, 그 결정에 따라 추진하고, 다음 단계로 넘어가는 결단력 있는 태도를 취하면 디자이너도 주어진 일을 잘 수행할 수 있게 만들 수 있다. 우유부단하거나 결정을 미루는 행동은 시간과 비용만 낭비할 뿐이다. 여러분이 결정을 내릴 때까지 마냥 기다리든지 변경사항을 반영하느라 다시 디자인하든지, 그 어느 쪽이든 낭비이다. 다음 회의까지 며칠 동안 기다리는 게 적절해 보일 수 있는데, 이 며칠 사이에도 디자이너들은 다음 단계로 넘어가거나 결함을 발견할 수도 있다. 필자의 커리어에서 가장 좋았던 프로젝트는 매일 이해관계자를 만났던 프로젝트다. 그렇다, 매일 말이다. 오전에 디자인 작업을 하고 오후에는 클라이언트에게 시안을 보여줬으며 즉각 피드백을 받아서 다시 작업했다. 필자에게 힘을 실어주면서도 자극이 되는 업무 패턴이었다. 종종 필자는 규모가 큰 다른 클라이언트 측에도 매일 디자인 검토하는 방식을 제안했지만 관계자들은 싫은 내색을 했다. 왜? 그들은 이미 참석해야 할 회의가 너무 많았고 매일 반복하면서 빨리 처리해내는 그 과정을 너그럽게 포용하기 불가능해 보였다. 하지만 매일 디자인 검토 회의를 하던 프로젝트 결과물에 비해 시간도 더 걸리고 결과물이 별로 좋지 않았다. 이해관계자들이 일주일에 한 번(또는 그보다도 더 드물게!) 디자인에 관여하는 경우, 추정해보면 거의 두 배 가까운 시간이 걸

린다.

　여러분이 적절하고 신속한 결정을 내릴수록 디자이너 역시 그런 식으로 작업할 것이다. 비단 더 생산적일 뿐 아니라 더 만족스러운 디자인을 볼 수 있을 것이다. 디자이너는 대개 자신에게 주어진 과제가 진행되고 있다는 걸 알면 맡은 임무에 만족감을 느낀다. 아무런 조치도 취하지 않고 허우적거리기보다는 뭐라도 조치를 취하고(설령 그릇된 결정이더라도) 프로젝트가 계속 추진되도록 하는 게 낫다. 우유부단하거나 결정을 바꾸는 변덕스러운 행동은 효과적인 디자인 과정에서 마치 쥐약과도 같다. 따라서 여러분의 디자이너와 팀 전체에게 가능한 한 신속하게 움직일 수 있도록 적절한 권한을 부여하자. 단언컨대 팀원들에게 권한을 줘서 발생할 수 있는 리스크는 사기 진작, 신속함, 동기부여로 만회할 수 있다.

권한을 주자

디자이너가 결정을 내릴 수 있도록 적절한 수준의 권한을 주는 일은 프로젝트를 신속하게 추진하는 데 좋은 방법이다. 디자이너가 일정 부분을 결정하게 해주자. 여러분이 뭘 해야 할지 확신이 서지 않는다면 디자이너가 결정에 영향을 미칠 수 있도록 하자. 디자이너 자신이 결정한 부분에 타당한 주장을 펼친다면 비록 여러분이 동의하지 않더라도 신뢰하자.

　물론 모든 결정을 디자이너에게 일임할 수는 없다. 사업적인 면이나 다른 부서, 관계자들도 고려해야 한다. 하지만 보통 그런 변수들이 여러분의 판단을 흐리게 하고, 실제로는 더 간단하고 명확한 솔루션이 가장 좋다는 걸 인식하지 못하게 방해하기도 한다. 필자의 경험으로 보면 결국 돌고 돌다 디자이너가 추천하는 방향으로 솔루션을 설정한 적이 많았다. 필자는 여러 부서 및 임원급 회의 때문에 뭔가 추진할 때마다 수주가 걸리는 대기업 클라이언트들과 일한 적도 있다. 여러 아이디어를 생각해보고, 아마 그중에서도 부사장이 가장 마음에 들어 했던 디자인을 추진해보겠지만 결국은 (수개월이 지나고 나서야) 원안을 반영하는 쪽으로 다시 디자인하게 될지도 모른다. 회의에서 나온 훌륭한 아이디어가 실전에서 가장 적합하다는 법은 없다. 항상 그렇지는 않지만 위와 같은 모습은 시간 낭비라고 말하기 충분하다.

　　필자가 개발한 것 중에서 가장 보람 있었던 웹사이트를 예로 들어보겠다. 필자는 상사에게 전적으로 이 프로젝트 하나에만 집중하고 최종 결정을 내릴 수 있게 해달라고 요청했다. 위험 부담이 있는 일이었다. 회사 내 다른 이해관계자들은 필자가 자신들이 관장하는 영역 쪽은 제대로 모르고 있다며 우려를 표했다. 필자가 그 회사에서 이미 몇 년째 일하고 있었고 조직 내 여러 수요를 파악하고는 있었지만 전부 이해하고 있는 건 아니었다. 그래도 완벽하지는 않지만 웹사이트 새 버전을 만들어낼 정도는 충분히 이해를 갖추고 있다. 3개월 후, 필자는 기존 웹사이트보다 훨씬 좋은 최종 결과물을 발표했다.

이해관계자들 전부 만족했는가? 아니다. 필자의 디자인이 모든 문제를 해결했는가? 아니다. 일부만 해결할 수 있었다. 하지만 일단 출시 절차를 밟으면서 바로 웹사이트를 더 개선하기 위한 작업을 반복했다. 그렇게 매우 신속하게 한층 나아진 사용자 경험을 제공할 수 있었고, 다음 웹사이트 버전의 결정권을 좀 더 확보할 수 있었다. 만약 필자에게 이래라저래라 말하는 의사결정자가 여러 명 있었다면 아마 새로운 웹사이트 버전을 만들어내는 데 1년 혹은 그 이상 걸렸을지도 모른다. 대신 신속한 의사결정에 중점을 뒀고, 완벽주의를 추구하다가 좋은 결과물을 놓치지 않으려고 노력했다. 서로 신뢰하고 권한을 주는 게 흔한 일은 아니지만 이보다 더 빠르게 일을 추진할 방법은 아마 없을 것이다.

그러므로 의도적으로 디자이너에게 디자인 결정을 내릴 수 있는 자유를 부여하길 바란다. 일단 처음에는 리스크가 낮은 결정사항 위주로 시작해보고 그다음에는 빨리 좀 더 큰 제품 비전 전반으로 확대해보자. 우선 디자이너 스스로 결정할 수 있게 해도 좋겠다는 생각이 들 때까지는 최대한 자주 디자이너 의견에 동의하는 행동부터 시작해보자. 여러분이 디자이너에게 권한을 주기에 적절하지 않다고 느끼는 수준을 탐색해 보고, 그 선을 아주 약간만 넘어보자. 적절한 권한을 줘서 얻을 수 있는 최고의 이점은 여러분이 안주하는 범위 너머에 있는 법이다. 리더는 자신 팀원들에게 의사 결정권을 주는 게 늘 조금은 불편하기 마련이다.

디자이너도 결국 사람이라는 점을 인지하자

이해관계자와 디자이너, 우리 모두 사람이라는 사실을 인지하지 못하는 경우가 많다. 우리가 같이 일하는 대상은 사람이다. 관계와 소통에 집중해야 한다. 친절하게 행동하고, 적절한 용어를 사용하고, 긍정적인 결과를 만들어낼 수 있는 대화를 이끌어내야 한다.

너무 명백한 사실이지만 디자이너도 사람이다. 비즈니스 영역에서 프로젝트와 마감 일정은 보통 (의도치 않게도) 일하는 사람보다 중요하게 여기곤 한다. 팀원들도 삶과 가족이 있고 업무 외 관심사가 있다는 사실을 기억하는 건 어느 조직에서든 중요하다. 물론 디자이너도 포함해서 말이다. 우리 모두 각기 다른 성격, 생각, 관점을 가지고 있다. 프로젝트 말고도 각자 인생에서 신경 쓸 일이 있다. 혹자는 투병 중인 어머니를 간호하고 있을 테고, 혹자는 학교에서 운동하는 데까지 자녀를 데려다줘야 할 수도 있다. 다른 누군가는 집에 혼자 외롭게 돌아갈지도 모른다. 인간 중심적인 리더십은 같이 일하는 사람들이 사람이라는 걸 기억하고 인지하는 태도 그 이상도, 그 이하도 아니다. 그들에게도 감정이 있다. 용기가 솟아날 수도 있고, 자존심이 바닥을 치거나 무시당할 수도 있다. 여러분은 상대를 무시할 수도 있고 관심을 보여줄 수도 있다. 사람이라는 사실을 인식하면서 팀원들에게 다가간다면 최상의 결과를 얻을 수 있을 것이다. 그러니 하던 일을 잠시 멈추고, 주위를 둘러보고, 그들도 사람이라는 사실을 기억하자.

위와 같은 태도를 갖추고 나면 다음 단계로 좋은 관계에 집중해야 한다. 디자이너로서의 역할이 어떻게 그 사람의 정체성을 형성하는지 인식하는 게 중요하긴 하지만, 좋은 의사소통의 토대는 곧 좋은 인간관계이다. 조직 운영이나 자율권 부여 같은 요소를 아무리 투입한다 해도 인간적인 관계가 끊기면 만회하기 어렵다. 회의는 프로젝트 위주로 돌아가고, 프로젝트는 업무 위주로 돌아간다. 그 업무는 따분하고 비인간적인 경우가 너무 많다. 그 결과 인간적인 생동감 없이 그저 로봇이 작업하는 듯한 프로젝트가 돼버린다. 조직과 프로젝트를 우선순위에 두면서도 여러분이 하는 말 말고도 디자이너 자신의 생각도 여러분에게 말할 수 있을 만한 친밀감을 형성하도록 노력해야 한다. 친절한 태도로 디자이너를 알아보려고 노력하자. 취미, 애완동물, 가장 좋아하는 축구 팀 같은 걸 물어보면서 상대에게 진심 어린 관심사를 보여주자. 이런 대화를 하려고 꼭 사무실에 푹신한 의자나 테이블 축구대를 둘 필요는 없다. 상대에게 친절하고 관심을 보이면 된다. 여러분이 같이 일하는 사람들을 진심으로 생각하는 환경을 조성하는 데 그리 많은 게 필요하지 않다.

유익한 용어를 사용하자

우리 모두 사람이라는 사실을 유념하면 자연스럽게 디자인을 논의할 때 좀 더 유익한 말과 소통방식을 사용할 수 있는 방향으로 흘러 간다. 디자인에 관한 피드백을 줄 때는 그걸 만든 디자이너가 아니라 디자인 자체에 초점을 두고 말하자. 너무 성의 없이 간단하게 말하거나 공격적인 태도는 삼가야 한다. 대신 디자이너의 관점과 접근방식을 이해하려는 노력의 일환으로 질문을 많이 하자. 직접적이되 친절한 태도를 취하자. 작업한 사람과 그가 내린 결정이 아니라 문제점과 솔루션이 될 만한 부분에 집중하자. 디자이너는 본인 일에 푹 빠져서 몰두하다 보니 그 디자인을 논의하기란 이미 시작부터 쉽지 않다. 디자이너가 내린 결정을 갖고 사람을 비판하면, 상대방은 코너에 몰려 방어적인 태세를 갖추게 된다. 그 어느 분야보다도 디자인에서는 의견이 나뉘고 심지어 극단적으로 갈릴 수 있다. 처음부터 이 사실을 유념하고 서로 힘 겨루는 듯한 말보다는 원활한 대화에 도움이 되는 말을 해야 한다. 디자이너가 작업한 디자인을 보고 이야기하는 방식은 곧 디자이너가 여러분에게 맞춰서 생산적으로 일하는 기량에도 상당한 영향을 미친다.

또한 수정사항이 있을 때는 인내심을 가져야 한다. 디자이너도 실제로 어떻게 실현될지 항상 다 알고 있는 게 아니다. 심지어 출시 이후 일부 수정해야 하는 상황도 생기기 마련이다. 디자이너는 디자인하면서 적절한 선택을 했다고 믿지만 사용자와 실제로 테스트해보면 예상이 빗나갔다는 사실을 깨닫기도 한다. 이런 상황도 디자인 과정의 일부이다. 사실 필자는 개발자에게 다시 찾아가서 수정해달라고 요청할 때 항상 주변 시선을 좀 의식하게 되고 멋쩍어지곤 한다. 디자인 과정의 일부이긴 하지만, 필자의 실수를 인정하고 필자로 인한 문제로 비난받는 걸 감수한다. 내 잘못이니, 받아들이기 힘들 수 있지만 더 좋은 사용자 경험을 창출하려면 필요하다.

여러분은 디자이너가 이런 예상치 못한 문제를 받아들이게 되는 상황을 미리 가늠하거나 오히려 장려하고, 다른 팀원들도 변경 사항에 대비할 수 있게끔 도와야 한다. 디자이너가 사용자와 제품 자체를 위해 옳은 방향으로 가고 있다고 느끼도록 가능한 한 많이 지원해야 한다.

디자이너와 일할 때 참고할 열 가지

디자이너와 보다 효과적으로 일하는 데 도움이 될 10가지 팁을 간략하게 요약하자면 다음과 같다.

1. **효과에 초점을 두자.** 여러분 의견을 말할 때 '마음에 든다'라는 표현은 삼가고 어떤 부분이 효과가 있고 효과가 없는지를 논하자. 여러분의 개인적인 선호는 사용자나 사업 자체의 수요만큼 중요하지 않다.

2. **해결책을 먼저 제시하지 말자.** 여러분이 생각하는 문제점을 디자이너에게 말해주고 해결해야 하는 이슈를 설명하자. 변경해야 되는 부분부터 말하지 말자. 디자이너가 솔루션을 찾게끔 만들자.

3. **많이 질문하자.** 디자이너의 관점과 동기를 이해하는 열쇠이다. 디자이너가 어떤 사고의 흐름으로 작업했는지 파악하려면 질문하자.

4. **여러분이 사용자라고 주장하지 말자.** 모든 사용자는 다르며, 여러분이 디자이너보다 타깃 층을 더 잘 대변할 수는 없다. 자신을 해당 앱이나 웹사이트 사용자라고 주장하는 건 대화에 그리 도움이 되지 않는다.

5. **디자이너가 결정한 내용을 스스로 설명할 수 있게 해주자.** 여러분의 의견만 말하고 떠나지 말자. 디자이너가 적절하게 답변할 시간과 기회를 주자.

6. **디자이너가 결정할 수 있는 자율권을 주자.** 디자이너가 선택한 부분에 반대하더라도 디자이너가 전문성을 갖고 있는 영역에서는 믿어주고 그 결과도 책임지도록 하자.

7. **유익한 용어를 사용하자.** 방어적인 태세를 취하지 않고 피드백을 받는 행동이 어려울 수도 있다. 너무 심한 말이나 극단적인 용어는 삼가고 디자이너가 아니라 디자인 자체에만 초점을 두고 피드백을 주자.

8. **데이터가 있는지 물어보자.** 디자이너는 자신의 결정을 뒷받침하려면 데이터를 활용해야 한다. 그렇다고 데이터가 없다고 반드시 틀렸다는 의미는 아니다.

9. **미리 준비하자.** 디자이너가 작업한 내용을 미리 검토해보고 질문이나 의견을 정리해두자. 만나서 논의할 때까지 기다렸다가 즉흥적으로 의견을 쏟아내지 말자. 목적을 띠고 충분히 고려한 피드백을 제시해야 한다.

10. **디자이너가 성공적으로 작업하는 데 필요한 자원을 제공하자.** 로그인, 분석 데이터 접근 권한, 사용성 테스트 승인 등 디자이너가 효과적으로 업무를 추진하는 데 필요한 것들을 제공하자. 디자이너가 필요한 것을 제공하는 일을 우선순위로 두자.

디자인 프로젝트 체크리스트

이제 프로젝트를 잘 준비할 수 있도록 가장 일반적인 웹 디자인 및 제품 디자인 수요 체크리스트를 제시하고자 한다. 모든 이해관계자가 처음부터 이걸 받는다면 프로젝트를 더 빨리 추진하고 더 좋은 사용자 경험을 창출할 수 있을 것이다. 필자는 매번 프로젝트에 착수할 때마다 클라이언트와 이 체크리스트를 활용해서 우리가 필요한 사항들을 다 갖췄는지 확인한다. 체크리스트는 서로 같은 입장인지 확인할 수 있으면서도 좀 더 수월하게 논의하도록 해준다. 체크리스트를 확인하면서 적절한 논의 기반을 구축할 수 있을 것이다.

다음 체크리스트는 어디까지나 도구일 뿐이니 프로젝트, 기업, 팀 맥락에 따라 유연하게 적용할 수 있다. 일부는 모든 프로젝트에 굳이 필요하지 않을 수도 있고, 어떤 프로젝트는 추가적으로 필요한 수요가 있을 수도 있다. 또 프로젝트 추진 중 상황이 자연스럽게 변하면서 그 팀만의 업무 패턴이 생겼을 수도 있다. 다음 체크리스트는 일종의 가이드로 삼되 프로젝트를 진행하면서 얼마든지 질문 (또는 답변)을 변경하자.

비즈니스 관리 비전 및 목표

✓ 제품, 웹사이트, 앱의 목적은 무엇인가? 주된 사용 목적이나 수요를 정의하자. 왜 그걸 만드는가?

✓ 제품, 웹사이트, 앱의 전반적인 비전은 무엇인가? 명확하게 비전을 정의하면 이 프로젝트가 향후 로드맵에 어떤 영향을 미칠지 파악하는 데 도움이 된다.

✓ 사업 전반의 단기 목표는 무엇인가? 해당 사업이 달성하고자 하는 바는 무엇이며, 이번 프로젝트가 어떻게 그 목표에 상응하는가?

✓ 어떤 지표를 추적할 수 있는가? 우리가 성공적으로 추진했는지 어떻게 확인할 수 있는가? 성공 여부를 측정할 방법을 마련해야 한다.

✓ 목표를 달성하기 위한 전략은 무엇인가? 목표를 달성하려면 프로젝트를 위한 업무, 전략, 결과물이 필요하다.

✓ 이 프로젝트 추진에 필요한 사업 요건은 무엇인가? 필요조건을

프로젝트 첫 단계부터 문서화해두는 게 중요한데, 디자이너와 같이 논의하면서 수립할 수 있다.

사용자 또는 고객

✓ 사용자는 누구인가? 사용자에 관해 무엇을 알고 있나? 페르소나 및 사용자 스토리를 구상하는 데 첫 단추가 될 수 있는 질문이다.

✓ 사용자를 위해 해결하고자 하는 주요 문제점이 무엇인가? 사용자에게 현재 가장 큰 문제점이 무엇인가? 프로젝트의 현재 목표와 다를 수도 있다.

✓ 사용자는 웹사이트 또는 앱과 어떤 식으로 상호작용하는가? 사용자의 맥락/사용 위치, 기기 유형 및 사이즈, 유입 및 이탈 지점, 사용 빈도는 어떠한가?

✓ 사용성 테스트 부분 계획이나 예산은 어떠한가? 사용자를 위해 디자인하려면 실제 사용자에게 적용해봐야 한다.

업무 흐름 및 커뮤니케이션

✓ 의사소통하기 위해 어떤 수단을 사용해야 하는가? 서로 질의응답하기에 가장 좋은 방식은 무엇인가? 사람마다 이메일, 문자, 영상, 전화 등 선호하는 방식이 다르다.

✓ 회의는 어떤 식으로 해야 하는가? 짧으면서도 자주 업데이트하

는 방식을 원하기도 하고 동시에 좀 더 길게 심도 있는 방식도 원할 수 있다. 예를 들어 매일 30분 만나고, 주 1회 1시간(혹은 그 이상) 디자인 검토 회의를 하는 방식을 채택할 수 있다.

- ✓ 프로젝트 추진 일정은 어떤가? 얼마나 자주 발표할 수 있는가? 업무를 완료하는 시기적 패턴을 정립하자. 달력에 마감 기한을 적고 뒤로 거슬러 올라가면서 일정을 정하자. 이는 자원조달이나 업무 범위에도 영향을 미칠 수 있다.

- ✓ 누가 최종 결정을 내리는가? 프로젝트 전반을 포괄하는 결정을 내릴 사람을 한 명 정하고 비즈니스, 제품, 디자인, 엔지니어링, 콘텐츠 등 역할별로 한 명씩 결정권을 분담하자. 위원회를 조직하라는 의미는 아니다.

정보 및 인력 접근성

- ✓ 필요한 기술적 자원은 무엇인가? 누가 우리에게 그 자원에 접근할 수 있는 권한을 제공할 수 있는가? 예를 들어 로그인 자격 증명, 이메일 계정, VPN, 서버 접근 등이 있다.

- ✓ 어떤 데이터를 활용할 수 있는가? 분석 결과, 사용성 조사, A/B 테스트, 비즈니스 관련 보고서나 슬라이드 파일 등이 있다.

- ✓ 참고할 만한 기존 웹사이트나 앱이 있는가? 이번 프로젝트에서 토대로 활용할 만한 제품이 있는가?

- ✓ 기업 내 조직 구성은 어떠한가? 이번 프로젝트에서 핵심 인물은 누구인가? 관계자 이름, 직책, 관계 내역, 전문 분야 및 연락처 리스트를 만들자.
- ✓ 위 관계자들과 일해도 된다는 승인을 받았는가? 조직 내 다른 사람들에게 연락할 수 있게 소개받거나 허락을 받아야 한다.

디자인 및 기술 요건

- ✓ 디자인 가이드라인이 있는가? 예를 들어 브랜딩 지침, 로고 기준, 디자인 언어 관련 문서, 스타일 지침, 시각적 UI 자료 라이브러리 등이 있다.
- ✓ 디자인 톤이나 스타일은 어떠한가? 디자인 지침에서 설명하고 있을 수도 있다. 그렇지 않다면 같이 논의해볼 수 있다.
- ✓ 디자인을 이끌어나가는 데 필요한 기본 원칙이나 디자인 목표는 무엇인가? 제한사항, 우수사례, 우선순위 등이 필요하다.
- ✓ 유사하거나 관련 있는 기타 웹사이트나 앱으로는 어떤 것들이 있는가? 경쟁 업체, 비슷하거나 관련은 없어도 관심이 가는 제품 목록을 만들자.
- ✓ 디자인에 영향을 미칠 수 있는 기술적 요건은 무엇인가? 예를 들어 접근성, 브라우저/운영 시스템 버전, 기기 또는 화면 사이즈 지원, 반응형/적응형/모바일 디자인 등이 있다.

체크리스트는 웹 페이지(*http://tomgreever.com/resources*)
에서 다운로드할 수 있다.

임원과 디자이너

그동안 비즈니스 영역에서 디자인에 접근하는 방식은 극적으로 변
화해왔다. 과거에 디자인은 그저 기업이 더 전문적으로 보이도록
하는 어떤 수단이거나 제품이나 브랜드에 쓸 이미지 정도에 머물렀
다. 오늘날 디자인은 실제 비즈니스 문제점을 해결하는 데 쓰이고
더 많은 기업들이 디자인의 가치를 이해하고 있다. 즉 기업들은 디
자인을 사업 중심에 두고 있다. 순이익에 도움이 된다는 걸 인식하
고 있기 때문이다. 이제 가장 유명하고 인기 있는 제품은 좋은 디자
인, 좋은 사용자 경험을 제공하는 제품이다.

이런 수요를 충족하기 위해 많은 기업에서 디자이너를 채용하
고, 팀을 꾸리고, 디자인에 보다 분명하게 가치를 두는 방향을 취
하고 있다. 하지만 제품을 개발할 때 이를 실천하는 기업들은 여전
히 많지 않다. 디자이너 능력이 부족하거나 고객 수요와 디자인 팀
이 서로 연결이 안 되는 것 같아 보일 수도 있다. 이로 인해 매니저
와 개발자들이 디자이너와 어떻게 잘 논의하고 소통 방식을 개선하
고 디자이너와의 업무 관계를 개선할 수 있을지 배우려고 도움이 될
만한 자원을 찾는다(예를 들어 이 책일 수도 있겠다). 디자이너와의
업무에서 오는 어려움이 실제 현장에서 제기되는 문제이기에 이번

장을 집필했다. 어느 이해관계자든 간에 디자이너를 이해해 이득을 볼 수 있다. 하지만 비즈니스 전반에 근본적인 문제가 있다. 더 좋은 의사소통이 도움이 되겠지만 그게 주된 문제는 아니다.

디자인 사고를 조직에 반영하는 데 고충을 겪는 기업들에겐 보통 한 가지 문제가 있다. 바로 그런 기업에는 임원급 디자이너가 없다는 점이다. 형편없이 디자인한 제품을 만들어내는 건 재능의 문제가 아니라 디자인 리더십의 문제다. 그런 기업들은 사용자 경험을 포괄하는 비전이 부족하다. 유능한 디자이너들은 있지만 디자인 사고에 기반한 결정을 내릴 만한 의사결정자는 부재한다. 만들고 싶다고 생각하는 제품을 계속 개발하지 못하는 기업들은 임원직에 디자이너를 포함해야 한다.

여러분에게 낯익은, 가장 인기 있는 제품, 웹사이트, 앱을 생각해보자. 누가 그 제품을 만든 기업을 설립했는가? CEO가 누구인가? 대부분의 경우 훌륭한 제품을 만들어내는 조직을 이끄는 사람들은 기술적으로 디자이너는 아니더라도 최소한 디자인 중심적인 사고방식을 갖추고 있다. 그들 자체가 디자이너라고도 할 수 있지만 그들은 곁에 다른 유능한 디자이너들을 두고 있다.

이런 기업들은 디자인을 굳이 기업 문화 중심에 둘 필요가 없다. 이미 조직 내 가장 높은 수준에서 디자인을 중시하고 있기 때문이다. 말 그대로 디자인을 가치 있게 여기고 있다.

여러분의 회사, 제품, 서비스가 훌륭한 UX로 알려지길 바란다면 임원급 자리 중 하나는 디자이너로 임명해야 한다. 여러분 회사의 웹사이트를 만든다고 판매 부서를 통해서 프리랜서를 고용하는 건 더 이상 적절한 방법이 아니다. 그저 디자이너를 회의에 초대하고, 여러분이 갖고 있는 비전을 전달하면서 영감을 주고 난 다음, 디자이너가 역대 가장 좋은 제품을 들고 오길 기다려서는 안 된다. 만약 조직에서 유일한 디자이너가 복도 건너 마케팅 부서 자리 쪽에 앉아서 일하고 있다면 여러분의 프로젝트는 실패할 것이다. 디자인이 중요한 어떤 시장에서 성공하기를 바란다면 디자이너가 조직 내 가장 높은 수준에서 관여해야 한다. 디자이너에게 어려운 결정을 내리고 최상의 제품을 창출하기 위한 필요 권한을 부여해야 한다. 또한 다른 임원들의 신뢰와 지지도 필요하다.

어떻게 그렇게 만들 수 있을까? 이상적인 세상에서는 여러분이 권한, 돈, 시간 모두 갖고 위 언급한 내용을 반영하는 조직을 만들 수 있다. 디자인 수석 내지는 디자인 부사장이라는 자리도 만들 수 있다. 모든 세부사항에 디자이너들도 관여하도록 하고 그들이 제품 및 디자인 방향에 결정 내릴 수 있게 해주고, 디자이너에게 팀원들을 배치해줄 수도 있다. 유감스럽게도 모든 기업에서 이걸 쉽게 추진할 수 없다. 보다 실질적인 선에서 말하자면, 디자이너들과 임원들에게는 좀 더 심도 있는 수준의 관여와 신뢰가 필요하다. 제품, 웹사이트, 앱을 디자인하는 사람들이 CEO와 만나서 논의할 수 있어야 한다. 디자이너들은 다른 임원들과 자주 소통해야 한다. 이

건 단순한 물리적인 근접성 문제일 수 있다. 예를 들어 임원실 내 또는 근처에 디자이너 자리를 배치할 수도 있다. 부사장이 자리를 지나가면서 안부 인사를 할 때 소통하는 게 훨씬 쉬워진다. 일명 '현장 경영'이라고 칭하기도 한다(휴렛팩커드Hewlett-Packard에서 처음 쓴 용어이며[1], 『초우량 기업의 조건』(더난출판사, 2005)에서도 설명하고 있다).

이제까지 필자가 본 가장 좋고 간단한 방식 중 하나는 열린 사무실 공간에 크리에이티브 디렉터creative director 자리를 다른 임원들 자리 쪽으로 배치했던 경우다. 그저 서로 옆에 앉는 물리적인 가까움만으로도 더 좋은 발상을 할 수 있었고, 디자인의 가치를 표현할 수 있었으며, 조직의 비전을 명확하게 수립할 수 있었다. 디자이너는 다른 방에 밀려나 있는 게 아니라 고위급 리더 집단에 녹아들었다.

디자인 사고를 기업 가치, 비즈니스 절차, 제품에 진정으로 반영할 수 있는 유일한 방법은 디자이너들을 권한이 있는 자리에 앉히는 일이다. 다들 애플처럼 되고 싶다고 말하는데, 실제로 이런 환경을 조성하는 데 필요한 결단을 내릴 의향이 있는 기업은 거의 없다. 만약 여러분 팀이 훌륭한 제품 개발 및 사용자 경험 디자인을 기대하는 바에 부응하지 못하고 있다면 그 추진 과정에서 여러분의 몫은

---

[1] https://en.wikipedia.org/wiki/Management_by_wandering_around

무엇인지 돌아보자. 인사이동이나 디자인 디렉터 교체에 앞서 (여러분을 포함해서) 권한을 가진 사람들의 태도를 진지하게 고려해보고 그들이 정말로 디자인 중심적인 기업으로 이끌 수 있는 사람들인지 자문해보자. 그렇지 않다면 앞으로 디자이너로 채워야 할 자리가 있음을 의미한다.

여러분이 이 장을 읽었다는 사실 자체가 디자이너와 좀 더 효과적으로 일하고 싶어 한다는 의욕을 보여준다. 소개한 내용들을 실천한다면 디자이너가 자유롭게 훌륭한 제품을 개발하고, 편하게 의견을 개진하고, 제품 개발에 일정 권한을 갖고 있다고 느낄 만한 환경을 조성할 수 있다. 조직 내 여러분의 역할이 무엇이든 앞서 소개한 원칙들을 적용해서 디자이너들을 최대한 잘 활용하고 가능한 한 최상의 사용자 경험을 창출하길 바란다.